“生命发展课程系列丛书”编委会

生命发展课程系列丛书

自由的教育理念·厚重的文化传承·开放的国际视野

丛书主编 尹超

研数思形
启智通慧

北大附小“生长的数学”课程的建构和实施

北京大学附属小学数学课程组◎著

北京大学出版社
PEKING UNIVERSITY PRESS

图书在版编目(CIP)数据

研数思形 启智通慧：北大附小“生长的数学”课程的建构和实施/北京大学附属小学数学课程组著. —北京：北京大学出版社，2015. 11

（生命发展课程系列丛书）

ISBN 978-7-301-26522-2

Ⅰ. ①研… Ⅱ. ①北… Ⅲ. ①小学数学课－教学研究 Ⅳ. ①G623.502

中国版本图书馆 CIP 数据核字（2015）第 262654 号

书 名	研数思形 启智通慧——北大附小“生长的数学”课程的建构和实施 Yan Shu Si Xing Qi Zhi Tong Hui
著作责任者	北京大学附属小学数学课程组 著
责任编辑	陈斌惠
标准书号	ISBN 978-7-301-26522-2
出版发行	北京大学出版社
地 址	北京市海淀区成府路 205 号 100871
网 址	http://www.pup.cn 新浪微博：@ 北京大学出版社
电子信箱	zyjy@ pup.cn
电 话	邮购部 62752015 发行部 62750672 编辑部 62756923
印 刷 者	北京大学印刷厂
经 销 者	新华书店
	730 毫米 × 980 毫米 16 开本 14 印张 236 千字
	2015 年 11 月第 1 版 2015 年 11 月第 1 次印刷
定 价	35. 00 元

序

——走向生命发展的课程创生

2011年以来，北京大学附属小学（以下简称“北大附小”）作为课改实验校，先后参加了北京市基础教育课程建设项目“遨游计划”、三级课程整合、海淀区“课程整合、自主排课”等课题。在这些课题的引领下，北大附小从办学理念入手，不断进行育人目标的梳理、课程门类的整合、课程系统的架构和课程实施的变革，走出了一条以课程改革撬动学校整体教育变革的道路。

一、顶层设计：生命发展课程的诞生

当前，课程改革已进入“深水区”，继新的课程纲要和学科课程标准陆续颁布施行之后，各学校也正在把特色课程体系构建当作未来发展的重要内容。面对如火如荼的学校课程改革，我们究竟应该给孩子提供什么样的教育？如何更好地诠释小学基础教育的“基础性”？这是我们改革之初首先要考虑的内容。

北大附小是北京大学的子弟校。由于北大附小的生源绝大多数是北京大学教职工子女，他们思想活跃，见多识广，对我们的常规课程设计提出了非常高的要求。例如现行的课程内容中，有很多已明显跟不上他们的步伐；还有很多课程设置中没有的科目，他们表现出很强的学习期待。在这样的背景下，我们急需提供一种既前瞻又实用的知识，给孩子宽厚而广博的文化视野，让他们在多样化的选择中博览群书，能独立地思考、有独立的人格，博学多识、通情达理，为未来一生的幸福成长奠定基础。基于这种理解，我们重新确立了我们的育人目标，以整合、重构原有的课程内容为突破点，构建了生命发展课程体系。

生命发展课程体系的核心内容是“三层五类”的课程结构。三个层次分

别是：基础类课程、拓展类课程、研究类课程。“三层”背后分别是面向全体、面向分层、面向个体，这是学校对课程性质的归类和划分。

五个类别（五大领域）分别是：人文素养、科学素养、健康艺术、社会交往、国际理解。在这五类中，“社会交往”是针对21世纪终身学习技能中的“协作”“交流”提出的，也是针对当前孩子们亟须培养的社会适应能力提出的；而“国际理解”则是根据北大附小孩子们的诉求以及学校国际交流实践经验提出的。

除了“三层五类”的课程结构，北大附小还构建了学科群的概念，勾勒了由不同内容、不同年段和不同学习方式组成的三维实施形态。特别要指出的是，我们的课程设计还突出了对学校文化的汲取和关照：如我们的北大文化课程，它以领悟北大精神、传承北大文化为宗旨，内容包括“北大风骨”“北大风物”“北大风采”三个系列，是老师对学校办学传统、文化特色的吸纳与融合，体现了学校文化的传承和创新。

二、中层设计：学科课程方案的形成

如果说生命发展课程更多关注的是课程设置层面的工作，那么这样的“课程设置”如何转化为“课程实施”，在学校教学中真正落地生根？为此，我们急需课程实施层面的整体设计，给学生以学科领域真正有价值的知识，转变教与学的方式，让孩子学在其中、乐在其中，实现真正的“专心地学习，痛快地游玩”。

因此，继“生命发展课程整体方案”出炉以后，我们不断研讨，不断反思，把学校整体课程方案放在学科课程的框架之中，投入了大量精力研究带有不同学科特质的教学系统设计，如“开放的学习资源”“教学进程结构”“如何转变教与学的方式”等，构建了独特的学科课程整体实施方案。

这样的学科课程整体实施方案由七个核心问题组成，即北大附小学科课程发展水平特色的估计，学科课程构建的主题与思路，学科课程内容的设计，学科课堂教学进程的设计，学科课堂教学的特质，学科课程教学的成效，学科教师团队建设等。

几年来，这样的探索取得了初步的成效。北大附小的“博雅语文”从“博吸收”“雅呈现”两方面来构建博雅的总体结构。这里的“博”，关注的是吸收、接纳，是兼容并包，是大气磅礴；“雅”，则是内化后的展现，是弘扬传统，是人文和谐。考量到教材局限，“博雅语文”还特别设计了分层多样的博雅阅读，如一年级的“绘本之旅”，二年级的“跨越桥梁”，三年级的“文学启程”，四年级的“博览之旅”，五年级的“人文之旅”和六年级的“典藏启蒙”，通过阅读容量的加大，不断拓宽学生视域。

又如数学团队以“生长”为主题的数学学科课程体系，其核心的内容和目标就是“研数思形，启智通慧”。北大附小以丰富的数学活动为依托，通过基础类课程、思维类课程和实践类课程这三类课程的设计，致力于培养具有理性思维、应用意识和创新能力的人。这三类课程既是立体分层的，在培养目标上又是各有侧重的，如基础类课程重点关照知识与技能，思维类课程重点关照方法与策略，实践类课程重点关照实践与应用。

- 基础类课程——知识与技能：数学教材、数学故事、数学欣赏
- 思维类课程——方法与策略：数学游戏、规律探索、分类与命名、数与形、归纳与猜想
- 实践类课程——实践与应用：社会调查、模型制作、小小设计师——设计与操作、实践体验、实际测量

图1　北大附小数学课程体系架构

在实践类课程中，问题意识和活动体验的课程贯穿一至六年级并且循序上升、不断发展。

		课题研究
	方案设计 数据处理	方案设计 数据处理
问题意识 活动体验	问题意识 活动体验	问题意识 活动体验

图2　实践类课程的内容结构

又如英语团队提出的“1＋3”课堂教学结构，“1＋3”有两层含义：一是课堂时间分配，10分钟和30分钟；二是进程模式，1个模块和3个环节。

“1”，就是用1/4的课堂学习时间（10分钟）开展1个模块学习。在这10分钟里，教师可以根据教学内容需要、学生学习需求、教师教学风格和较长期教学目标，从提供的活动模块中自由选择1～3个教学活动。活动模块包括：Duty Report（值日报告）、Topic Speech（主题演讲）、Mimic Show（电影模仿秀）、Story Time（故事时间）、Music Time（音乐之声）。我们将这10分钟称为：OMIS模块。OMIS来自于四个单词的首字母——Open（开放）、

Multiple(多维)、Interactive(交互)、Sustained(持续)——这四个单词也正好诠释了该模块活动的特点。OMIS 教学模块，着眼于培养学生长远的英语学习兴趣和习惯，将以往少量、重复、机械的被动学习转变为大量、持续、主动的汲取。

“3”，是 3/4 的课堂学习时间(30 分钟)，也是三个学习环节。这 30 分钟是回归教材、回归文本的常态课堂学习。学习内容主要来自于基础课程教材，即《新派英语》和《小学英语》(清华版)①，以及拓展课程中的阅读文本。三个环节分别是：激活兴趣、互动建构、内化整合。

三、微观设计：开放式体验学习的探索

要丰富和完善学校生命发展课程建设，我们不仅需要在学科课程教学上着力，还需要以开放式、体验式的活动为切入点，在学生的综合实践学习上着力，让学校课程变得富有生机和活力，充满自由发展、自我选择的空间。

在教学实践中，教师和学生都是具有独特个性、丰富情感以及独立人格的活生生的个体。我们打破传统课堂以知识为载体的教学方式，主张借助丰富多彩的活动，走出课堂，超越课堂，主张在师生双方共同的自主建构中，为学生成长预留更多的空间，培育适合孩子们成长的个性课程。

如“社会交往”课程。2014 年，我们以“踏春”为主题进行了分层多样的富有生命色彩的开放式社会体验活动。一年级，“感悟春天”。孩子们结伴群游动物园、海洋馆，在人与动物的和谐相处中感悟生态的气息。二年级，“寻找春天”。孩子们进入洼里乡村博物馆实地参观，在人与自然的亲密接触中寻找春天的足迹。三年级，“探究春天”。孩子们以“开往春天的高铁”为名，前往目的地蟹岛，设计了一系列关于“探春”的综合实践拓展活动，如破冰游戏——青蛙王子，扬帆起航——我型我秀，暖场游戏——向日葵、松鼠与大树、心有灵犀，情境模拟——走进春天的爱、欢乐大家庭，在群体实践活动中探究春天。四年级，“播种春天”。孩子们前往“疯狂农场”，通过“抗旱救灾”“农场保卫战”“分辨五谷”等模拟农事活动，亲自体验春天的播种与耕耘。五年级，“春天的劳作”。孩子们前往神堂峪，投入大自然的怀抱中，亲自生火、做饭，培养基本的生存和生活技能。六年级，“抒写春趣”。通过春天里的生命讲座、圆明园放风筝、生存岛拓展、游湿地公园等系列活动，用

① 范文芳. 小学英语[M]. 北京：清华大学出版社，2002. 若没有特别说明，在本书中统称《小学英语》(清华版)。

诗词歌赋的形式解读春韵，抒写春趣。

又如“开心种植园”课程。该课程以植物爱好者为对象，通过组建俱乐部活动的方式，从不同的种植体验出发，设计游戏、拍卖、戏剧表演、模拟交易、创办自己的企业等不同的活动形式，帮助学生亲历多学科融合的社会实践探究过程，引导他们在做中学，在体验中思考。

又如“模拟联合国”课程。这个课程是为一部分孩子特别设立的。北大附小有很多来自不同国家的学生，同时也开设了日语、韩语、印尼语等小语种课。模拟联合国课程即以这些英文表达流畅、关注时事、热爱演讲或辩论的孩子为对象，让他们作为模拟联合国的各方代表就某一特定议题(如：环境问题、食品安全、儿童权利、文化遗产等)阐述观点、展开辩论。除了这些学习以外，他们还将学习涉外礼仪，练习英文演讲，在亲身体验中不断提升自己的国际理解能力。

再如我们的“私人绘本”课程。私人绘本课程是美术创意的一种形式，可以自己确定创作的主题和内容，让孩子们在非常放松的前提下进行私密化的绘本创作。在这个过程中，老师不主动干预，而是给孩子们一个更为开放的空间，一些辅助的工具和材料。私人绘本并不是随意的表达，而是让孩子们有一个放松的环境，学会用美术的图像思维来打开心灵，把内心情感真实地表露出来。

通过学校课程总体设计、到学科课程整体设计、再到学生个性课程设计，我们一步一步，不断朝向学生，不断贴近学生，将育人目标与实际的课程内容连接起来，将教师的个性化教学与孩子的个性化成长连接起来，整合学习内容、改变学习方式，把“理想的课程”变成了富有生命气息的“实践的课程”。

这样的改革让学生成长的意义更突显了。它让我们学会主动探索学生的需求，并且能够换位思考，什么样的课程是对孩子们的终身幸福发展有利的。我们真的应该“顺其性，驰其想”，学校和教师都应该努力创设一个温馨的自由空间，让孩子们有更多的发展和选择。

这样的改革让学校的课程文化更浓厚了。我们的生命发展课程是在北大附小独特的文化土壤上建立起来的，它的实行，是对宽松民主的学校文化的彰显，是对爱与自由的学校精神的深层诠释。课程改革中的很多细节，包括我们推进课程改革中的诸多策略——多元引领、对话共生、实验培育、文化浸润等，都是课程文化的核心内涵，而这样的氛围与环境，是带有北大附小特色的，是我们要永远发扬的精神财富。

这样的改革带来了教师团队研究水平的整体飞跃。从没有方向，到明确方向；从出现问题，到解决问题，我们的老师们始终团结在一起，以课堂教学研究为突破口，不断进行思路设计，不断进行经验反思，如切如磋，如琢如磨，努力碰撞研究的火花，不断扩充研究的同伴。几乎每天课后、每个周末，在校园的各处都能看见他们专注交流的场景。老师们的课程创生能力大大增强了，学科团队的教学风格也越来越明晰。凝结我们这一改革的成果——《润泽心灵的"博雅语文"——北大附小"博雅语文"课程的建构和实施》《研数思形，启智通慧——北大附小"生长的数学"课程的建构和实施》《卓·悦英语："玩"出最好的课堂》将陆续出版。它们，就是最好的见证。

愿北大附小的课程改革继往开来，结出更多更丰硕的果实！

尹　超

2015 年 6 月 6 日

目　　录

第一章　小学数学学科课程发展的机遇与挑战 …………………… (1)
第一节　新时代教育发展的新气象 …………………… (1)
第二节　国内外数学教育的差异 …………………… (6)
第三节　机遇与挑战 …………………… (14)
第二章　“生长的数学”课程的主题 …………………… (19)
第一节　课程的内涵 …………………… (20)
第二节　课程的目标 …………………… (24)
第三节　课程的体系结构 …………………… (29)
第三章　“生长的数学”课程的内容架构 …………………… (37)
第一节　基础类课程的内容架构 …………………… (37)
第二节　思维类课程的内容架构 …………………… (70)
第三节　实践类课程的内容构架 …………………… (82)
第四章　“生长的数学”课程的教学策略 …………………… (102)
第一节　教学设计的策略 …………………… (102)
第二节　学习方式的策略 …………………… (120)
第三节　课堂实施的策略 …………………… (133)
第四节　教学评价的策略 …………………… (151)
第五节　课程实施的教学特色 …………………… (160)
第五章　“生长的数学”课程的资源建设 …………………… (169)
第一节　数学课程资源建设 …………………… (169)
第二节　数学课程开发和实施的团队建设 …………………… (187)
第六章　“生长的数学”课程的反思与展望 …………………… (203)
第一节　关于“生长的数学”课程建构的反思 …………………… (203)
第二节　关于“生长的数学”课程实施的反思 …………………… (206)
第三节　关于“生长的数学”课程发展的展望 …………………… (207)
教师访谈录 …………………… (210)

第一章　小学数学学科课程发展的机遇与挑战

人类社会已进入飞速发展的时代，社会的发展对于人才的培养也提出更高的要求，《国家中长期教育改革和发展规划纲要(2010—2020 年)》将人才的培养上升为促进国家全面发展的战略高度。基于当代社会发展对人才培养的需求，近年来，北京大学附属小学启动了以“生命发展”为主题的课程改革。作为学校课程的重要组成部分，数学课程的创生和实施在本次课程改革中至关重要。数学是基础教育的核心课程，数学课程的创生与发展直接影响教育质量与人才素养。因此，数学教育改革须以现有改革成果为基础，以未来社会对人才素养要求为依据，完成对数学教育目的和内容的再认识，探索开发学生潜能、发展学生能力的有效途径。

第一节　新时代教育发展的新气象

一、教育理念：从以知识为中心到育人为本

长期以来，我国学校教育中盛行一种“知识本位”的教育观，即将知识的传授作为教学活动的出发点和归宿。在方式上实行强制教学，“填鸭式”教学，学生活动主要是记忆、背诵、默写，缺乏积极主动的思考和想象；在内容上则只停留在理解和记忆某些具体知识，忽视学生能力的培养以及非智力因素的开发。

“知识本位”的教育观强调知识对人的重要性，主张教师以传授知识，发

展学生认识能力为主要目的。因此,“知识本位”的教育观必然是:教师是教学活动的中心和主体,是学习活动的设计者、组织者、控制者和评价者;而学生则处于从属地位,作为“白板”或“容器”被动地接受知识。持有这种观念的教师虽然关注学生的知识掌握与获得,重视学生认知能力的培养,却忽视了学生人格的形成、道德的培养、潜能的开发及综合素质的提升。

人作为能动的个体,是不断发展、变化的生命。教育是培养人的社会活动,人既是教育的出发点,也是教育的归宿,以人为本是教育的应有之义。尊重和关爱每一个学生的生命本性是教育以人为本的起点和基石,培养学生丰富多彩的社会属性与鲜活的个性是教育以人为本的核心内涵,关注学生的全面持续发展是教育以人为本的终极目标。

以人为本的教育过程是师生交流互动、平等对话、相得益彰和教学相长的过程。[①] 在这一过程中,教师和学生不断寻求共识、达成共识,最终相互启发、相互促进。以人为本的教育理念从人的生命特征出发,要求教育给予学生更多的关爱,重视学生的情感生活和个人尊严,呵护学生发展的能动性与创造性,辅助学生建构适合个体可持续发展的学习内容与方法,创建良好的成长氛围,使学生体验到学习过程的愉悦感,激发学生的内在动机,帮助学生逐步达到自我实现的理想境界。

因此,坚持以人为本,提升教育品质,既是满足教育的需求,也迎合时代发展的特征,更加适应未来社会的发展需要。

二、课程目标:由“双基”到“四基”

我国数学课程目标的整体结构经历了数次嬗变,即沿袭着“知识—知识、技能—知识、技能、思维—知识、技能、能力—知识、技能、能力、思想”的轨迹发展。实际上,各个时期的小学数学课程目标并不是绝对割裂的,其是在传授知识的同时有意识地强化其他维度的价值取向。因此,不同时期的课程目标表现出不同的价值取向。张奠宙等学者指出:“中国教育基本面是好的,中国的数学教育传统是未来发展的基础。对传统首先要继承,然后才是扬弃、改造和发扬”。

课程目标代表着设计者对于“通过学习学生将获得什么”这一基本问题的回答。因此,从“双基”到“四基”、从“两能”到“四能”的目标转变,被视为《义务教育数学课程标准(2011 年版)》[以下简称《标准(2011 年版)》]在课

① 姚姿如,杨兆山.“以人为本”教育理念的意蕴[J].教育研究,2011.3.

程目标设计方面的重大突破，一些学者甚至将其视作这次课程标准修订的标志之一。“四基”“四能”在哪些方面拓展了课程目标的内涵？这种拓展的重要意义何在呢？

《标准(2011 年版)》在总体课程目标中规定，通过义务教育阶段的数学学习，学生能够：

(1) 获得适应社会生活和进一步发展所必需的数学的基础知识、基本技能、基本思想、基本活动经验。

(2) 体会数学知识之间、数学与其他学科之间、数学与生活之间的联系，运用数学的思维方式进行思考，增强发现和提出问题的能力、分析和解决问题的能力。

(3) 了解数学的价值，提高学习数学的兴趣，增强学好数学的信心，养成良好的学习习惯，具有初步的创新意识和科学态度。

前两项目标被简称为获得“四基”、提高“四能”，第三项目标强调发展学生良好的情感、态度与价值观。“基础知识和基本技能”一向是我国数学教育的基本特征之一，也是我国数学教育的优势所在。随着时代的发展，人们开始意识到数学思想方法的重要性，并将其作为数学知识的一部分。

《全日制义务教育数学课程标准(实验稿)》[以下简称《标准(实验稿)》]将数学知识和数学方法加以并列，开始关注数学活动经验，提出了“获得适应社会生活和进一步发展所必需的重要数学知识(包括数学事实、数学活动经验)以及基本的数学思想方法和必要的应用技能”。这是在课程目标的认识方面取得的巨大进展。将“双基”拓展为“四基”、“两能”拓展为“四能”，体现了对数学课程价值的全面认识，在一定程度上弥补了我国学生在知识应用方面的弱势。

数学课程目标的拓展不仅符合当今中国公民发展的需要，更体现了发展学生实践能力和创新精神的基本要求。创新精神包括三个基本要素：创新意识、创新能力和创新机遇。其中，创新意识和创新能力的形成，不仅仰赖于必要的知识和技能的积累，更需要思想方法、活动经验的积累与升华。数学课程目标中提出的“四基”是一个有机的整体，如何处理好它们彼此间的关系，如何在课堂教学实践中寻求有效途径具体落实“四基”目标，是值得进一步深入探讨的问题。

三、内容方法：重结果，更重过程

课程目标从“双基”到“四基”是本次课程改革的一大亮点。《标准(实验稿)》指出,“要让学生亲身经历将实际问题抽象成数学模型并进行解释与应用的过程”,数学课程的内容“应当是现实的、有意义的、富有挑战性的,这些内容要有利于学生主动地进行观察、实验、猜测、验证、推理与交流”“动手实践、自主探索与合作交流是学生学习数学的重要方式”。这些表述均体现出《标准(实验稿)》强调数学学习过程是数学活动的重要内容之一,而数学活动经验作为新课标明确加入的课程目标,并作为数学基础知识中的一部分,也体现出在数学活动的过程性方面被寄予厚望。

在数学教学中,数学活动的主要目的是让学生经历探究过程、思考过程、抽象过程、预测过程、推理过程以及反思过程等,获取丰富的过程性知识,最终形成应用数学的意识。数学活动经验是指学习者在参与数学活动的过程中所形成的感性认识、情绪体验和应用意识。① 感性知识是指具有学生个人意义的过程性知识,也包括学生大脑中那些未经训练的、不那么严格的数学知识;情绪体验是指对数学的好奇心和求知欲、在数学学习活动中获得的成功体验、对数学严谨性与数学结果确定性的感受以及对数学美的感受与欣赏等;应用意识包括“数学有用”的信念、应用数学知识的信心、从数学的角度提出问题与思考问题的意识以及拓展数学知识应用领域的创新意识,而且应用意识是数学基本活动经验的核心部分。

数学活动经验建立在感觉基础之上,在活动过程中得以具体体现,与形式化的数学知识相比,数学活动经验没有明确的逻辑起点,也没有明显的逻辑结构,是动态的、隐性的和个人化的,其可能是铭刻在头脑中的数学精神、数学的思维方法、研究方法和推理方法,甚至是经历的挫折等。在数学学习中,要使学生真正理解数学知识,感悟数学的理性精神,形成创新能力,就应该让学生积累丰富而有效的数学活动经验。

“双基”教学重视基础知识、基本技能的传授,追求基础知识的记忆和掌握、基本技能的操演和熟练,使学生获得扎实的基础知识、熟练的基本技能和较高的学科能力,其目的是让学生获得形式化的结果知识。基本活动经验则主要指在数学基本活动中形成过程性知识。在数学学习中,“双基”与基本活动经验是相互依存、相互促进的,也是可以相互转化的,在二者的不断融合、多次实际应用中反思提炼,逐渐形成具有普遍指导意义的知识经验——数学基本思想。

因此,课标从“双基”到“四基”的转变,必然导致课程的内容、教与学的

① 王新民,等.数学“四基”中“基本活动经验”的认识与思考[J].数学教育学报,2008(3).

方式方法从“结果性”到“结果性加过程性”的变革。

四、教学评价：单一走向多元

教学评价是建立在判断事实基础上的一种价值判断活动。传统的教学评价由于评价手段相对单一，评价者一般只能或更多通过事实进行判断，因而较多的关注事物的表象，在一定程度上对评价结果的科学性方面造成不良影响。新课程提倡评价目标多元化，评价内容多维度和评价方法多样化，但在实施新课程的过程中如何能够真正实现这些评价目标是广大教师普遍关心的问题。重构小学数学教学评价体系，既要关注学生知识与技能的理解和掌握，更要关注他们情感与态度的形成和发展，让每个孩子尝试成功，真正享受数学学习所带来的快乐。

教学评价的目的不是将学生按照考试分数进行分类与分等，而是为了获得和处理用以确定学生水平和教育有效性的证据。因此，《标准(2011 年版)》指出，对学生学习情况的评价不能仅限于书面考试这一单一形式，还应当包括口试、课堂观察、课后访谈、作业分析、建立学生成长档案袋等多种更加能够体现学生真实发展水平的评价方式。每种评价方式都有其各自的特点，进行评价时需结合评价内容与学生学习的特点加以选择。依据《标准(2011 年版)》的要求，学生评价要做到定性评价和定量评价相结合，过程性评价与终结性评价相结合。其中特别要注重定性评价，其是关注过程的形成性评价方式，是面向未来、重在发展的评价方式，有利于辅助学生认识自我、建立自信、激发学生的内在动机，促进学生在原有水平上获得最大程度的发展，实现个体价值。

进行学生评价时，一方面需要注重评价方式的“多样化”，教师的评价方式并不仅仅局限于语言，还可以设置各种奖励机制，在低年级学生中外物刺激的方法尤为奏效，如奖励小红花、闯关游戏、集体争夺战等。除此之外，还有一种较为合理的评价方式，即将评价与实际教学结合起来，这也是数学小课题研究中的一项内容，探索怎样在自己的课堂教学知识与评价之间搭建一座桥梁，让学生感觉教师的奖励可以更加“实用”。有些有经验的教师的评价方式也很有借鉴意义，如在教学二年级下册找规律的时候，教师在课前出示了 4 种颜色的苹果卡片，分别代表不同的意思，如蓝色代表积极回答问题、红色代表乐于参与小组讨论等，分发给小组的组长，由组长进行组评，在课程结束后组长上台展示他们小组成员的成绩，最后发现同学们得到的苹果卡片也同样形成了有规律的图案，恰好与本节课的学习知识相结合。当然,这些都需要在教师的教学预设中考虑进来,这样一种新的评价方式在教学中能够经常运用,不但能提升学生学习的积极性,而且能够促进学生对知识的理解程度,通过多样化的评价方式形成对学生发展变化正确而全面的认识。

另一方面,注重评价的多层次化。教师要承认并尊重学生在发展过程中存在的个体差异。教师在实践中要能够针对学生个体的差异性,在评价上运用“多把尺子”,即做到分层落实、分层评价、因材评价。如在数学教学中会经常进行一些口头测验,针对不同层次的学生,教师在出题时应该有不同层次的区别,有针对性地检测学生的学习水平。在评价学生时也应如此,同一道题目对一般的学生和学困生应有不同的衡量标准,教师在评价方式和语言上应有所区别,另外考试后也不能用同一个标准去衡量所有的学生,应该针对不同的学生分层衡量,这样才能使不同层面的学生得到更好发展,最终产生对学习的信心。

评价是一门艺术,不仅反映了教师的语言艺术、激励艺术和引导艺术,也是一位教师高超教学技艺的体现。在教学实践中,教师要尽量运用多种评价主体、采用多元化的评价方法、分层次评价有机结合,形成新的教学评价方式,在教学实践中灵活运用,达到使课堂具有发展性、充满生命力的目标,学生在探索知识的过程中感到愉悦,才能得到全面的发展。

第二节　国内外数学教育的差异

一、国内数学教育发展的现状

国内数学教育的发展随着课程改革的不断推进,发展极为迅猛。课程标准逐步明确,教材不断更新和完善,教师团队的教科研水平不断提升,都使课程的开发和实施保持着良好的发展势头。但是,国内数学教育的发展也同样存在着诸多的问题,在很大程度上限制着数学教学的发展。

(一) 数学课改的进展:走向大众的数学

我国的数学教育在国际上一直享有盛誉,学生的数学素养也普遍受到认可。自课程改革以来,取得了一些进展,也有一些值得探讨的问题,这些都是进一步推进数学课程发展最有价值的借鉴。

1. 课程标准引领数学课程发展的方向

从《标准(实验稿)》到《标准(2011 年版)》,课程标准的制定和实施,为我们的数学课程的发展起到了很好的引领和推动的作用。

从传统意义上看,人们将数学课程视为数学概念、命题、公式及符号的集合,甚至有人就将数学教材视为数学课程,这样认识数学课程的内涵是狭隘的。课程发展至今,其内涵也日益丰富,可以归纳成以下几个维度:第一,学科、知识维度。第二,目标、计划维度。第三,经验、体验维度。第四,活动维度。显然,用任何单一的维度来看今天的数学课程都是片面的。新的课程标准将数学课程的内涵表述为:在特定目标、计划制约下的数学学科及数学学习活动。

《标准(2011 年版)》进一步明确了课程的内容,要求课程内容要反映社会的需要、数学的特点,要符合学生的认知规律。它不仅包括数学的结果,也包括数学结果的形成过程和蕴涵的数学思想方法。课程内容的选择要贴近学生的实际,有利于学生的体验与理解、思考与探索。课程内容的组织要重视过程,处理好过程与结果的关系;要重视直观,处理好直观与抽象的关系;要重视直接经验,处理好直接经验与间接经验的关系。课程内容的呈现应注意层次性和多样性。

《标准(2011 年版)》不仅明确了课程的内容指向,而且对课程内容的组织也提出了明确的要求,同时对教学方式、教学活动以及教学评价等诸多方面都有清晰的指向,这些都是教师教学和育人的方向。

《标准(2011 年版)》让我们从传统的只专注数学知识和技能的圈子中跳了出来,更加注重以数学的知识和技能为载体来关注人的发展,从而实现从数学教学到数学教育的转变。教师们通过对课程标准的学习,不仅仅关注数学的知识与技能,也开始关注学生数学思考发展、学生活动经验的积累以及问题解决能力的提升,在关注数学的本质的同时,更关注学生数学学习的过程。教师不仅仅关注学生数学学习的结果,更看重学生通过数学学习所得到的生长。这些观念上的改变为推动我们数学教育的发展,起到了很好的引领作用。

2. 不断更新的教材为教学实施搭建了优异的平台

教育改革实施以来,各种版本教材的更新周期越来越短,教材的不断修订为落实课程目标提供了保障。以 2014 版的教材为例:在数与代数、图形与几何、统计与概率和综合与实践四个领域都有了重大的调整和提升。并根据课程标准的要求在教材中明确了对核心概念的渗透,注重发展学生的数感、符号意识、空间观念、几何直观、数据分析观念、运算能力、推理能力和模型思想。为了适应时代发展对人才培养的需要，数学课程还要特别注重发展学生的应用意识和创新意识。核心概念的内涵在性质上是体现学习主体——学生的特征，它们涉及的是学生在数学学习中应该建立和培养的关于数学的感悟、观念、意识、思想、能力等，因此，可以认为，它们是学生在义务教育阶段数学课程中最应培养的数学素养，也是促进学生发展的重要方面。核心概念涉及学生关于数学的感悟、观念、意识、思想、能力等，是学生作为数学学习主体的体现，也是学生在义务教育阶段数学课程中应该建立和培养的数学素养，是促进学生发展的重要方面。

《标准(2011 年版)》中增加的几何直观、运算能力、模型思想和创新意识这四个核心概念，在教材中进行了及时的增加和明显的体现。以数学模型为例：教材进一步丰富了原有的情境模型，数线模型的使用呈现了系列化的特征，除了保留原有的计数器模型、小棒模型，还增加了大量的实物模型、条块模型、面积模型、矩阵模型……多样化的模型引入和使用，让教师的教学有了丰富的素材，使学生的学习活动有了可研究的工具，正是借助这些丰富的、显性的工具，模型思想的渗透才成为可能，学生才能经历“问题情境——建立模型——求解验证”的数学活动过程，体现了课标中模型思想的基本要求，也有利于学生在过程中理解、掌握有关知识、技能，积累数学活动经验，感悟模型思想的本质。同时，这个过程更有利于学生去发现、提出、分析、解决问题，培养创新意识。

教材的不断完善、创新发展为数学课程的发展提供了平台，不仅可以帮助教师解读课标的要求，也为教师进行课程创生提供了广阔的空间。

3. 不断完善的科研体系为课程发展提供了保障

随着课程改革的不断推进，我国的教育科研体系也在不断地完善，教育科研在课程推进中的作用也越来越凸显。

我国的教研体系不同于国外，是有着比较严谨的组织机构的架构。从国家的教科院到省市一级的教科院，再到各区县一级的进修学校，都有专门的教育科研的机构设置，再配上各类师范类和非师范类大学的教育科研院系，形成了一个较为完善的教育科研体系。以往这些科研单位更多地侧重于理论的研究，虽然在引领教育教学的方向上有一定作用，但理论和实践脱节的问题却相当严重。随着课改的逐步深入，很多专家学者走进了学校，与教学实践相结合，帮助学校提升了理论研究水平，从而使理论和实践结合的程度不断提高。

在教科研专家走进学校的同时，教师团队的人员结构近些年也发生了很大的变化，一线教师研究生和本科生的比例逐年增加，尤其是北京、上海、广州等一线城市，本科以上学历的教师基本达到90%以上，教师人员结构的改变提升了教师队伍整体的专业素养。这些一线教师多年来收集了大量课程研究的素材，同时也发现了很多课程实施中的问题，更为重要的是积累了课程研究的经验。在专家的引领和指导下，教师们做教科研的能力和水平得到了很大的提升，这些都使课程的进一步开发和实施成为可能，也为课程的发展提供了坚实的保障。

随着国际化交流的不断开展，数学教育发展的国际化也为数学课程的发展和研究拓展了更为广阔的空间。近年来随着新的国际数学教育理念和课程研究方法的逐步引入，我们打开了视野，对于数学课程改革又有了新的思考。比如对于问题解决的研究，我们就借鉴了国外更为先进的教育理念和课程架构方式，荷兰和美国的经验就非常值得我们学习。在数学综合与实践领域，我们的研究相对滞后，而不论是法国课程中的做中学，还是日本和美国课程中的课题研究，都为我们设计和实施这类课程提供了宝贵的经验。

教育科研能力的提升，就像推动课程改革巨轮的动力一样，在不断地增强变大，在今后的数学课程改革发展道路上，一定会发挥更大的作用。

（二）数学课程发展的不足："数学精神"有待提升

随着课程实践的不断深入，我们数学教育中的许多弊端也逐渐显现出来，在一定程度上制约着课程的发展，亟须进一步的研究和解决。

(1) 小学数学教师本体性知识缺失

由于现代知识的高速增长，教师需要达到的"某种水平"也愈来愈高，教师本体性知识缺失逐渐成为当今小学数学中突显的问题。在北京、上海等发达城市，小学教师本体性知识缺失问题更为棘手。一方面，发达城市的学生能够接触到的教学资源、教学平台、社会环境更加丰富、多元，学生们在课外能够获得大量不为教师所知的知识内容，因此，在发达城市中，小学数学教师本体性知识缺失问题更加凸显。另一方面，新课改中，除了数学课程标准内容更新的力度较大之外，更主要的原因是学生的主体性被较大程度的激活。传统的教学模式，教师忠实执行教材，照本宣科，将既定的知识传递给学生。这种教学模式下，学生的思维相对狭窄，只要教师课前预设方案详细周全，通常足以应付教学。而随着课程改革的不断深入，学生学习的积极性、主动性不断增强，再加之学生知识的来源渠道更加多元化，导致学生质疑问难的频率与教师本体性知识缺失的显露同步增长。

(2) 小学数学教学内容生活化带来的偏颇

小学数学教学内容生活化是《数学课程标准》明确提出的要求之一,“要充分提供有趣的与儿童生活背景有关的素材,题材宜多样化,呈现方式应丰富多彩”。这就要求教师在教学内容上,应选择与学生生活实际密切联系的内容,在方法的呈现上,应具有开放性、多元性,而不是把教师的思路和材料强加给学生,也不强求学生使用统一的、标准的方法去思考,解决问题,要给学生留有充分讨论的时间,留有充分的思维空间和思维途径,使学生体验到学习的满足感和自我实现,激发学生的内在动机。

然而,小学数学教学内容的生活化在实践中也存有偏颇之处。其主要表现在,教师对于“生活”的界定过于宽泛。教师在创设与生活相关的情境或准备与生活相关的教学内容时,往往基于自己对于生活的经验,而脱离学生所接触的经验世界,看似生活化的情境,实际上与学生的生活相差甚远,最终导致与“教学内容生活化,拉近与孩子们的距离”的目标渐行渐远。例如,小学教师在讲授单位名称内容时,创设的生活情境往往是“果树上的果子有多少个”“白菜有多少斤”“砝码有多少克”“机场跑道有多少米”等。而对于北京市的小学生而言,很少有机会直接接触到果园、菜地、机场跑道等情境。教师创设的生活情境往往是“我们的生活”或“别人的生活”,而不是“孩子们的生活”。因此,在创设生活情境或准备教学内容时,要充分考虑小学生们,特别是北京市的小学生们,能够接触到怎样的生活,用何种生活情境能够拉近学生经验与理论知识之间的距离。

(3) 教材在培养数学思维能力和问题解决方面还应更有作为

首先,在培养学生数学思维方面,现有教材还有很大的提升空间。例如,如何有针对性地设计教材内容,更好地培养学生的数学思维能力,使之持续有力地发展。需要指出的是,配合课堂教学有目的、有计划地进行数学思维能力专项训练,是促进学生数学思维能力发展的重要途径,训练的目的不单纯是为了求出一个结果,引出一个结论,而是突出训练中的思维过程,即分析的过程、概括的过程、推理的过程和化归的过程。思维的训练不等于出难题,而在于建立有效有序的训练体系,如同生物学上的基因序列研究一样,具有攻坚的重大意义。这也正是将思维训练和教材建设整合在一起的初衷所在,一切都是为了学生能得到更好的发展。

其次,在培养学生问题解决方面,现有教材还有很大的提升空间。通过研究美、日、德小学数学教材,发现它们的数学课程尤为注重学生“问题解决”策略的培养。系统地培养学生问题解决的能力,要从培养提出问题的能力开始，在教学中把数学知识转化为问题的形式，把知识的形成过程和结论隐含在问题之中，而不是把知识直接呈现给学生，更不是直接向学生灌输。从课堂实践来看，实际生活中学生会提出各种不同的问题：其中包括数学问题，也包括非数学问题；有当堂能够解决的问题，也有当堂不能解决的问题，甚至是相当长一段时间都不能解决的问题；有知道结果而提出的问题，也有不知道结果而提出的问题。通过培养提问能力，可以使学生逐渐形成问题意识，而问题意识是发展学生创新思维的关键所在。

与“知识问题化”相对应的是“问题知识化”。所谓“问题知识化”，是在学生提出问题的基础上，对提出的问题进行加工，开展基于问题解决的以学生自主活动为基础的开放性学习活动，将问题与学生的生活经验和已有知识联系起来，通过师生间、学生间的合作学习，让学生在表达、交流、反思中探索数学问题解决的过程，从中体验数学，感悟数学，获取数学知识。

这也是数学学习中不可或缺的数学化的过程。数学化是指学生从一个问题开始，由实际问题到数学问题、由具体问题到抽象概念、由解决问题到更进一步应用的数学学习全过程。把数学化作为主要内容的数学教材，为学生从事数学活动提供了足够的空间，有利于引导学生去发现一些已有的数学结果，使已经存在于学生头脑中的那些非正规的数学知识和数学体验上升发展为科学的结论。让学生在亲身体验和探索的过程中学习数学，感受数学的乐趣，增进学好数学的信心，形成应用意识、创新意识，从而达到素质教育的目的。

(4) 课程实施存在的一些障碍

在课程的实施过程中，阻碍课程实施最大的因素不是教材，不是课程本身，而是人。人是课程实施的主体，不论是教师还是学生都是课程实施发展的最主要因素。

首先，通过课程实施不难看到，我国数学课程的设计实施发展极不均衡。一线城市发展极为迅猛，而一些偏远落后地区就极为缓慢，许多教师的教育教学理念还相对滞后，虽然课程目标和教材已经得到了很大的提升，但是由于教师认识上的差异，有些地区还处于换汤不换药状态。如果人的观念得不到提升和改变，课程的实施就成了一句空话。

其次，由于我们的课程设置是面向全国的，课程的设计者要兼顾全国的差异，因此在课程的实施过程中就出现了有些地区吃不饱，而有些地区吃不下的尴尬状态，这也在很大程度上制约着课程的设计和实施。即便是在许多发达的地区，由于数学课程更加凸显育人的功能，拉长放慢了许多环节，更关注学生学习的过程，而课程内容的不断丰富和有限的教学时间之间的矛盾,也给许多教师在课程实施时造成了很大的困扰。

另外,作为教学活动最重要的主体——学生,如何在课程实施中真正发挥主体地位,通过课程的实施达到发展的目标,也是课程实施中遇到的大问题。传统的数学课程比较关注知识和技能,学生也参与学习和研究,但是教师更关注结果,在很大程度上制约了学生的学习。新课程“变教为学”,但固有的学生学习方式并不能满足学生发展的需要。虽然教师为学生学习提供了更为充足的空间和丰富的学习素材,但学生学习和解决的是教师提供的问题,教师关注的是学生研究的结果,即便学生经历问题解决的全过程,却不能有效地实现新课程目标,因为学生交流的更多的是解题的经验,而不是学习研究的经验。这些问题也在很大程度上制约着课程的实施,建构新的学生数学学习的方式就显得极为重要。

最后,现代数学课程的实施需要更为先进的技术手段的支持,我国加大了教育经费的投入比例,教育经费占 GDP 的比例也同比增加,各地硬件设施已经得到了很大程度的改善,但是软件技术的开发却比较滞后。比如现在有许多学校的教师利用 iPad 上课,由于软件技术有限,并不能满足教师对教学设计的要求,大多 iPad 都沦为照相机和播放器,同时有的学生在使用 iPad 时被其中的游戏所吸引,不仅没有促进学习,反而干扰了学习,这给教师使用新科技与教育教学结合的尝试造成了很大的困扰。现代信息技术的引入肯定是大势所趋,如何让信息技术为课程的实施服务,提高学生学习的效率,同样需要我们花费精力去研究和解决。

其实,在课程设计和实施的进程中,遇到问题是非常正常的,也是不可避免的,要在不断地发现和解决问题的过程中,继承传统,又开拓创新,不断积累经验,努力推动着数学教育前行。

二、国际数学教育发展的现状和趋势

由于数学在科学技术发展和社会进步中的重要作用,世界各发达国家都十分重视数学教育的质量。作为基础教育核心课程的小学数学,更是受到国际国内广大教育工作者的关注,纷纷提出小学数学教育改革的新观点、新方法,旨在获得高质量的数学教育成果。所谓“它山之石,可以攻玉”,汲取国际数学教育发展中的成果,对于发展我国数学教育大有裨益。国际数学教育的优势主要体现在以下三个方面。

(一)数学知识的实践性取向

世界上的许多发达国家在制定数学课程标准时都十分注重数学知识的

应用性和实践性。如荷兰，自20世纪60年代末以来就已开始了数学教育改革，到20世纪90年代初，几乎所有的荷兰小学都已在使用根据现实数学教育思想编写的数学课本，重视从学生的生活经验和已有知识中学习数学和理解数学，通过对实物和具体模型的感知和操作，获得基本的数学知识和能力。英国在这方面还形成了系统化的体系，具体是：第一，数学应用在英国数学课程标准中被确定为单独的教学目标，在各个学校都有对学生进行应用能力的系统训练。第二，英国国家课程委员会要求所有学校都要重视数学应用能力的培养，教师在制订计划时，不但要保证学生有充足的时间从事数学实践活动，同时在基础知识教学和基本技能训练中，也要充分贯彻数学应用的思想。第三，对学生数学应用能力的要求既要反映在课程标准中，也要体现在国家的统考大纲中。第四，英国国家数学课程标准还对数学应用做了特殊的要求；要在实际处理问题及使用物质材料的过程中增进理解并获取数学知识和技能；能用数学解决现实生活问题及其他学科提出的问题；对数学内部的规律和原理也要进行探索研究。

（二）数学活动的主体性诉求

数学学习是学生自主的学习过程，数学教学是数学活动的教学，学生用自己的活动建立对人类已有的数学知识的理解。小学生学习数学应该是一个"实践"数学的过程，而不是单纯记数学、背数学、练数学、考数学的过程。如英国以课题覆盖大纲为一种重要的教学策略，教师以教学目标的某一项及学习大纲的某个水平为出发点，组织学生的学习活动，这类活动由于针对性强，便于教学的组织，因此可以使绝大多数学生达到要求的学习水平。教师也可以提出开放性课题，进行开放性教学活动，这样可使学生有机会接触多个教学目标，涉及多个学习内容，同时教师对学生的学习情况进行记录，以评价学生解决问题的策略和水平。传统的日本数学教育受东方文化的影响，学习内容较多，教学方法基本以教师传授为主，不太注重学生在学习过程中的个人感受和体验，但自日本文部省颁布《小学数学学习指导纲要》后，日本的数学教育逐渐体现出个性化、活动化和实践性特征，数学教学的质量有了明显的改善。此外，许多国家在小学数学的教学中还出现了许多新的学习形式，如小课题研究、生活中的数学、" Hands on"活动等。

（三）问题解决为核心的教学范式

问题解决是20世纪80年代以来国际数学教育界提出的一个重要概念。全美数学教师理事会曾提出问题解决必须处于学校数学教学的中心，1984年在澳大利亚召开的第五届国际数学教育大会也提出了同样的观点。问题解决是创造性地应用数学去解决新问题的学习活动，它可以使学生在实际环境中获取和构造数学，而不是单纯去背诵和记忆书本上现成的知识，可以使学生充分发挥自己的才智，运用已有知识去创造性地解决新问题，并通过此过程学到数学的思想和方法，提高学生学习数学的兴趣和信心。

《标准(2011 年版)》指出，义务教育阶段数学课程的设计，充分考虑本阶段学生数学学习的特点，课程内容要符合学生的认知规律，不仅包括数学学习的结果，也包括数学学习结果的形成过程和蕴含的数学思想方法；学习评价的主要目的是为了全面了解学生数学学习的过程和结果，评价既要关注学生学习的结果，也要重视学习的过程。数学教育越来越关注学习过程，问题解决是小学数学教育的主要内容，分析问题解决认知过程能深入理解学习过程，是提高问题解决能力的有效途径和数学教育的重要目标。

如何分析问题解决认知过程是研究者关心的问题。小学生因所处的思维发展阶段，所拥有的生活现实、数学现实及其他学科现实等因素，在问题解决过程中表现出独特认知规律和心理特征。因此，问题解决是数学教育中的核心策略，教育工作者应当对其予以高度重视。

第三节　机遇与挑战

随着社会的高速发展，国内外不断深入的教育改革为基础教育提出了前所未有的挑战。学校教育必须适应未来社会发展的需要，抓住机遇，大胆改革，更新教育教学观念，优化课程结构，拓展时代为课程发展提供的更为广阔的空间。

一、发挥数学教育对“人”的可持续发展功能

在学校教育中，如果学科教学只是关注学科知识，甚至只是围绕学科考试而教学，就会把学生视作接受知识的“容器”，进而忽视学生的生活世界和心灵世界，学生的总体素养则不可避免地出现偏差。日本学者米山国藏指出，“在学校学的数学知识毕业之后若没有机会去用，一两年后很快就会忘记。然而，不管他们从事什么工作，唯有深深铭刻在心中的数学精神、数学思想、研究方法、推理方法和看问题的着眼点等，却随时随地发生作用，使他们终身受益。”

在小学阶段，数学是一门极其重要的基础学科。数学的重要性不仅体现在它与其他学科有着密切联系，以及它在社会实践中有着广泛应用，还体现在数学精神的培养、数学文化的积淀、数学思想方法的获得、美的熏陶、善的浸润、好的人格的养成。换言之，通过数学教育发展更具思维品质和人格品质的人。

首先，超越数学“学科本位”。去关注学生在数学学习中的主体地位，促进学生自主发展，这是数学教育在新世纪发展的必然，也是数学教育实现人的发展的前提。超越数学学科本位，数学教育改变过分注重数学书本知识的传授，过分强调数学学科本身的严密性、逻辑性和系统性。要从学生的角度出发，以学生为学习主体，关注学生的兴趣与需要，强调使学生形成积极主动的学习态度，使获得数学知识与技能的过程称为学会学习和形成正确价值观的过程；关注学生的个人知识与直观经验，倡导学生主动参与、乐于探究、勤于动手，培养学生搜集和处理信息的能力、获取知识的能力、分析和解决问题的能力、交流与合作的能力。

其次，关注人的情感体验。积极的情感体验是给予人并能影响其一生的最为宝贵的东西。当今各国的数学教育都对数学学习的情感体验给予了极大的关注，如学习过程激发学生的学习兴趣和好奇心；使学生尝试成功，增强自信，并锻炼克服困难的意志力；引导对数学美的欣赏；鼓励对合作学习的参与以增强数学的交往能力；引导用数学的态度和眼光去关心社会生活中的问题等等。数学学习中积极的情感体验可以来自以下两个方面：一是成功的体验。二是对数学美的感悟。

第三，改善教与学的方式。学生的创新精神和实践能力的培养以及潜能的发挥，很大程度上取决于他们的学习是消极被动的还是积极主动的。改善教与学的方式，数学教学要做到：一是应“从学生的生活经验和已有的知识背景出发，向他们提供更多的数学活动和数学交流的机会，促使他们在自主探索的过程中真正理解和掌握基本的数学知识技能、数学思想和方法，同时获得广泛的数学活动经验”。二是在数学教学活动中，教师要调动学生的“思维参与”，应当创设数学问题情境，巧妙地提出问题，引发学生心理上的认知冲突。

第四，加强数学思想方法的教学。数学教育要对人的一生发展都起作用，对促使人发展的各要素具有整合力和涵盖力的，就是数学素质。以张奠宙为首的学者所进行的“数学素质教育设计（草案）”就从知识观念、创造能力、思维品质、科学语言等层面对数学素质进行阐述，并具体归结为数学意识、问题解决、逻辑推理和信息交流四个部分。加强数学思想方法的教学是培养数学素质的主要途径之一。数学思想方法是对数学知识的本质认识，是从某些具体的数学内容和对数学的认识过程中提炼并形式化的数学观点。数学思想方法产生于数学知识，而数学知识又蕴藏着数学思想方法。在传授知识的同时必须重视数学思想方法的教学。

二、构建北大附小特色的数学课程

北大附小在过去的几十年中重视全人教育、全面育人，在办学思想方面十分重视个体自由、和谐、完满的发展。近年来，北大附小提出并确立了“以人为本，快乐和谐发展”的办学理念。基于未来社会对人才发展的需求，同时充分考虑学校的历史传统，提出了全新的育人目标：“让每一个孩子都得到独具特色的发展，使之成为幸福的、高素养的中国公民和世界公民。”数学课程作为义务教育阶段的核心课程，同时也是北大附小独具特色的一门课程，应当为实现学校育人目标发挥作用。

（一）诠释“以人为本”，构建“生长的数学”课程

“以人为本，快乐和谐发展”是北大附小基于对生命价值、儿童天性、历史传统的理解确立的办学目标。尊重生命，意味着以人为本，遵循人的需求和发展；尊重儿童天性，意味着呵护童年，给孩子自由自在的快乐；尊重历史，意味着继承民主与科学的传统，把和谐当作完满教育的目标。在办学理念指导下，结合培养高素养的中国公民和世界公民的培养目标，北大附小以个体生命发展为基点，构建了学校生命发展课程体系。既面向全体，又面向个体，给予学生爱、自由、尊重、包容，让孩子们从知识的增长开始，一步一步实现素养的提升、生命的成长、人生的幸福。

为了深入有效地践行附小“生命发展”课程，附小数学团队对国内外数学教育以及数学课程进行比较和思考，结合团队多年来对教学改革的探索和尝试，建构具有北大附小特色的数学课程。建构属于自己的数学课程，一方面源自学校“生长的数学”课程的需要，实现由学校课程到学科课程的具体化；另一方面是解决现有国家数学课程体系中存在的诸多问题；最为重要的是通过课程改革进一步促进教师团队的发展，实现共同的教育理想。因此，附小数学团队开始以实际行动，把握机遇、迎接挑战。

诚然，单纯具备建构具有附小特色的数学课程的诉求是远远不够的，更重要的是要依据科学的理论与方法，不辍实践、勇于创新、突破自我。

在建构“生长的数学”课程过程中，数学团队首先对课程的主题和内涵进行长时间的研究，明确课程的育人目标，即在关注数学学习的同时，更要

关注个体的发展，让学生通过数学学习实现自身综合素质的提升，以适应时代的要求。在此基础之上，附小数学团队建构课程整体架构，一方面保留国家课程中的原有优势，另一方面结合自身的经验积累，对国家课程进行合理的整合与调整，开发适合学校自身特点的校本课程，逐步形成较为完整的数学课程体系。在建构课程的同时，附小数学团队不断地进行课程实施的实践和尝试，发现问题、研究解决，形成了良好的课程建设氛围。

在课程建构的过程中，在专家的引领下，北大附小的教育理念不断更新，理论研究水平得到明显提升，团队积累了丰富的课程建构经验，以及教学研究经验，初步形成具有北大附小数学团队特色的教科研方法与策略，逐步完善数学团队的人员架构。诚然，课程建构仍然处于试验阶段，还亟待教育教学专家的进一步指导以及教学实践的进一步检验。

（二）面向未来，搭建丰富立体的数学课程体系

新课程顺应时代发展的需要，以培养学生健全的个性和完整的人格为己任，努力构建符合素质教育要求的新的基础教育课程体系，明示了课程改革的基本理念。

数学课程除了关注学生作为“整体的人”的发展。还要回归学生的生活世界。新课程强调要“加强课程内容与学生生活以及现代社会和科技发展的联系，关注学生的学习兴趣和经验”，这从课程内容的角度确定了课程改革与学生生活的联系，认为课程不再是单一的、理论化的、体系化的书本知识，而是向学生呈现人类群体的生活经验，并把它们纳入到学生的生活世界中加以组织，赋予课程以生活意义和生命价值。新课程还注重学科知识体系的重建，凸现课程综合化的趋势，努力软化学科界限，展开跨学科的对话，强调综合性、加强选择性并确保均衡性。因此，新课程从结构上也倡导了一种回归生活世界的教育，所体现的不是分科的学科知识，而是综合的跨学科的知识和学问，注重社会生活、关照学生的经验和个体差异性，保证每位学生全面、均衡、和谐地发展。

因此，新课程理念和目标对以数学教材为主要载体的原有数学课程提出了新的挑战。如何整合原有基础类课程，在学生掌握数学基础知识、基本技能的基础上，补充提高学生数学思维的思维类课程，和以“问题解决”目标，融合生活的综合实践类课程，是适应未来社会发展的数学课程建构应努力的方向。

首先，在整体把握国家课程内容和学生的基础上，对现有的国家课程内容进行整合重组。在对国家课程内容进行梳理整合的过程中，整体把握教

材内容，建立教材内容之间的联系，解读理解核心课程，合理使用教材。整体把握课程内容能有效实现教育教学目标的指向，形成高效的，有针对性的教育教学活动。

其次，开设思维类课程。其目的是为了弥补国家课程设计中的不足，为学生积累数学研究的方法，形成数学研究的策略，初步具备数学研究的能力提供帮助。思维类课程是基于学生已有的基础知识和基本技能，主要通过设计有一定挑战的数学问题，使学生在解决数学问题的过程中，体会数学思想，掌握研究方法，形成研究策略。

第三，开展实践类课程。实践类课程，是基于学生经验，密切联系生活实际，体现对知识综合应用的学习活动。它通过多样化的学习方式，如探究、调查、访问、设计、制作等，强调学生对活动过程的亲身参与和体验。

开展实践类课程，有助于激发学生的数学兴趣，积累活动经验，发展数学思考。同时，对课内的学习也是一种补充和延伸。此外，通过实践研究，使学生经历发现问题、提出问题、分析问题、解决问题这一问题解决的全过程，为更好地提升问题解决能力、适应社会做准备。

本书在后续章节中还会对课程的主题内涵、内容架构、实施的方法策略、课程的资源建设和问题与展望等方面进行详细阐述。将研究进程中的收获、经验与挫折与数学教育工作者们进行分享，一方面是敦促我们对已有的研究进行梳理和总结，另一方面是期望通过思想的传播与交流，进一步推动数学课程的发展，为更多数学教育工作者进行课程和教学的研究贡献自己的力量。

第二章 “生长的数学”课程的主题

什么是生长？生长即生命体从诞生到成熟发展的全部过程。北大附小的数学课程命名为“生长的数学”课程，即对学校“生命发展”课程的进一步诠释，附小数学团队希望能够在数学课程的建构和实施过程中，不仅要关注数学学科的发展，更要关注生命个体的发展。生命既包含每一位学生，也包括从事数学教育的每一位教师。附小数学团队期待数学课程能够进一步部诠释学校生命课程的育人理念，使之在附小这片沃土中落地生根、开花结果。

北大附小创设的“生命发展课程”，遵从“以人为本”的理念，把“生命发展”置于学校教育的核心位置。生命应被关注、尊重与珍视，这早已成为北大附小所在的中关村地区的一种文化。中关村的标志性建筑——DNA“生命”雕塑，即象征着人类生生不息的精神和孕育创新的生命力。DNA 的双螺旋结构，开启了生物学的新纪元，揭示了生命之谜，让人类能够更加深入地认识自我。

在北大附小数学教师的心中也有两条生命螺旋——教育和教学。教育指向学生生命的发展，教学指向数学学科的发展。数学学科的发展体现人类集体智慧的结晶，学生生命的发展彰显儿童个体生命的活力。

数学的发展和生命的发展从来不是矛盾的，它们是数学课程的两条生命螺旋，也是儿童数学学习的两条生命螺旋。学生通过活动体验的方式，将自我的经验、情感与数学的知识和内容不断融合，生成新的认识和新的体验。数学课程是一个师生全面参与，逐步展开的生成与创造的过程。数学的发展和生命的发展融合而成的数学课程，就像拥有两条生命螺旋的 DNA 一样，不断上升，生生不息。它就是附小数学教师团队追求的具有顽强生命力的“生长的数学”课程如图 2-1 所示。

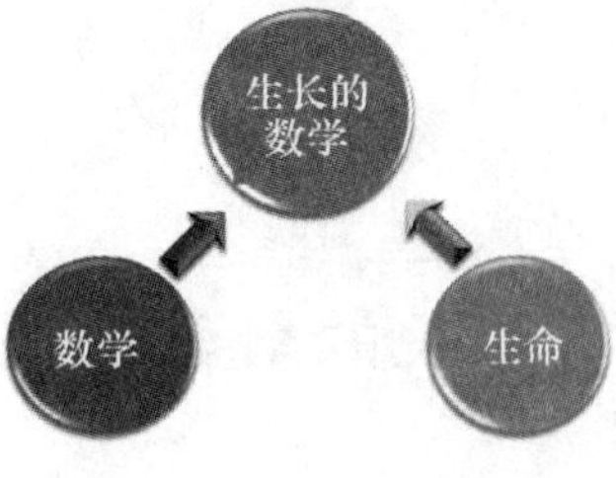

图 2-1 课程主题内涵

第一节 课程的内涵

一、关注生命成长

无论是国家基础教育的课程改革，还是北大附小学校课程和数学学科课程的建设，核心内容都是践行“以人为本”的教育理念。“以人为本”强调“教育的出发点是人，教育的归宿也是人”。在课程的建构和实施过程中，关注每一个学生、每一位教师全面、和谐、可持续地发展。北大附小数学团队在建构“生长的数学”课程的伊始，即将关注人的发展置于首要位置，努力搭建师生共同发展的良好平台，创设生生共同成长的有效途径。

（一）师生共同发展的平台

数学课程的服务对象是学生。“生长的数学”课程的建构坚持“以人为本”的理念，力争实现从“以知识为本”到“以学生发展为本”的转变。传统的教学模式中，课程的建构以掌握学科知识为核心，以教学大纲为依据。“以人为本”的教育理念，强调以学生为中心，学生的学决定教师的教。课程的建构改变了学生固有的学习方式，为学生的学习提供了有效的平台。学生的学习不再是被动地接受，而是主动地探究。教师由知识的传授者变成学生在学习活动中的组织者、引导者和合作者。在这样的课程中，教师不是在教教材，而是用教材教，更重要的是学生不是在学教材，而是用教材学。从而，这也就实现了教学内容从文本课程向体验课程的转变。

课程的建构在为学生提供有效的学习平台的同时，也为促进教师的专业发展提供了有效的研究途径。课程的建构要尊重教师的发展需要，让教师在课程建构的过程中发挥其主体性与创造性。在课程建构的实践中，教师可以在很大程度上实现自身的专业提升。从这个意义上说，建构北大附小“生长的数学”课程，不仅是在改革课程材料、课程内容和课程实施策略，同时也是在改革人的培养。课程的建构不仅为教师的教学和学生的学习提供了更为丰富的平台，也为改变传统的教学方式和学习方式创造了条件。其在改造课程的同时，也改造着教师和学生的精神世界，使他们的思想得以升华，从而满足个体生命发展的需要。因此，课程的建构把教师的发展和学生的发展有机地结合在一起，这也使得学校“生命课程”的建构和实施成为可能。

（二）生生共同成长的途径

数学课程作为国家的基础课程，既要面向全体，又要面向个体。面向全体体现了教育的公平和对每一位学生的责任。在课程的实施过程中，我们必须努力使全体学生达到数学课程目标的基本要求，这既是数学教学活动的出发点，也是落脚点。面向个体体现了教育的效率和对每一位学生的关注。我们必须清醒地认识到，学生之间的差异是客观存在的。学生的经验差异、发展差异、性别差异、学习风格差异等，形成了个体差异和发展需求的差异。在课程的实施过程中，我们必须关注学生的差异，尊重差异，努力满足每一位学生不同的发展需求，使每个学生的才能都得到充分的发展。

“生长的数学”课程在面向全体时，追求生与生之间的互动与交流，合作与碰撞。学生是课堂学习的主人，他们既是问题的发现者、提出者，又是问题的研究者、评价者。学生在独立研究或合作研究的基础上，相互启发，相互欣赏，相互借鉴，相互质疑，相互学习。学生学习的过程就是其通过自主体验促进个性的自我实现的过程。

“生长的数学”课程在面向个体时，追求因材施教，追求差别化教育与个性化教育。如今，促进人的个性、主体性和创造性的发展已经成为国际教改的共同趋势。认识和尊重学生的差异性和独特性是教育的基础，也是学生发展的前提。在建构课程时，我们从不同学生的生活经验、知识背景、学习兴趣和认知特点出发，制定不同的课程目标、课程材料以及教学活动方式和评价方式，力求让每个学生在原有基础上得到最优的发展。

因此，我们在课程的建构时既要考虑全体学生的基本需求，又要兼顾学生个体的需求差异。无论是学习目标的设定，学习内容的选择，还是学习方式的安排，学习结果的评价，我们都力图为所有的学生提供各种可能。我们在课程的实施时，让不同的学生带着不同的生活经验、知识经验、认知因素和情感态度，参与到学习的全过程中，把学生的差异变为资源，让学生的成长因不同而精彩。

二、关注数学本质

“生长的数学”课程的本体是数学，因此建构课程除了要关注人生命的发展，也要关注数学学科的发展。

华罗庚先生曾指出，“宇宙之大，粒子之微，火箭之速，化工之巧，地球之变，生物之谜，日用之繁，无处不用数学。”数学是一切科学的研究工具，科学越发达，需要的数学工具就越多。在世界迅猛发展的今天，各门学科“数学化 ”的过程推动了社会的迅猛发展，而社会的发展也推动了数学自身的发展。

作为数学教师，建构好数学课程，为学生的数学学习提供更好的平台，让学生学好数学，用好数学，是当代数学教师义不容辞的责任。因此，我们确立了以“研数思形、启智通慧”为核心的课程理念，希望通过我们的数学教育，让学生在学习的过程中，不仅掌握数学的知识、技能、思想方法，而且通过数学的学习，培养学生解决问题的能力，学会用数学的思维方式去思考问题、认识世界。

（一）数与形的完美结合

数学是研究客观世界的空间形式和数量关系的科学，而且数与形是数学的两种表达形式，数是形的抽象概括，形是数的直观表现。数形结合就是把抽象的数学语言与直观的图形结合起来，通过“以形助数”和“以数解形”，使得复杂的问题简单化，抽象的问题具体化，从而使抽象思维和形象思维完美的结合。华罗庚先生将数与形解读为，“数缺形式少直觉，形少数时难入微。”不难看出，数与形不仅是数学学习的两个领域，数形结合更是一种数学思想，是一种思维方式，也是解决问题的一种重要的途径。

作为数学的研究对象，对于数与形的探索是数学永恒的话题。中国古代就将数学称为“算数”，顾名思义表明数学的研究对象是数的计算方法和技术。17 世纪以前的数学相当于现代的算数、初等代数、数论、初等几何。这些数学的特点是以相互独立不变的数量作为自己研究的对象。20 世纪以后，以笛卡尔为代表的数学家，进一步推动了数学的研究和探索，解析几何、微积分的诞生使得数学由具体的数和形扩展到函数关系，使得对量的研究不断发展和深化。19 世纪以罗巴切夫斯基为代表的数学家，创立了非欧几何，使几何的研究从三维发展到了四维，函数空间、拓扑空间这一系列的发展一次比一次广泛深入，从而人类对形的研究有了全新的视角和解读。人类对数学的研究，即是在对数与形的探索中不断前行。这些研究不仅为数学的发展开辟诸多领域，更为人类认识世界、探索世界提供了丰富的工具和思维路径。

因此，“生长的数学”课程的创设，就是要搭设这样一个平台，让学生在有限的时间内经历人类的研究历程，在对数与形的不断探索中，不仅掌握数学的知识、方法，更要发展数学思考能力，提升发现问题、解决问题的能力和意识，积累丰富的数学活动经验。

（二）知识与智慧的共同发展

早在1998年，史宁中教授提出教育的三个阶段：原始的教育，即经验的教育；现在的教育，即知识的教育；未来的教育，即智慧的教育。史教授从教育一词的起源说起，分析了人和动物的区别，论证了人的教育的本质不是教会，而是本人参与其中的活动，通过自己动脑、自己动手，获得并积累经验。我们的教学，不仅要培养学生分析问题、解决问题的能力，更要培养他们发现问题、提出问题的能力。

在如何实施智慧教育的阐述中，史教授结合数学教学实例，从培养学生的总体目标，实现有效教学、实现有效学习，感悟学科思想等方面，从宏观着眼，从微观入手，指出要注重启发式教学，运用各种教学手段激发学生的学习兴趣，给学生创造留下足够的时间和空间，启发学生独立思考，并且鼓励学生与他人交流，在独立思考以及与他人交流的过程中学会思考，引导学生自己得到结论。

阿里巴巴的创始人马云也曾指出：“最好的教学是去启迪不同性格、不同背景、不同文化、不同思考模式的人，去唤醒他们的智慧。”他还指出“基于使命感的创新才是持久的。创新不是跟对手竞争，而是跟明天竞争。”他认为人和机器最大的差别是，人懂得创新。他认为未来教育最大的改革是发现独特的思考，去唤起人的智慧，而不是教授更多的知识。

史教授从数学教育的角度进行的阐述和马云从社会发展的角度提出的期望，都聚焦于一点，即数学教育不仅仅是传授知识和技能，更为重要的是启迪学生的智慧，从而提升学生发现问题和解决问题的能力，培养学生的创造力。学生通过数学学习掌握的不仅仅是数学知识，而是以数学知识、方法的学习为载体，学会认识世界，探究世界的能力；学会用自己的头脑去发现问题、思考问题；用自己的头脑进行理性的判断分析；而且在学习过程中学会与人协作，从同伴的成功或失败中积累经验、学会反思，共同成长。因此，数学课程的建设，应该为更好地启迪学生的智慧搭建平台，为学生提供可探究的知识平台、思考平台和实践平台，这就要求教师应该智慧地整合现有的学习资源，既要重视数学本身知识领域的特点，又要兼顾现有国家课程架构的不足和缺失，结合自身的实际情况，进行合理的拓展和延伸，为学生的后续学习服务，为学生的终身发展奠基。

第二节　课程的目标

以“生长”为主题的数学学科课程体系，依托丰富的数学活动，通过具体的三类课程：基础类课程、思维类课程和实践类课程，致力于培养具有理性思维、应用意识和创新能力的人，如图 2-2 所示。确定以培养具有理性思维、应用意识和创新能力的人为课程的目标，是基于对育人方向的思考，以及数学课程发展的需要，也是北大附小数学团队对于数学教育的进一步诠释。

图 2-2　课程目标

一、着眼于“学习力”的发展

台湾学者石滋宜博士在其《竞争力》一书中指出：竞争力就是学习力。他认为，竞争力是适应变化而进行变革的能力，而学习是带动变革的原动力。要通过学习新的观念与方法，改变旧的思维与习惯，重塑新的竞争力。

学习力不等于学习能力，它是个人或组织学习的动力、毅力和能力的综合体现，是把知识资源转换成知识资本的能力。学习力最初源于“学习型组织”的管理学研究，学习型组织是一个能熟练的创造，获取和传递知识的组织，同时也要善于修正自身的行为，以适应新的知识和见解。

国际知名大学哈佛培养了 8 位美国总统、33 名诺贝尔奖获得者和 32 名普林策奖获得者，以及一大批知名的学术创始人、世界级的学术带头人。这也引发了学者们的关注：“是什么成就了他们的成功?”哈佛大学的学习格言：“从来没有一个时代，像今天这样不断地、随时随地、深入广泛地、快速高效地学习。”从上述文字中不难看出，具有高效的学习能力是适应时代发展的重要因素。W. C. Kirby(哈佛文理学院院长)指出：“我相信他们并不是在哈佛学会如何当好一个总统或一个 CEO。哈佛给予他们的是一种学习的方式和解决问题的方法——学习力。”学习力是 $L<C=D$，L 代表学习速度，C 代表变化速度，D 代表死亡，意思是学习的速度跟不上环境变化的速度就等于死亡。学习力是把知识资源转化为知识资本的能力。竞争力源于创造力，创造力源于学习力。学习虽无法改变人生的长度，却能增加人生的厚度；学习虽无法改变人的出身，却能改变人的命运，抓紧学习就是抓住了未来。学习使人能够具备思考的能力，时刻保持头脑的聪慧。

《国家中长期教育改革和发展规划纲要(2010—2020 年)》提出教育改革和发展的战略目标：到 2020 年，基本实现教育现代化，基本形成学习型社会，进入人力资源强国行列。解读中长期纲要不难看出，坚持能力为重，优化知识结构，丰富社会实践，强化能力培养。着力提高学生的学习能力、实践能力、创新能力，教育学生学会知识技能，学会动手动脑，学会生存生活，学会做人做事，促进学生主动适应生活，开创美好未来是未来教育发展的首要任务。就知识的更新周期而言，知识更新的周期越来越短：18 世纪，知识更新的周期为 80～90 年；19 世纪到 20 世纪初，缩短为 30 年；20 世纪 60～70 年代，一般学科的知识更新周期为 5～10 年；而到了 20 世纪 80～90 年代，许多学科的知识更新周期缩短为 5 年；进入新世纪时，许多学科的知识更新周期以缩短为 2～3 年。知识更新得越快，对于人类学习力的要求就越来越高。

学习力是新形势下建设人力资源强国的重要部分，人力资源强国首先是教育强国，要具有先进的教育现代化体系，综合的、具有竞争力的教育与培养能力，人力资源能力建设和制度建设走在世纪前列。21 世纪的竞争是知识人才的竞争，人才的竞争靠的是不断吸收先进的理念和知识，因此，学习力是新时代人才的重要素质，是新时代人才竞争的重要能力。学习力是青少年肩负时代使命的基础，2012 年 5 月，胡锦涛总书记在五四重要讲话中希望广大青年坚持刻苦学习，面向现代化、面向世界、面向未来，以只争朝夕的紧迫感，如饥似渴地学习，不断充实自己、提高自己、丰富自己。学习力是学生与时俱进的基础，是学生终身学习的基础。终身学习、全民学习需要学习主体具有学习动力、学习毅力和学习能力。

学习力应该是包括学习动力、学习态度、学习方法、学习效率、创新思维和创造能力的综合体。国家社科基金“十一五”教育学重点课题“我国基础教育未来发展新特征研究”课题首席专家裴丽娜教授在课题研究中提出了“三力”模型：决策力、领导力和学习力。“三力”的提出：一是应对学生个性化发展需要，为学生的未来生存找到自我发展的生长点，二是依据学习力建构的模型，创造条件，为不同学校、不同学科建设设计发展空间，为学科多样化、学生个性发展寻求新的思路。不难看出学习力的培养是学校课程建设和学科建设的核心和重要保障。因此，在架构“生长的数学”课程时，将“学习力”的培养作为课程建设的基础，不论是从教学内容的选择、教学活动的设计，还是教学实施和教学评价，都以培养学生学会学习、学会思考、学会应用为首要的课程目标，以培养具有理性思维、应用意识和创新精神的人作为数学课程的育人目标，为学生的终身学习和发展奠基。

二、旨向理性思维的培养

理性思维是人类思维的高级形式，是人们把握客观事物本质和规律的能力活动。理性思维即逻辑思维，逻辑思维的方法是依据一个或几个已知的判断，推导出未知的结论的过程与学习模式。逻辑思维具有明确思维方向，有充分的思维依据，能够对事物或问题进行观察、比较、分析、综合、抽象与概括。

数学学科对于理性思维的培养，并不意味着否定发展学生的感性思维。感性和理性是支撑思维的两大支柱，两者相互克制、协调发展，缺一不可。而小学生在数学学习的初始阶段，大多以感性思维为主，随着学习活动的延续和发展，逐步建立并发展学生的理性思维是尤为重要的。

感性思维活动包含感觉、知觉、感性概念、本能思维倾向、习惯思维、联想、想象、情感活动、直觉等，其特点是自然形成、自发产生、自动执行、孤立片面、分散并行。理性思维包含语言形式的概念、概念的分类、定性思维、因果推理、过程流程的思考和规划等，其特点是人为定义与划分、知识成体系性、形式化、可推理性、突出相互联系和相互制约关系、可传播性、可理解性。

理性思维与感性思维相互衔接，从感性过渡到理性，就像植物的根与冠一样并不是两个决然孤立的存在。人的思维活动起源于感觉，是感觉驱动的，感觉信号经过层层转化，成为神经活动兴奋发放的源泉。因此，感觉源于自然、自动和自发。感觉信息是从四面八方聚集而来，各具作用，缺乏整合，有时甚至无法整合，因此，分散、孤立、片面是感性思维的一大特点。尽管感性思维直接、自动、并行，但由于感性思维缺乏整体性和有效的规划性，因此其弱点难以克服。理性思维是在感性思维基础上的整合，形成有效的抽象概括，联络事物内部的逻辑关系，使思想体系成为具有广泛联系和因果关系、顺序关系、空间关系、时间关系的有机整体。尽管理性思维发展的时间短、程度弱，但其恰好弥补了感性思维的不足，所以，理性思维代表先进的思维方式，具有强大的生命力。

数学科学是培养理性思维的最佳学科。理性思维中最主要的部分即数学思维。由数学思维产生的理性、确定性、规律性等一系列思想，在人类文化发展史上占据至关重要的地位。以普通数学规律为形式的人类理性，构成了理性主义的根基，数学是人类所达到的最严谨的理性，通过数学引入理性，人们才有可能开始依靠理性，而不是凭感觉去判断是非曲直。17世纪英国哲学家、思想家约翰·洛克指出，“数学是一种在学习中养成紧密推理与连续推理的习惯的方法，我认为，要使所有的人都成为深奥的数学家，并无必要，我们认为，学习数学一定会使人获利推理的方法。当他们有机会时，就会把推理的方法移用到知识的其他部分去。”数学教学学科在实践中长期所积累的优良的科学工作规范和准则，即科学道德，对于学生道德品质的教育不仅起着潜移默化的作用，还具有更为直观的榜样价值。

北大附小数学团队确立以培养理性思维作为课程开发的目标，既是基于数学学科的自身特点以及学校“生命课程”的发展需要，又是数学课程在育人过程中需要实现的重要目标之一。

三、追求应用意识的培养

《标准(2011年版)》(以下简称《新课标》)中对应用意识界定包括两个方面。一方面，面对实际问题，能主动尝试着从数学的角度运用所学知识和方法寻求解决问题的策略：(1) 在实际情境中发现问题和提出问题的意识；(2) 主动应用数学知识解决问题的意识。另一方面，认识到现实生活中蕴含着大量的数学信息、数学在现实世界中有着广泛的应用：(1) 学生对生活中的数学现象具有一定的敏感性，认识到生活中处处有数学，数学就在我们身边；(2) 指对数学有一种正确的观念，学生在学习的过程中认识到数学是有用的。

数学应用意识一方面是人的数学素质的重要部分，另一方面又广泛地支配人的数学行为及数学知识的应用。数学应用意识被认为是现代社会高素质人才必备的素质。严世健教授指出，“数学意识，是指人们在数学学习、数学应用的过程中，逐渐形成的对数学的见解和看法。”数学意识通常划分为三个维度，首先，在生活实践方面，数学意识表现为能够主动地用数学知识来观察、分析、处理实际问题，主要体现了数学观察推理意识、数学敏感性等。其次，在数学学科内部，表现为能够理解数学的学科意义，理解数学知识的内涵，懂得数学知识的应用价值等。数学中的许多概念代表了一种意识或观念。最后，在数学文化方面，也蕴含着一定的数学意识——理解数学这门学科的科学意义、文化内涵，懂得欣赏数学的美和和谐等。应用意识是一种无形的主观意图和动态取向，是创新能力的潜在因素。

长期以来，人们对于数学应用存有误解，认为只要学好数学知识，自然能够将知识应用于实践。实际上，培养学生数学应用意识和能力并不简单。要为学生提供必要的实际训练，能使学生在解决实际问题的过程中逐步形成数学应用意识和初步的应用数学能力。数学应用意识是一种精神状态、一种意向，它是主体主动从数学的角度，用数学的语言、知识、思想方法观察、思考和解决各种问题的心理倾向。

发展学生应用数学的能力是数学教育的重要任务，也是当今数学应用教学目标中的重要组成部分。应用数学的能力是综合能力的体现，它包含数学运算、数学推理、空间想象等基本数学能力，主要侧重从实际问题中提出并解决数学问题的能力，初步建构数学模型的能力，对数学结果进行检查、评价和修正的能力。培养学生的数学应用意识和应用数学的能力，能够指导学生直观、生动地体会数学的内容、思想和方法，有助于学生正确认识数学乃至科学的发展轨迹。数学的价值不仅在于公理、定理或公式，而在于数学会为学生提供一种思维模式，其不但对具体学科有应用价值，对于个体的可持续发展也具有十分重要的意义与价值。由于我国数学教育长期对数学与实际、数学与其他学科的联系未给予充分的重视，因此，我国数学课程在数学应用和联系实际方面仍然有较大的提升空间。在课程建设的过程中，北大附小数学团队尝试创设实践类校本课程，就是希望弥补国家课程在这方面的不足，让学生在实践探索的过程中发现问题、解决问题，在应用数学的过程中体悟数学的价值。

四、致力于创新意识的提升

创新能力是运用知识和理论，在科学、艺术、技术和各种实践活动领域中不断提供具有经济价值、社会价值、生态价值的新思想、新理论、新方法和新发明的能力。创新能力是民族进步的灵魂，也是创新能力的价值所在。创新能力的内涵指个体运用一切已知信息，包括已有的知识和经验等，创设某种独特、新颖、有社会价值或个人价值的成果的能力。

创新意识指人们根据社会和个体生活发展的需要，引起创造前所未有的事物或观念的动机，并在创造活动中表现出的意向、愿望和设想。它是人类意识活动中的一种积极的、富有成果性的表现形式，是人们进行创造活动的出发点和内在动力，是创造性思维和创造力的前提。

创新思维指以新颖独创的方法解决问题的思维过程，通过这种思维能突破常规思维的界限，以超常规甚至反常规的方法、视角去思考问题，提出与众不同的解决方案，从而产生新颖的、独到的、有社会意义的思维成果。创新思维是创新实践，是创造力发挥的前提。思路决定出路，格局决定结局。创新思维使人能突破思维定式思考问题，从新的思路去寻找解决问题的方法。常用的创新性思维有逆向思维、侧向思维、求异思维、类比思维、综合(集中)思维、发散(扩散)思维、顿悟(灵感)思维等方式。

要培养学生的创新能力、创新意识、创新思维，需要教师在建构和实施数学课程的过程中，了解学生，学会尊重、欣赏和等待，不仅为学生提供创新的学习平台、学习环境，更要允许学生天马行空、异想天开。保护学生的创造欲和求知欲，保护学生的奇思妙想，从而激发学生的创新意识，培养学生的创新思维。“成长的数学”课程的架构目标就是要为学生创新能力的培养，提供了良好的学习探索的平台。

第三节 课程的体系结构

一、数学“学习力”是数学课程建构的内在灵魂

对数学学习力的解读，是“生长的数学”课程建构的理论基础。西南大学的宋乃庆教授将数学学习力划分为三个层次。

第一层次：指向人的基本素质(三要素)，包括知识与经验、策略与反思、意志与进取。

第二层次：指向对现实人的发展两个基本路径的把握，包括实践与活动、协作与交往。

第三层次：指向人发展的最高境界——批判与创新。

具体到数学学习力，同样涵盖三个层次，如图 2-3 所示。

- 数学学习力
  - 第一层：数学学习
    - 数学“四基”
    - 数学情意
  - 第二层：数学实践
    - 数学交流
    - 数学运用
  - 第三层：数学创意
    - 数学探索
    - 数学发现

图 2-3　数学学习力层次

第一层，数学学习指向了数学“四基”和数学情意。

《新课标(2011 年版)》明确数学的“四基”，即基础知识、基本技能、基本思想、基本活动经验。基础知识包括数学概念、法则、性质、公式、公理、定理以及由其内容所反映出来的数学思想和方法。基本技能包括能够按照一定的程序与步骤进行运算、作图或画图、进行简单的推理。基本思想包括人们对数学理论与内容的本质认识，是从某些具体数学认识过程中提炼出来的一些观念，它揭示了数学发展中的普遍的规律，它直接支配着数学的实践活动，这是对数学规律的理性认识。宋乃庆教授将基本的数学思想分为四类，即抽象、推理、模型和审美，如表 2-1 所示。

表 2-1　基本的数学思想

类　别	内　　容
抽　象	分类思想、集合思想、对应思想、变中有不变思想、符号化思想、有限与无限思想
推　理	归纳思想、类比思想、数形结合思想、逐步逼近思想、演绎思想、化归思想、运筹思想、公理化思想
模　型	简化思想、量化思想、函数思想、方程思想、优化思想、统计思想
审　美	简洁思想、统一思想、和谐思想、对称思想

基本活动经验是指数学教学活动必须建立在学生的认知发展水平和已有的知识经验基础之上。教师应激发学生的学习积极性，向学生提供充分从事数学活动的机会，帮助他们在自主探索和合作交流的过程中真正理解和掌握基本的数学知识与技能、数学思想和方法，获得广泛的数学活动经验。学生是数学学习的主人，教师是数学学习的组织者、引导者与合作者。数学基本活动经验可以细化为四种，即直接活动经验、间接活动经验、设计的活动经验和思考的活动经验。例如，反思性经验：通过对思维材料的内因思考而获得的经验为思考型经验，如推理的经验、抽象的经验。

数学情意指向的是情感、态度和价值观的培养，希望通过数学的学习，提高学生的兴趣，树立学好数学的信心；形成锲而不舍的钻研精神和科学态度；培养质疑精神，敢于提出与别人不同的见解，也勇于放弃或修正自己的错误观点；培养主动与他人合作的精神，认识交流与合作的重要性；逐步认识数学的科学价值、应用价值和文化价值，进一步树立辩证唯物主义和历史唯物主义的世界观。

第二层，指向的是数学实践，包括数学运用、数学交流。

数学运用是指学生个体运用数学的过程。学生对数学的认识需要经历了解、理解、掌握、运用的过程，而且对于不同的知识技能、在不同的阶段应该有不同的定位，对于不同的学生个体，在不同的时期也会存在不同的要求。了解是指从具体实例中知道或举例说明对象的有关特征；根据对象特征，从具体情境中辨认或者举例说明对象。理解是描述对象的特征和由来，阐述此对象与相关对象间的区别和联系。掌握是要求在理解的基础上，把对象用于新的情境。而运用是要求学生综合使用已掌握的对象，选择或创造适当的方法解决问题。

数学交流是个体与个体之间说数学的过程，这里既包括师生之间的交流，也包括生生之间的交流。而且这不是一个单向的过程，是一种双向互动的过程。从师生交流的角度看，师生之间的关系不是单向的，而应该是双向的。数学教师不是单纯的数学知识传授者，应该成为学生的伙伴、合作者。从学生交流的维度看生生之间的关系，应该是网状的，学生之间应建立起交流、合作、分享的关系。

第三层，指向的是数学创新。数学创新能力，是指学生在数学学习活动中，提出问题，用新的思想、新的方法解决问题，并发现新的结论的能力。数学创新需要经过数学探索与发现，“探索”是数学创新的过程，“发现”是数学创新的阶段性成果，如图 2-4 所示。

数学发现
- 质疑
- 发现与提出问题

数学探索
- 提出与证明猜想
- 灵活转换思想

图 2-4 数学创新

数学发现和数学探索不是割裂的，两者相互依存共同发展，数学探索需要数学发现作为前提，正是有了问题的发现和提出，才有了对问题的研究设计和研究实施，而数学探索是问题解决的重要保障，它为问题的解决提供了思想、方法和研究工具，使研究结果的得出成为可能。而研究结果的得出，以及数学探索的实施过程中，又可以发现或衍生出新的数学问题，就这样循环往复、不断相互推动。

综上所述，宋乃庆教授将数学学习力分解概括为五个维度：数学学习动力、数学学习态度、数学学习能力、数学学习效率和数学创造力，如图 2-5 所示。

数学学习力
1. 数学学习动力：学习目标、学习兴趣、追求成功
2. 数学学习态度：自觉性、自治性、坚持性
3. 数学学习能力：运算能力、推理能力、抽象概括能力
4. 数学学习效率：学习习惯、学习策略、时间管理能力
5. 数学创造力：探索能力、质疑能力、建模能力

图 2-5 数学学习力维度

对数学学习力的认识与研究，使北大附小数学团队对课程的建设有了较为明确的方向，无论是课程内容的选择，还是课程实施的设计，都聚焦到如何更好地、全面地建设合理的学习平台，让学生在学习的过程中不仅获得知识和技能，更为重要的是通过学习，不断提升自身的学习意识，掌握学习的方法，学会思考、学会应用，在问题解决的过程中不断提升学生的求知欲和探索欲，提升学生的创造能力和创新精神，为学生的终身发展奠基。

二、“生长的数学”学科群的建设

基于学校“生命课程”的总体设计理念，结合数学学科课程的发展特点，首先确定以培养具有理性思维、应用意识和创新能力的人为课程的育人目标，在课程目标的引领下进一步确立了基础类、思维类和实践类三类课程，如图 2-6 所示。这三类课程既有涵盖国家课程的基础类课程，又有结合北大附小实际发展情况创设的思维类课程和实践类课程。小学数学是基础类课程，因此，在三类课程的设计过程中，北大附小数学团队确定了全员参与、个性评价的基本原则。三类课程侧重点有所不同但相互衔接，基础类课程是三类课程的基础，其依托国家课程，在整体把握教材和整体把握学生的基础上，对现有的国家教材进行整合，思维类课程和实践类课程是建立在国家课程的基础之上。由北大附小数学团队自主研发的校本课程，虽然同样是面向全体学生，但在设计和实施的过程中，充分结合学生个性发展的特征，进行合理评价，从而满足每个学生个性发展的需要，使每个学生得到最好的“生命发展”。

图 2-6　课程结构

（一）基础类课程

由北大附小数学团队设计开发的基础类课程是以浙江版《新思维小学数学》教材为主要依据，旨在使学生掌握必要的数学基础知识和基本技能，发展学生的抽象思维和推理能力，培养应用意识和创新意识，注重学生在情感、态度与价值观等方面的协调发展。

在基础类课程（如图 2-7 所示）的建构过程中，以《标准（2011 年版）》为依据，以培养学生的“四基”为目标，重点发展数学的基本知识和基本技能，逐步渗透数学思想方法和数学活动经验，结合北大附小的实际情况，整合国家课程，旨在培养学生的数学素养与理性思维。

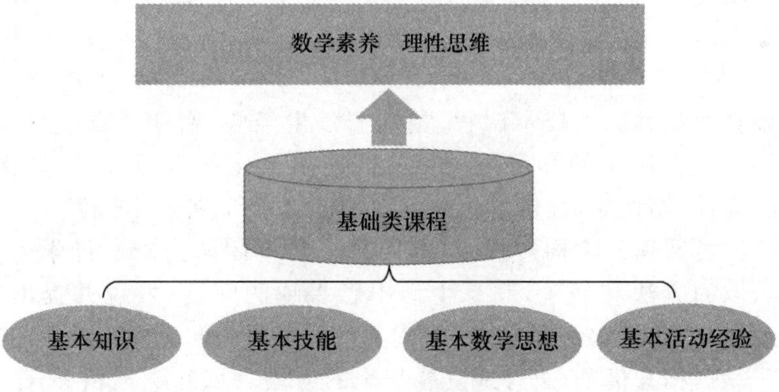

图 2-7　基础类课程

（二）思维类课程

思维类课程作为校本课程，其遵循学生的学习特点以及思维发展规律，以《现代小学数学思维训练》为载体，结合北大附小自主创生的课程架构，旨在有效地提高学生的数学思维能力，逐步培养学生发现问题、分析问题、解决问题的能力，锻炼学生的思维品质和创造能力。

在思维类课程的建构过程中，北大附小数学团队以学生基础类课程的学习为基础，注重发展学生的抽象思维、推理能力、模型思想和审美意识，尝试弥补国家课程在设计上的不足，使学生得到更好、更全面的发展。课程内容的设计，源于教材并高于教材，使学生通过思维类课程的学习，积累数学研究的方法，形成数学研究的策略，初步具备数学研究的能力，如图 2-8 所示。

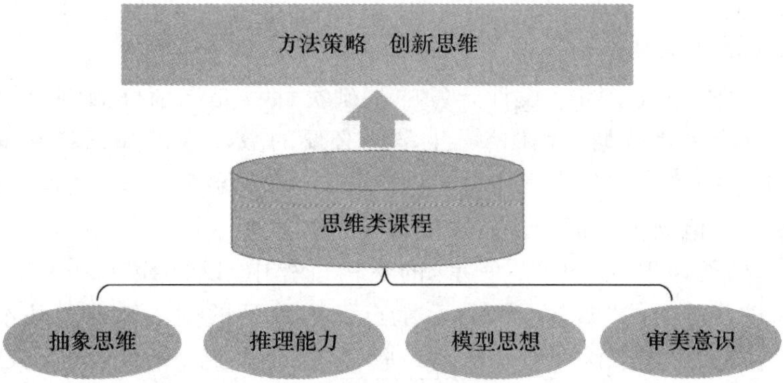

图 2-8　思维类课程

（三）实践类课程

实践类课程亦属于校本课程，是基于学生经验，密切联系生活实际，体现了对知识综合应用的学习活动。其通过多样化的学习方式，如探究、调查、访问、设计、制作等，强调学生对活动过程的亲历参与和体验。

在实践类课程的建构过程中，北大附小数学团队力求引导学生利用数学学习获取的方法和经验，联系生活中感兴趣的问题，发现并提出数学问题，应用已有的数学知识和经验，探索并解决问题，通过有针对性的交流活动，相互学习，相互借鉴，更好地发展学生的应用意识和探索精神，学生通过主动地学习和探究活动，不断激发求知欲和创造力，在实际的问题解决过程中，体悟数学的价值，如图 2-9 所示。

在上述三类课程中，基础类课程作为课程设计的主体，旨在使学生人人都具备数学素养。思维类课程是拓展能力、激发兴趣、开智创源的重要载体。实践类课程作为课程内容的补充，将所学知识在实践中加以综合应用。三类课程相辅相成，融合于以学生“生长”为主题的数学课程体系。

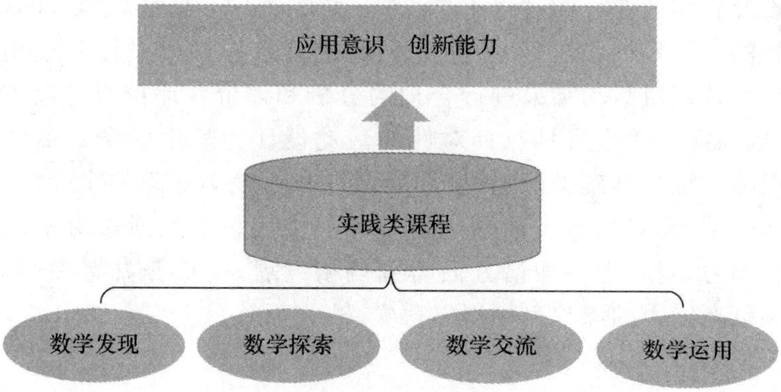

图 2-9 实践类课程

三、活动设计是数学课程有效实施的保障

在课程的保障与实施方面，北大附小数学团队创设了一系列活动，其中既包括适用于基础类课程开展的学习类活动，又包括适用于思维拓展的研究类活动，更有独具匠心的探索类活动设计。活动的设计和实施贯穿在三类课程当中，但系列活动在三类课程中的侧重不同。北大附小数学团队将学生学习的系列活动约略分为五大类。

生成性活动：教师通过设计有效的问题情境，引发学生自主生成研究问题，并利用学生研究过程中进一步生成的方法和问题，进行有效的学习交流的活动。

自主性活动：教师根据学习材料，引导学生自主发现问题，自主研究或小组合作研究，并在研究的基础上自主交流评价并获得研究结果的活动。

开放性活动：教师设计并为学生提供开放性的学习素材，学生在学习交流过程中会形成不同的解决问题的策略和方法，这类活动的开展有助于学生相互学习和借鉴，从而培养学生思维的发散力。

实践性活动：教师引导学生在实际生活背景下，进行实践性的操作活动，学生通过实践活动，进一步认识和体验所学的知识和方法。实践性活动可以帮助学生将抽象的数学概念融合在直观的体验中，并在活动中进一步掌握数学的研究方法，积累活动的经验。

探究性活动：教师引导学生以现实生活中的的问题为背景，发现并提出数学问题，在独立研究或小组合作研究的基础上，利用已有的数学知识和技能，自主探究问题解决的方法和策略并实施研究，以获取结论的活动。

在设计和实施课程的过程中，上述五类活动并不是绝对割裂的，教师会依据学生的实际发展情况以及年龄特征，进行选择性的设计和使用。结合学生的个性特征对活动结果进行合理的分析和评价。评价既可以来源于教师，又可以来源于学生。具有针对性的活动设计为学生的学习活动提供了有效的保障。根据基础类课程、思维类课程和实践类课程的实际需要，以及教学的实际情况，对这五类活动进行设计和使用。学生通过对不同类型的活动进行学习，身心等一切诸方面得到均衡发展，使培养具有理性思维、应用意识和创新能力的课程目标得以落实。

第三章 “生长的数学”课程的内容架构

在明确了“生长的数学”主题和内涵的基础上，北京大学附属小学对三类课程进行了内容架构，并且明确了三类课程的课程指向，具体内容如表3-1所示。

表 3-1 三类课程的指向及内容

课程名称	课程指向	课程内容
基础类课程	知识与技能	《数学教材》《数学故事》《数学欣赏》……
研究类课程	基本数学思想 常用方法策略	《数学游戏》《规律探索》《分类与命名》《数与形》《归纳与猜想》……
实践类课程	实践与应用	《社会调查》《模型制作》《设计与操作》《实践体验》《实际测量》……

第一节 基础类课程的内容架构

基础类课程面向全体学生，是指依据数学教育的总体目标，在整体把握国家课程内容和学生的基础上，对现有的国家课程内容进行整合重组。教师在对国家课程内容进行梳理整合的过程中，整体把握教材内容，建立教材内容之间的联系，解读理解核心课程，合理使用教材。整体认识课程内容对实现教育教学目标的指向，形成高效的、有针对性的教育教学活动。基础类课程的设置，有利于全体学生在这一课程的学习中，有效获得基础知识、基本技能、基本数学思想和基本活动经验，同时发展学生的理性思维，逐渐形成数学的应用意识，保护学生的创新能力。

基础类课程的形成经历了三个阶段：第一个阶段是对国家课程的整体罗列梳理，在罗列梳理的过程中，读懂国家课程的内容及编排特征体系。了解国家课程内容在数学知识、数学方法、数学思想等线索上的整体安排，形成不同角度为线索的系统梳理结果。第二阶段，在罗列梳理的基础上，依据教学内容、数学思想、模型应用等不同角度的线索，形成以内容、思想、方法等为线索的框架结构。在框架结构的形成建立中，发现重要的结点课、核心概念课等核心课。第三个阶段，以框架化后确定的核心课为点，建立核心课之间的联系。辐射出以核心概念课为内容的单元课程内容。所形成的单元课程内容，既有教材安排的自然单元，又包括了以数学思想、数学方法等为线索建立起来的打破自然单元的纵向体系。

一、国家课程内容的系统架构

国家课程内容的罗列梳理是整体把握教材内容的第一个阶段。在这一阶段，将教材内容按照不同的领域进行梳理，并以教学内容、思想、方法等为线索进行罗列。在这一阶段中，教师首先整体了解国家课程内容的安排，将教材内容分为数与代数、图形与几何、统计与概率、综合应用四个领域进行罗列。

在对四个领域进行罗列的过程中，把握四个领域内容之间的内部联系，形成一些线索。进而按照不同的线索形成罗列梳理的成果，从而深入了解、读懂国家课程内容的整体安排。

（一）基于知识线索的梳理

国家课程对数与代数、图形与几何、概率统计与综合实践四个领域进一步进行了知识上的分类，例如：数与代数部分分为数的认识、数的运算、常见的量、式与方程四个部分；图形与几何部分分为图形的认识、图形的测量、图形与变换、图形与位置四个部分；概率统计分为统计和可能性两个部分。在教材内容中，知识的安排也是相对显性的，由此对教材内容进行梳理罗列通常以显性的知识联系为线索。

例如：以知识内容为线索，我们对数与代数领域当中，数的运算内容进行了罗列，如表 3-2 所示。

表 3-2 数的运算教学内容梳理

教材册数	所在单元	单元内容	教材页	精确计算				运算律及其他	估算
				加法	减法	乘法	除法		
第一册	第三单元	我们去郊游(10以内数加减法)	62—63 页合并、移入	9 以内的加法					
			64—65 页	十几加几					
			66—67 页已知整体、部分求另一部分		9 以内的减法(一)				
			68—69 页求差		9 以内的减法(二)				
			70—71 页不退位减法、减法各部分名称		十几减几				
			76—77 页加减法互逆关系	加法与减法					
			78—79 页	和是 10、10 减几					
			80—81 页连加、连减、加减混合(结合鱼缸里的鱼这一情境)	3 个数的加减					
	第四单元	森林运动会(20以内进位加法)	92—93 页	20 以内进位加法(一)					
			98—99 页	20 以内进位加法(二)					
…………									

续表

教材册数	所在单元	单元内容	教材页	精确计算				运算律及其他	估算
				加法	减法	乘法	除法		
第十册	第二单元	分数四则运算	39—43 页同分母分数加减法、异分母分数加减法	分数加减法					
			44—47 页一个数的几分之几及运算法则			分数乘法（一）			
			48—51 页分数乘分数			分数乘法（二）			
			56—59 页分数除以分数及运算法则				分数除法		
			62—63 页分数四则运算的运算顺序					分数四则混合运算	

数的运算内容的梳理罗列，将小学阶段有关数的运算的内容分为：精算、估算、运算律及其他三个方面。分别列出六年十二册中，数的运算内容在这三个方面的安排及侧重，为教师整体把握这一内容奠定了基础。

（二）基于内容领域的分析

以上对数的运算内容的罗列梳理，是以教学内容为线索进行的，除以教学内容为线索对国家课程内容进行梳理罗列外，我们对同一领域的知识进行了如模型的使用、分类活动、问题提出等，以不同内容领域各自的特征为线索的专项梳理。

小学阶段数的认识学习当中，教材运用形象的小棒、计数器、条片块、数线等不同的直观模型，建立抽象的数与形象的事物数量之间的联系，为学生经历数的抽象过程，认识理解数形成了形象上的支撑。

基于此，我们对数的认识中，以直观模型的应用为线索，对数的认识内容进行了梳理罗列。

例如：以数线模型的应用为线索的梳理。

数线模型相比较数的认识中的其他直观模型，比较抽象。其作用是在数线上表示数的位置，利于刻画数量之间的大小关系。通过对数线的观察可以发现数的顺序（序数）与间隔（基数），感受数的稠密性、无限性，同时也是今后学习的重要模型。需要我们注意的是，数线上的单位长度只能代表相同的单位，如表 3-3 所示。

表 3-3　小学阶段数线模型应用的梳理

教材册数	教材页数	教学内容	呈现要求
二年级上册	11 页	5 的乘法口诀练习题	通过小动物在数线上跳跃相同的长度，巩固认识 5 的乘法
四年级上册	90 页	正负数练习题	在数线上表示正数、负数
四年级下册	6 页 10 页 12 页	小数的意义练习题 小数比较大小练习题 小数的意义练习	在数线上表示小数 通过数线上数的位置关系比较大小 在数轴上表示小数
五年级上册	38 页 72 页 95 页	真假带分数练习题 分小数互化练习题 总复习（真假带分数练习）	在数线上表示分数，通过相同的点表示的分数，感受真假带分数的关系 在数轴上表示分数、小数，感受关系
六年级上册	75 页	正负数	认识数线上的正负数，形象的数出数与数之间的距离，感受差的关系
六年级下册	40 页	总复习	数与代数部分，用数轴上的点表示整数、分数、小数

通过对教材内容的梳理发现，教材中注意到数线模型的呈现，使教师意识到教材将此作为一个认识数的模型。然而，数线模型在教材中大多出现在练习题当中，而并非有系统的设计模型的建立、应用这样的过程。罗列梳理过程引发了教师的思考，此模型在教学中的作用是什么？怎样使其在小学阶段的数学教学中发挥其特有的价值呢？

在以数线模型的应用为代表的专项梳理，以四大领域知识内容为线索的罗列为基础，在各自领域内发现同类知识之间体现数学思想、方法上的联系。同时也引发教师对不同线索上内容的知识安排体系、目的、学习活动目标等多角度的思考。

（三）基于数学意识的整理

《标准（2011 年版）》中特别提出：在数学课程中，应当注重发展学生的数感、符号意识、空间观念、几何直观、数据分析观念、运算能力、推理能力和模型思想。为了适应时代发展对人才培养的需要，数学课程还要特别注重发展学生的应用意识和创新意识。由此，在对国家课程内容的梳理罗列中，尝试从发展学生空间观念、数学分析观念等视角为线索。

例如：以数据分析观念为线索的罗列梳理，如表 3-4 所示。

表 3-4　以数据分析观念为线索的罗列梳理

教材册数	教学内容
一年级下册	分类
二年级下册	调研与记录
三年级下册	数据的整理与表示
四年级下册	数据的表示与分析
五年级下册	数据的表示与分析
六年级上册	数据处理

第一学段重在经历数据的收集与整理过程。第二学段重在用统计图直观、有效地表示数据，分析数据。

（四）基于数学思想的发掘

在对国家课程的罗列梳理中，我们也尝试以一些重要的数学思想、方法为线索进行罗列梳理。以使得教师在整体了解知识内容的基础上，深入体会知识当中蕴含的思想方法，从而将思想方法渗透在教学内容当中，促进学生数学基本思想、基本活动经验的形成。

分类作为重要的数学思想与数学活动方式，在数、图形、统计等数学学习各领域都会遇到。分类标准的确定，能够深入对事物本质的认识，抽象出共性与差异，激发创造力；归类的过程体现了对标准的遵循。

以下呈现我们以分类思想（活动）为线索的对国家课程内容的罗列梳理情况，如表 3-5 所示。

表 3-5 以分类思想(活动)为线索的对国家课程内容的罗列梳理

教材册数	数与代数	图形与几何	概率统计	综合实践
一上			分类	
一下		认识图形		分扣子
二下		认识直角(包括锐角、钝角)		
四上	正负数	线的认识(线段、射线、直线) 相交与垂直(直线的位置关系)		
四下		图形的分类 三角形分类 四边形分类		
五上	自然数、整数 质数、合数 数的奇偶性 真分数、假分数			
五下			扇形统计图	

以上的罗列梳理仅就教材中与分类有直接关系的内容。梳理的结果，进一步引发了教师们的学习了解愿望。

《标准(2011 年版)》实施建议的第四点是：感悟数学思想，积累活动经验。分类既是一种数学思想，又是常见的数学活动，有着双重的“身份”。无疑，合理设计分类的数学活动，就更能够体现对数学思想的感悟与活动经验的积累。

《标准(2011 版)》中以分类为例谈到：分类是一种重要的数学思想。学习数学的过程中经常会遇到分类问题，如数的分类、图形的分类、代数式的分类、函数的分类等。在研究数学问题中，常常需要通过分类讨论解决问题，分类的过程就是对事物共性的抽象过程。教学活动中，要使学生逐步体会为什么要分类，如何分类，如何确定分类标准，在分类的过程中如何认识对象的性质，如何区别不同对象的不同性质。通过多次反复的思考和长时间的积累，使学生逐步感悟分类是一种重要的思想。学会分类，可以有助于学习新的数学知识，有助于分析和解决新的数学问题。

以上对于分类的描述，我们可以从以下几个角度理解：

1. 为什么分类——即分类的目的和意义。
2. 如何分类——即分类的原则、方法。
3. 如何制定标准——分类的目的、分类对象的特征影响着标准的制定。
4. 分类与事物认识的相互影响——分类对认识事物的影响，认识事物过程中分类思想的感悟。

课程标准提出了分类这一数学思想与活动在数学上的重要价值。我们也就其教育价值进行了思考，史宁中教授的《基本概念与运算法则——小学数学中的核心问题》一书中谈到：在小学阶段“图形与几何”的教学中，有许多内容都与认识图形有关。认识图形不仅仅是为了让学生知道哪一种图形叫什么名字，学会区别图形，更重要的是让学生学会对图形分类。认识某种具体图形的教学只是个案，只有让学生理解图形的分类才使教学具有一般性。

基于以上的梳理及对分类的进一步了解、认识，使教师们有了进一步思考。既是数学思想，又是数学活动经验的分类，仅从以上罗列梳理的内容教学当中能够渗透体现么？教材安排的各领域内容，原本就是分类后的结果。怎样在小学阶段的所有内容当中，发现隐含着的能够渗透分类思想的内容，使得学生能够感受制定标准，按照标准进行分类的活动呢？

以上通过四个具体的实例，呈现了我们以知识内容、模型应用、数学思想活动等不同线索对国家课程内容进行梳理罗列。这一过程，首先使教师们能够总览小学阶段的国家课程所涵盖的知识。同时在梳理线索的建立过程中，进一步了解国家课程内容在同一领域当中的知识内容、学习方式、数学思想方法等之间的联系。形成不同领域以及同一学习领域不同阶段所要达到的知识上、方法上、思想上的学习目标。更为重要的是，罗列梳理的过程，引发了教师们对课程知识内容、数学思想方法等不同角度的思考，提出了各自的问题。这促进我们进一步思考罗列梳理的内容、线索，进而形成结构化的框架，以利于对基础类课程内容的核心的把握以及基础类课程目标的制定。

二、国家课程内容的架构

结构框架的形成是在对国家课程内容进行梳理罗列的基础上，发现同领域、不同领域知识之间的联系。例如，发现国家课程中同一领域或不同领域知识内容中的内在联系，形成知识线索上的结构框架。基于数学思想、数学核心概念、数学方法等数学内涵为线索的结构框架，以及多维度之间整合的结构框架。

依据不同的线索形成结构框架的过程，使得我们从教学目标的实现、学生学习活动、数学知识内容、教师教学活动等角度审视已经形成内容梳理线索。

（一）基于知识线索的框架结构

对国家课程内容知识线索上的梳理，能够从整体上审视同一领域和不同领域知识内容上的内在联系。建立以数的认识、数的运算、常见的量、式与方程、图形的认识、图形的测量等以知识内容为线索的结构框架。

例如，通过以图形认识知识内容为线索的梳理罗列，发现图形认识内容中，直观辨认与特征认识两个线索。从直观辨认与特征认识两个角度整理这一领域内部内容及认识维度之间的联系，将几何图形基本元素、平面图形、立体图形等认识部分的内容框架化，形成如图 3-1 所示的结构框架。

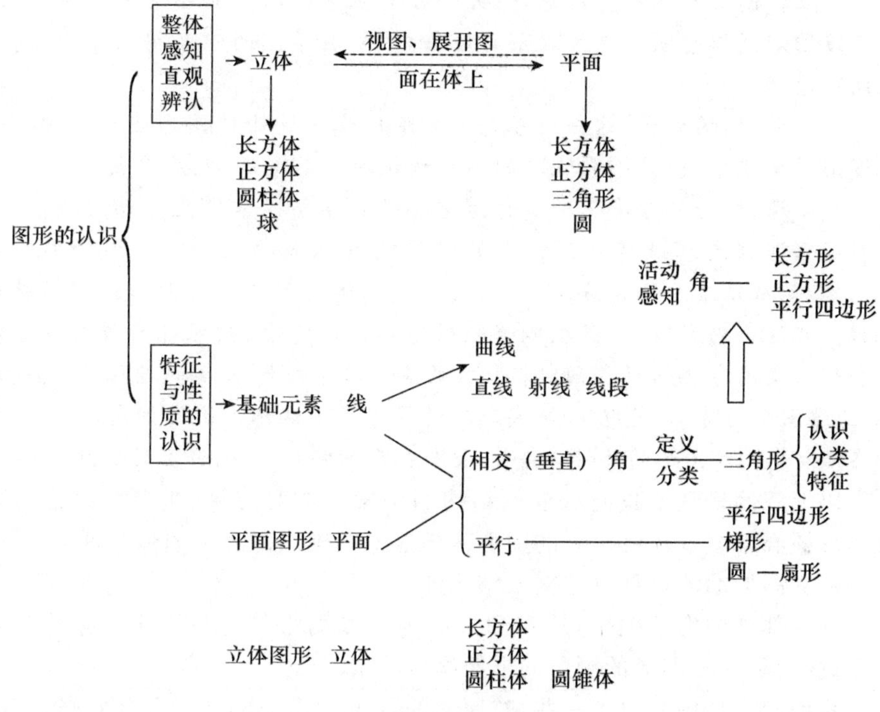

图 3-1　图形认识的结构框架

图 3-1 中的框架结构建立了国家课程内容当中平面图形、立体图形、图形基本元素各自之间以及相互之间的联系。在框架结构的建立中，我们进一步理解图形认识内容中各部分的设计意图及学习目标。例如，低年级对立体图形、平面图形的认识处在整体感知、直观辨认的阶段。中高年级有了图形基本元素的认识基础，从图形的特征与性质的角度更为理性的认识立体图形和平面图形。

对框架结构的理解和认识影响了教师对图形认识内容的教学活动设计及安排。使教师能清晰地从整体看待图形认识部分内容的学习目标。低年级为孩子提供各种不同的学习材料，直观感知图形的特征，积累丰富的感受图形的视觉、触觉体验……

框架结构的形成，让我们能够从整体的角度审视每个课堂内容的安排目的以及内容之间的联系，发现这一知识线索上的核心课。

例如，核心课“长方体的认识”，是学生第一次从图形特征及特性的角度认识立体图形。这一内容的学习，一方面为学生建立立体图形的研究角度，为后面立体图形的研究奠定基础；另一方面在学生从二维图形到三维图形、从三维图形到二维图形建立联系的过程中，发展学生的空间想象能力，建立空间观念。

核心课“圆的认识”这一内容是小学阶段唯一的曲边图形研究。对于曲边图形的研究方法，是小学阶段的图形认识的一个飞跃，也是难点。

核心课“图形的分类”，分类作为重要的数学思想和学生活动经验，教师在对国家课程内容进行罗列梳理的时候就有很多的思考。图形分类的内容，无疑是从基本元素角度认识平面图形、立体图形之前对图形认识的整体把握。在这一内容当中，学生能够经历建立分类标准、按照标准进行分类以及合理归类的分类活动。同时在标准的建立以及分类、归类的过程中，感受二维、三维图形的特征，发现从边、角及对称性等角度认识图形的视角，使得孩子们在活动中关注图形的共性与差异，把握图形的特征，感悟分类的思想。

以上三例呈现了我们从框架结构当中发现的难点课、重要的结点课以及体现核心思想等角度确立的图形认识这一结构线索当中的核心课。

建立图形的测量部分的框架结构如图 3-2 所示。

这一部分内容的框架，从对测量的理解和测量的计算两个线索出发进行，系统地呈现了图形的测量的框架结构。

我们同样从中列出了一些如“厘米的认识”“面积的认识”“体积的认识”“角的度量”“长、正方形的周长”等认识课、起点课等核心课程。

例如，“面积的认识”是第一次从二维度量的角度理解面积的含义，建立面积单位。

“平行四边形面积”这课中，平行四边形是第一次不能用面积单位直接铺满，要经历对图形的转化，使其能让面积单位铺满获得面积。转化的思想为三角形、梯形以及不规则的直边图形面积研究奠定了基础架设了桥梁。

“圆的周长”内容是小学阶段第一次从度量的角度研究曲边图形。除了依据周长的基本含义，用绳子围、滚圆等试验活动获得周长，建立圆的周长与“隐形”的直径之间的关系是重要也是困难的。

以上是我们对国家课程内容从知识线索上的框架结构呈现，以及每一结构中的核心课程确立。

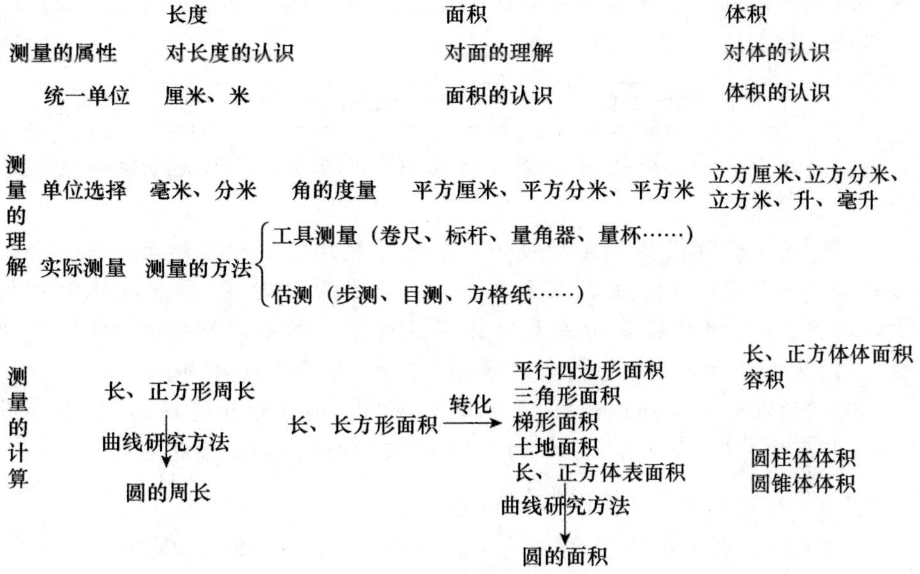

图 3-2　图形的测量框架结构图

（二）基于数学内涵的框架结构

国家课程内容的梳理罗列，使得我们发现知识内容背后蕴含着的数学思想、数学方法、数学核心概念等线索，从而以这些数学内涵为线索形成框架结构。

关系线索的框架结构源于我们对罗列梳理内容从不同视角的进一步认识与理解。下面以“倍—比”线索为例来谈这一角度框架结构的形成。

在数与代数领域，我们以数的认识、数的运算、常见的量、式与方程等知识内容的角度进行了罗列梳理。当我们进一步理解知识线索上的内容时，发现了不同知识领域之间的联系。

“倍”的认识，作为数的运算中的线索，它也是除法意义建立的部分，“倍”首次从份数的角度建立量与量之间的关系。之后教材中再一次对份数关系的提出，是分数的再认识以及百分数的认识这一数的认识线索上的内容。比的认识内容，作为正比例、反比例内容线索上的内容，在高年级进一步感受量与量之间的分数关系。从知识的前后联系来看，以低年级“倍”的认识为基础，然后经历分数、百分数的学习后认识“比”，并把“比”作为向后延伸的起点。

基于以上对不同罗列梳理线索上内容的认识，形成了不同知识领域的内容间以关系为线索建立的框架结构。形成以倍、分数、百分数、比、函数的认识这一链条。

倍 → 分数 → 百分数 → 比 → 函数

以上线索中，“倍的认识”“分数的认识”“比的认识”都成为这一框架结构中的核心课。

“倍”是小学阶段非常重要的一个概念。其数学核心思想是：用一个量去刻画另一个量。是学生在刻画两个量之间关系的时候，第一次从绝对数量的比多少，到相对数量的关系的转变。对于中高年级即将接触到的“分数”“比”甚至以后的函数等内容的学习，起着至关重要的作用。

“比”所在的数学知识链条，是以低年级“倍”的认识为基础的，然后经历“分数”“百分数”的学习后认识“比”，并把“比”作为向后延伸的起点。

（三）基于多维度线索的框架结构

结构框架的形成，除了单一的知识内容、数学内涵线索，同时也形成了一些以知识、思想等多维度为线索的框架。

以图形与几何领域的结构框架为例。图形与几何领域包括了图形的认识、图形测量、图形与变换、图形与位置四个部分。在我们的梳理基础上，分别形成了四个部分不同认识角度的结构框架。

例如，图形认识部分，进行了以下三个角度的框架提炼，如图 3-3 所示。

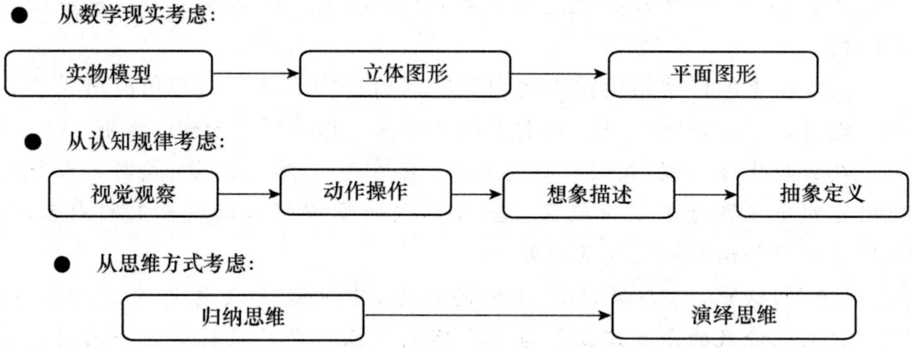

图 3-3　图形认识的三个角度框架图

在框架化的过程中，我们进一步认识到图形认识的教材编排线索：首先，“分类”是图形认识部分的核心思想。从立体到平面，再到立体；从整体到局部（从直观到定性，再到定量）。从直线到曲线（边棱由直线到曲线）。从静止到运动(认识平行四边形、长方体,借助平移,渗透线动成面、面动成体)。

教材内容分三个层次螺旋上升。第一个层次,整体感知物体的形状,通过感官(视觉、触觉)能辨别不同的物体和图形的形状(主要安排在一、二年级)。第二个层次,通过操作,从定性的角度进一步认识图形的特征(主要安排在二年级、四年级)。第三个层次,从定量的角度认识图形的特征。(主要安排在第二学段)。

当然,这三个层次并不是截然分开的,有交叉,如认识长方形的对边的关系时,学生可能就会用到测量的方法。

图形的测量部分,从五个角度形成框架结构,如图 3-4 所示。

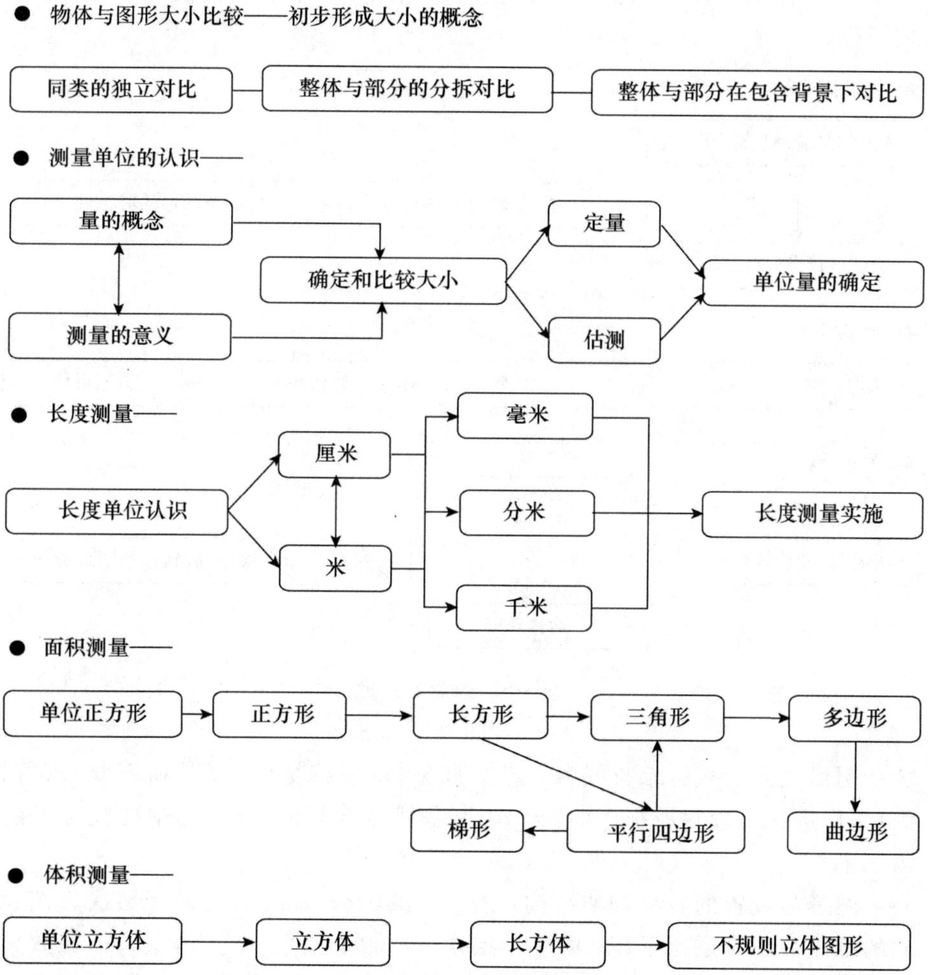

图 3-4 图形的测量

通过以上框架结构，进一步发现图形度量的教材编排线索——长度、面积、体积、角度经历以下四个过程（量与测量板块一共涉及七个内容：长度、面积、体积、角度、时间、人民币、重量，后三个放到数与代数中）：第一，感知长度、面积、体积、角度，认识被测的对象是什么，建立概念。第二，自然状态下的比较方法：大小的直接比较（直观比较、叠合的方法），借助参照物的比较。不一定通过单位去度量。第三，单位的产生和发展。引入单位时加入数学文化；单位量作为核心词突出过程的学习。第四，度量的实施与应用（工具的使用、测量的方法的选择、估测中参照物与计算）。

图形与变换部分，借助“变与不变”的思想发展空间观念，如平移，变的是位置，不变的是图形、旋转，变的是方向和角度，不变的是旋转中心，如图3-5所示。

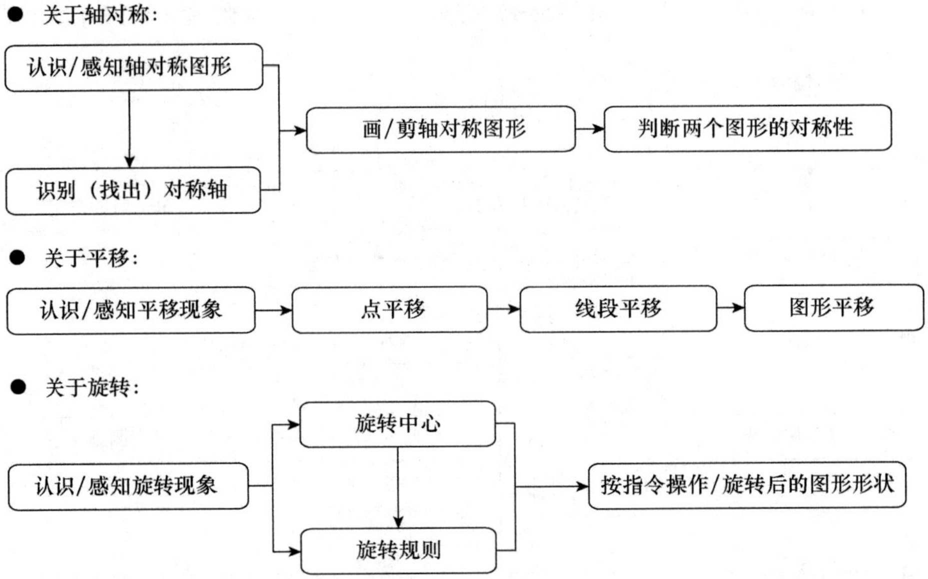

图 3-5　图形的变换

图形变换的教材编排线索：感知现象；认识特征（观察变和不变）；（剪、画）操作进一步理解特征。前两个并不是截然分开的，第一个中往往会伴随第二个。

图形与位置的教材框架结构：进一步的细分，仍然分为两个层次。按观测的维度分三个层次呈现：第一个层次，一维的空间：上、下，左、右，在数轴上确定的位置。第二个层次，二维的空间：东西南北、直角坐标，在平面上确定的位置。第三个层次，任意给出一个方向，用极坐标或直角坐标确定位置。

素材选择分四个层次：以我为中心描述，以别人为中心描述，多次转换中心的描述（两个人说相对位置），原点刻画（数对与极坐标）。

以上从图形认识、图形测量、图形与变换、图形与位置四个部分的框架结构形成，使得我们对这一领域的整体内容有了新的认识，四个部分的内容学习，让学生从不同层面认识空间形式的特征，从而以认识图形为主要线索，形成认识图形的不同角度。

图形认识是让儿童从宏观上识别图形的整体（抽象的模型），图形度量是让儿童从微观上认识图形的局部（元素数量特征），它们都是对静态空间图形的认知。图形变换是让儿童感知图形在运动和变化过程中的特征，图形位置是让儿童从数量关系上理解图形的性质，它们则是对动态空间图形的认知。

通过对空间图形在静态和动态这两个层面上的认知，可以帮助学生建立空间观念，形成几何直观，最终促进他们形象思维与抽象逻辑思维的发展，达到数学课程的目标，进而形成如图 3-6 所示的框架结构。

基于以上的认识，当我们再次看待图形与几何领域的内容时，能够从整体上感受到四个部分的内容对于图形的多角度认识。以认识为线索，把握静态、动态的几个线索，为达成图形与几何部分的目标空间观念的形成提供依据。

这一框架结构的形成，也为我们提供了新的视角，来看待以往教学当中的一些同样的课程内容，以此作为这一框架结构下的核心课。

我们以“轴对称图形”为例来谈这一核心课的确立以及认识上的变化。

我们以往对“轴对称图形”的认识，停留在认识轴对称的概念，能够判断图形的对称性以及画对称轴上。通过以上框架结构的建立，我们得以感受到轴对称对从动态角度认识图形的意义，进而思考图形变换的领域的内容：图形的平移、旋转、对称、缩放是小学阶段图形变换的四类方式。在这一领域的教学中，我们以从动态的角度认识图形为视角，感受到平移、旋转、对称、缩放等图形的运动过程中，图形的变与不变。以“轴对称图形”为例，轴对称属于对称的范畴，我们进一步认识和理解对称的含义：对称是一种不变，一种重合。显然，这种不变可以通过对折这样的运动，也可以通过旋转、缩放的不同运动方式产生。基于这样的认识，在轴对称图形内容的学习活动中，我们将重点放在让学生在观察、操作的活动过程中，感受到图形经过不同运动方式的重合，理解轴对称的含义。

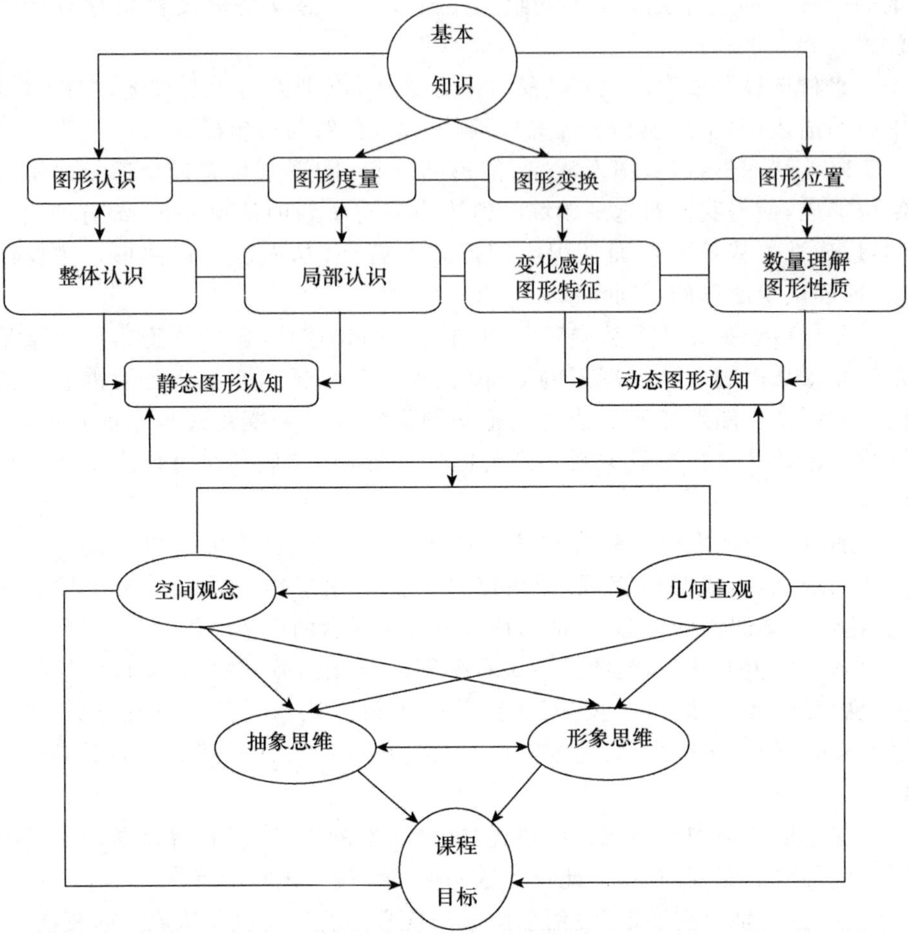

图 3-6　空间图形框架结构

三、单元课程设计

单元课程设计是依托国家课程内容框架结构形成后核心课的确定，通过对每个框架结构中内容结点课、核心概念课、关键转折课等核心课程的认识，进而关注到核心课程之间的联系，以核心课为点辐射出单元，形成单元课程的设计，有效对国家课程内容进行重组。

单元课程既包括自然单元，也有打破自然单元，由数学思想、数学方法建立联系形成的纵向的方法单元、思想单元。

（一）基于数学核心思想渗透的单元设计

“生长的数学”的基础类课程中，教师对数学核心思想的把握，有助于教师设计有效的学习活动，渗透数学思想，达成基础类课程的学习目标。

“圆的认识”作为小学阶段唯一曲边图形的研究，是平面图形认识的核心课程。通过对圆这一内容的纵向、横向梳理，以及框架结构的建立，提炼了圆的核心思想，并进行了解读。

圆的数学核心思想主要包括以下四个方面：广泛的对称性、各向均匀性、圆的普遍存在性、曲线的研究方法。

● 广泛的对称性

数学中常见的对称有轴对称和旋转对称。在平面内所有图形中，圆是最具有对称性的图形。

第一，圆是轴对称图形，并且对称轴有无数条。正 n 边形是轴对称图形，但它的对称轴是有限的，不会是无穷多条。我们在小学阶段研究“圆的面积”时，往往是用正多边形近似替代圆，此时，圆可以看成是一个正无穷多边形。

第二，圆是旋转对称图形，具有任意的旋转不变性。也就是说，它绕圆心旋转任意角度都与原来的图形重合。

● 各向均匀性

各向均匀性，是说一条曲线在每一点处的弯曲程度都一样，各个点的地位处处平等，圆就具有这样的特性。直线的弯曲程度也是处处一样，但直线的弯曲度是零。圆在每一点的弯曲度相等是基于圆的半径处处相等。正是由于圆的各向的均匀性，车轮、各种瓶盖等物体才做成圆形的。圆的各向均匀性也使得它成为周长一定时所有正多边形中面积中最大的图形。

● 圆的普遍存在性

在现实世界中，数学中的圆永远都不真实存在，我们只能找到圆的近似图形。

在自然状态中，圆的普遍存在，来自于物理学的质点运动的理论。

在人工状态中，圆的普遍存在，是基于圆的数学性质，也就是圆的对称性和圆的各向均匀性。

● 曲线的研究方法

圆是学生在数学中第一次认识的曲线图形。一旦到无穷，一旦到“曲”，人凭直觉能力就很难处理了。对于“曲线”和“无穷”，人们是用直线逼近曲线，用有限逼近无限，用有限线段来逼近曲线。这种“化曲为直”“化无穷为有限”的方法贯穿于整个教学。在圆的学习中，“化曲为直”是重要的数学思想。

通过对“圆”单元的教学内容的整体把握，对圆的数学核心思想的进一步理解，我们更清楚地认识到，无论是“圆的认识”还是“圆的周长”和“圆的面积”，都是在认识“圆”，“圆”单元的教学内容都应该紧紧围绕“圆”的数学核心思想展开。

在研究过程中，我们了解到学生学习“圆”单元之前对圆的认识是从整体出发的，是多角度的，所以我们认为学生在最初学习这一内容的时候也应该从整体上来认识圆、了解圆、研究圆。

基于以上的认识，我们整体设计了圆单元的活动。

我们设计了“选车轮”的活动作为圆单元的第一课时，围绕“车轮为什么是圆的?”这一问题，通过将圆形与其他图形（正六边形、正方形、长方形、平行四边形、正三角形、椭圆）进行比较，使学生经历了从观察圆的外部特征，到研究圆的内部特征的过程，发现了圆“一中同长”的本质，并能够体会到圆与正多边形之间的联系——“圆出于方”。

这一课作为“圆”单元的起始课，渗透了圆的数学核心思想，学生还将在后续的学习中进一步理解这些核心思想。依据单元的整体目标，我们设计了一系列核心教学活动，在“圆”单元中整体安排，统一处理。这些活动包括：

- 猜圆活动

1. 活动设计

出示给学生两个圆的一部分，如图 3-7 所示。

图 3-7　两个圆

核心问题：

这有两个铁丝围成的图形，只能看到它的一部分，猜猜这是什么图形?

如果是圆的话，那么被盖住的部分应该是什么样?

如果确实都是圆，你觉得哪一根用的铁丝长?

打开后为什么一眼就能看出哪个用的长了呢?

仅凭视觉你是怎样判断哪个圆大的呢?

……

2. 设计意图

通过猜图，可以了解学生头脑中对圆的表象以及特征表述方面存在的差异，在认识圆的均匀对称等特征的同时，感受圆的大小与什么有关。

3. 活动安排

这个活动，可以放在两个不同的环节，帮助学生去认识圆。第一，放在学生没有学习圆的认识之前，了解学生对于圆的这种原发认识是什么；第二，学生认识了圆以后，能够用什么语言来描述圆。这样，可以帮助学生更好地去认识圆的特征。

● 画圆活动

1. 活动设计

核心问题：要画一个圆，你有什么方法？

2. 设计意图

画圆活动，在认识圆以及把握圆特征的过程中，是必不可少的一个活动，这里提到的画圆，包括两个不同层次的画圆。

(1) 学生在没有学习圆规画圆之前，如何画圆。

学生在没有学习圆规画圆之前，可能的画圆方法：利用圆形物体描圆、利用定长转一圈画圆、利用素描的方法画近似的圆、利用电脑画图软件画圆等。这些方法都可以使学生从不同的角度去认识圆。

(2) 利用圆规画圆，体会圆心半径的作用，体会圆“一中同长”的特征。这里又可以分为画任意大小的圆、画指定大小的圆、指定圆心画圆以及解决问题中的画圆等。

3. 活动安排

这个活动可以安排在“圆的认识”一课中，甚至以画圆为一条教学主线也是可行的。

● 选车轮活动

1. 活动设计

核心问题——为什么车轮是圆的？

2. 设计意图

学生通过解释这一问题，来从圆的表面特征以及内部特征上充分认识圆。

3. 活动安排

圆的认识不是一课时能完成的，这个活动可以作为圆的认识起始课，也可以作为一节活动课来进行。

● 认识 π 的活动

1. 活动设计

核心问题：π表示什么？它是怎样得到的？π到底是怎样的一个数？

2. 设计意图

π，是许多学生早已听说并熟悉的了。但是即便带领学生测量了圆的周长和直径，算出3倍多一些的关系，学生就真的认可它是一个无限不循环小数了吗？在测量过程中诸多因素导致的误差如何处理？这都要求我们必须重新设计π的认识活动。

3. 活动安排

这个活动适合安排在"圆的周长"一课中。

● 摆正多边形活动

1. 活动设计

用小棒摆一个正三角形、正四边形、正六边形、正八边形……(见图3-8)

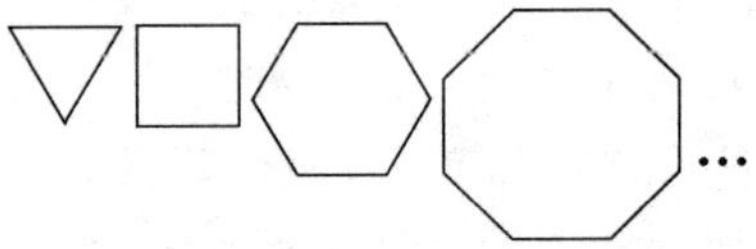

图3-8 正多边形

核心问题：认真观察，说说你的想法。

2. 设计意图

摆正多边形活动，实际上，也是认识π过程中的一个活动。目的是让学生从感官上体会正多边形与圆的关系，初步感知极限的数学思想。

3. 活动安排

和猜圆活动一样，这个活动同样可以根据需要安排在"圆的认识""圆的周长"或"圆的面积"的教学活动当中。

● 一刀剪圆活动

1. 活动设计

核心问题：一张正方形纸片，一把剪刀。你能一刀剪出一个圆来吗？

2. 设计意图

这一活动，是让学生能够体会到，正方形纸对折的次数越多，剪下来的图形越接近圆(见图3-9)，从而体会正多边形无限逼近于圆，体会曲线的研究方法，体会极限的重要数学思想。

3. 活动安排

同猜圆、摆正多边形活动一样，这个活动同样可以根据需要安排在"圆的认识”“圆的周长”或“圆的面积”的某一课时当中。

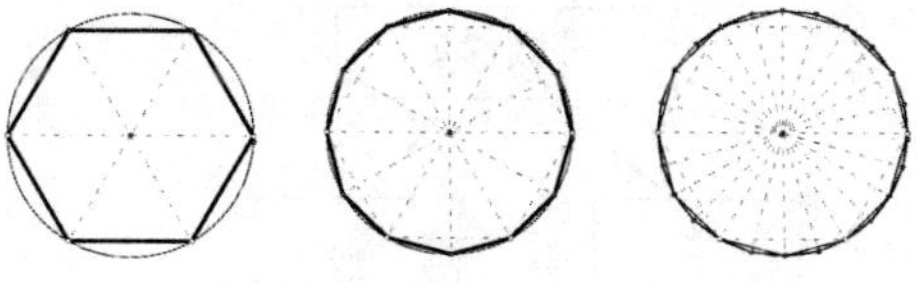

图 3-9

● 圆面积的探究活动

1. 活动设计

核心问题：给学生提供几张圆形的纸片，小组合作探究，如何计算圆的面积？

2. 设计意图

这一活动的设计，给了学生充分的探究空间。通过对学生情况的把握，以及学生所经历的前面一系列认识和周长的教学活动，有理由充分相信学生有自主探究的能力。通过圆面积的探究活动，使学生在亲身经历中体会转化的研究方法和极限的重要数学思想。

3. 活动安排

本活动适合安排在“圆的面积”课时。

以上是以圆的核心思想为线索对圆单元的学习活动进行安排。基于对核心思想的认识与解读，以数学核心思想的渗透为目标，设计合理有效的单元学习活动，呈现了以数学核心思想为线索的单元课程设计。

（二）基于关系线索的单元设计

前文框架结构形成的部分，呈现了倍—分数—比的以关系为线索的框架结构。其中，分数是小学阶段非常重要的教学内容，在学生认识了整数和小数的基础上，分数进一步发展了学生对数的认识。分数认识的教学在小学分了两个大的阶段：第一阶段是分数的初步认识，第二阶段是分数的再认识。而这两个阶段中又分别包括了：认识分数，整体“1”的认识，分数比较大小，分数单位的认识，真分数、假分数和带分数的认识，分数与除法以及分数的基本性质等多个教学内容。分数以其特有的形式和丰富的内涵，在学生认识数的过程中具有非常重要的作用，可以说是学生认识上的一次飞跃。分数认识的教学以二年级的倍数问题、平均分等为基础，同时又是后续学习分数应用，以及比的教学的重要前提。

结合国内外已有研究成果和自己的研究实践，我们认为对分数意义的理解应关注两个基本线索和四个基本维度，见图 3-10 所示。

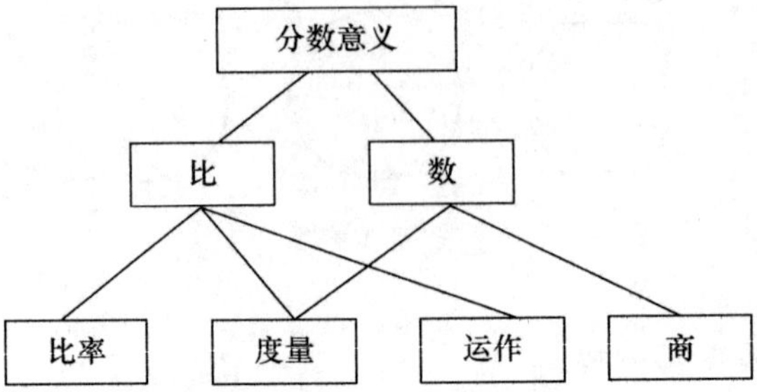

图 3-10　分数意义

1. 分数意义理解的两个基本线索

在《数学教育热点问题系列访谈录》中，史宁中教授谈到“分数的数学含义”时提出：就整个中小学数学来说，分数主要有两个作用：一个是作为有理数出现的一种数，它能和其他的数一样参与运算；另一个是以“比”的形式出现的数。而后者是小学分数教学的重点。因此，最重要的分数应该是真分数，它代表一个事物或一个整体的一部分，其本质在于它的无量纲性。

基于此，本文提出理解分数意义的两个基本线索，即“比的线索”和“数的线索”。“比”指的是一部分与另一部分之间的关系；“数”指的是以有理数形式出现的分数，此时的分数表现的是一个结果。

2. 分数意义理解的四个基本维度

在两条基本线索之下，本文认为，应从四个基本维度来完成对分数丰富性的认识，即比率、度量、运作和商。

“比率”是指部分与整体的关系和部分与部分的关系。其中部分与整体的关系更多地体现在真分数的含义中。

例如，一个圆平均分成 4 份，每一份是整体的$\frac{1}{4}$。又例如，一个长方形面积是整个长方形的$\frac{1}{3}$，整体图形的面积应该是多少？显然，整体图形的面积应该是这样的 3 份。这里的$\frac{1}{4}$和$\frac{1}{3}$所反映的就是取的份数与整体份数之间的关系。而部分与部分之间的关系更多地表现为是一种“记号”。例如，小红有 5 个苹果，小丽有 3 个苹果，小红的苹果是小丽的$\frac{5}{3}$倍。对比率维度的理解，可以帮助学生完成对分数的基本性质以及通分、约分等相关知识的正确认识。

“度量”指的是可以将分数理解为分数单位的累积。

例如，$\frac{3}{4}$里面有3个$\frac{1}{4}$，就是用分数$\frac{1}{4}$作为单位度量3次的结果。著名数学家华罗庚曾经说过：“数起源于数，量起源于量。”对度量维度的研究，可以大大丰富学生对分数的认识。度量维度的体验也可以直接作用于分数加（减）法的学习中。

“运作”主要指的是将对分数的认识转化为一个运算的过程。

例如，想知道6张纸的$\frac{2}{3}$是多少张纸，学生将$\frac{2}{3}$理解为整体6张纸的$\frac{2}{3}$，即将6张纸这个整体平均分成3份，取其中的2份，列出算式就是$6\div3\times2$，也就是$6\times\frac{2}{3}$。

“商”这个维度主要是指分数转化为除法之后运算的结果，它使学生对于分数的认识由“过程”凝聚到“对象”，即分数也是一个数，也可以和其他数一样进行运算。

我们认为，以上这四个维度没有先后、主次之别，它们对学生多角度认识分数都发挥着重要的作用。它们相辅相成，共同承担着学生对于分数内涵丰富性认识的建构。其中，“度量”“运作”“商”这三个维度的认识最终可以凝聚为对分数是一个数的认识，即前面谈到的分数认识的第四个线索。

3. 小学阶段分数意义教学的四个阶段

在小学阶段，对于分数意义的学习，教材一般“显性”地分为两个阶段：第一阶段分数的初步认识和第二阶段分数的意义。但实际上，基于对分数意义内涵丰富性的理解，我们逐步认识到，对于分数意义的学习，决不是一两次的教学所能全部承载和实现的，需要通过系列设计，逐步渗透、多维度建立，将教材中的“显性”和“隐性”结合起来。为此，我们提出小学阶段分数意义教学的四个阶段，如图3-11所示。

必须指出的是，本文提出的这四个阶段不是相对孤立的，更不是线性排列的，不能僵化地理解为到了某一阶段就必须或者只能达成对某维度的学习，其他维度将不再涉及。这四个阶段在完成对分数意义丰富认识方面各有侧重、相互渗透、相互补充，共同帮助学生实现对分数意义理解的不断发展和整体建构。

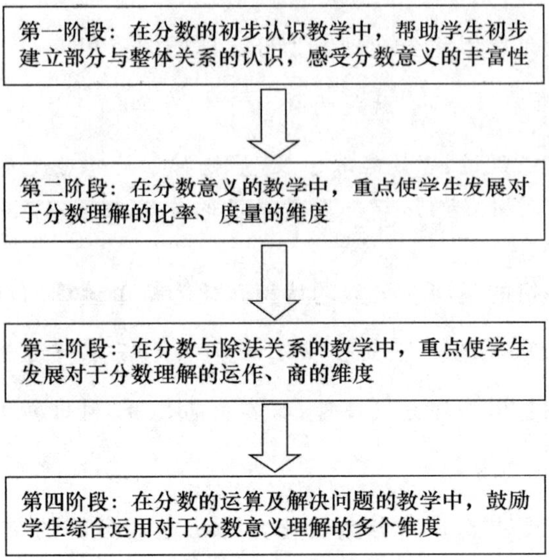

图 3-11　分数意义教学的四个阶段

基于以上分数意义理解的线索和维度，以及分数意义教学阶段的分析，形成了我们对贯穿于国家课程内容中两个阶段的分数单元设计，在四个阶段都设计了核心活动。

第一，初步建立对部分与整体的认识，感受分数意义的丰富性。

1. 分数初步认识：分纸活动。

(1)【设计意图】

通过分学具(长方形纸)的活动引出问题，引发学生通过研究平分一张纸的活动，感受分数的作用，从而认识分数。

通过进一步引导学生进行四个人分三张纸的活动，引导学生认识分数，同时感受部分与整体的关系。

(2)【活动过程】

① 情境引入发现分数。

借助发学具(分发数学作业纸的活动)，随机分发给学生(两人一组)若干张数学作业纸，要求两个人平分，复习平均分，引发学生对分数的思考

② 操作体验，认识分数(分一张纸，认识$\frac{1}{2}$)。

通过两人分一张纸的活动，引导学生认识$\frac{1}{2}$，体验部分与整体间的关

系，感受标准的重要作用。学生通过活动和讨论认识到$\frac{1}{2}$张是谁的$\frac{1}{2}$。

③ 进一步操作体验，增强对部分与整体的认识(四人分三张纸活动)。

在认识$\frac{1}{2}$的基础上，教师进一步提出要求，四人一组平均分三张纸，每人分到多少张纸？

引导学生通过讨论和比较，进一步体会一张纸作为标准的作用，帮助学生进一步感受部分与整体的关系，发展学生对分数的认识。

通过这组活动学生体验到了分数的作用。借助对$\frac{1}{2}$和$\frac{3}{4}$的研究，学生对部分与整体的关系有了比较充分的认识，体验到了标准在确定分数关系时的重要作用，对于学生发展分数比的这条线索奠定了扎实的基础。另外从活动中，我们也可以看出，学生对于度量、比率和运作这三个维度的发展，也有了初步的感知。由于对于“比”的线索的发展是认识分数的基础，所有维度的发展都要以此为基础。因此，发展学生对分数部分与整体的关系的认识，就显得尤为重要。而四个维度的发展也需要一个循序渐进的过程，需要不断的渗透。这组活动的设计，基本达到了预期的要求。

2. 分数再认识(A)活动教学设计：谁的几分之几。

(1)【设计意图】

通过部分寻找整体的活动，进一步发展学生对于部分与整体关系的认识。在操作过程中引导学生体会分数单位的作用，从而渗透和发展分数度量的线索，发展学生对于分数的认识。在操作过程中，由于学生的操作具有发散性，从而对于比率的线索也会建立初步的感知。

(2)【活动过程】

① 找$\frac{1}{4}$的整体。

教师让学生利用学具，在纸上任意表示一个分数，对分数初步认识复习整理。在此基础上，教师向学生出示一个长方形(印在小篇子上)，说明它表示$\frac{1}{4}$。请学生画出“1”原来的样子。在学生独立研究的基础上互动交流，期待学生通过观察，寻找共性和差异。进一步认识分数部分与整体的关系，发展学生对分数的认识。

② 找$\frac{2}{5}$的整体。

教师向学生出示与$\frac{1}{4}$同样大的一个长方形(任务单)，说明它表示$\frac{2}{5}$。

请学生画出“1”原来的样子，在学生独立研究的基础上互动交流。期待学生通过实际的操作和体验，进一步发展分数部分与整体关系的。由于在利用$\frac{2}{5}$找“1”的活动中，学生通常都要先确定$\frac{1}{5}$，这样，学生比较深刻地感受到分数单位的作用，发展分数度量这一维度。

分数再认识(A)的操作活动，引导学生从部分回到整体。这样与分数初步认识相对应，从正、反两个途径发展了学生对部分与整体的认识，从而为学生认识分数奠定了扎实的基础。在操作过程中，学生对比率和度量的线索都有所体验，也为进一步发展学生对分数的认识做了前期的准备。由于“比”的线索是学生认识分数过程中一个非常重要的线索，因此利用学生亲身参与的实践活动，感受部分与整体的关系，体验“比”这条线索的发展，就显得尤为重要。从课堂实录中，我们也可以看到，活动基本达到了设计的要求。这里，我们还可以通过一个学生的错误(见图 3-12)，看到这个学生错误地将$\frac{2}{5}$看作一份，简单的叠加了五份来找“1”。说明，学生对于部分与整体的关系还存在着一定认识上误区，对于度量认识还相对模糊。从而，从另一个侧面反映出这类活动的重要性。

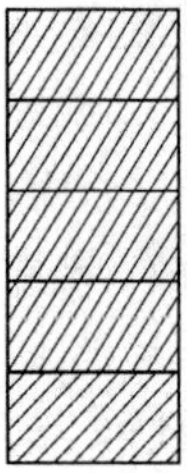

图 3-12

第二，进一步拓展分数比和数的两条线索，重点发展度量、比率维度。

1. 分数再认识(B)活动教学设计：数分数。

(1)【设计意图】

借助分数数轴的建立，帮助学生进一步认识分数，建立与整数间的联系。一方面发展学生度量意识，另一方面也在渗透学生对比率的认识和感知。

活动借助对整数数轴认识的回顾引导学生体会单位在度量整数时，所起的关键作用。在此基础上进一步引导学生数分数，体会分数单位在数分数过程中所起的作用，引导学生体验度量在认识分数中所起的重要作用，并通过进一步将分数纳入数轴的体系中，帮助学生发展对分数的认识。这样不仅可以发展学生对度量这一维度的认识，而且能够渗透学生对比率的感知。更为重要的是通过活动帮助学生认识分数和整数一样是一个数，从而发展分数是数这条认识线索。

(2)【活动过程】

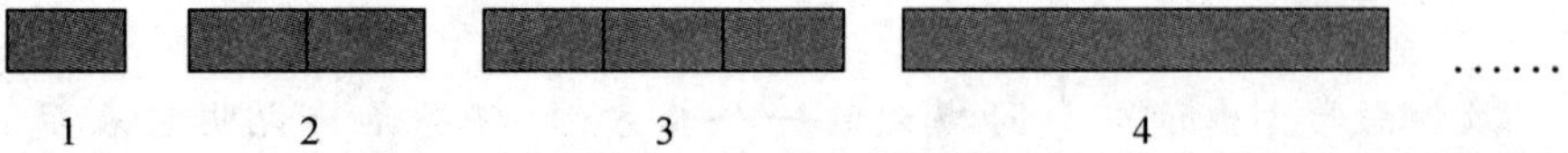

图 3-13　长方形表示数

① 数整数。

教师首先呈现一张长方形的小纸条，要求学生用一个数表示，学生很快用 1 进行表示。在此基础上，教师进一步引导学生，用同样大小的小纸条表示 2 和 3……(如图 3-13 所示)学生通过活动可以充分地感受到度量在数的建立过程中所起的重要作用。在学生认识到所有的整数都可以这样表示的基础上，教师引导学生将整数表示在数轴之中，如图 3-14 所示。

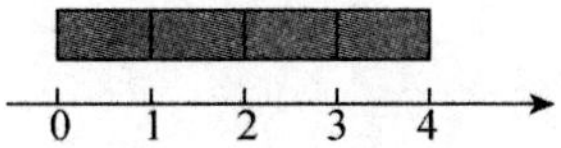

图 3-14　数轴上的整数

② 数分数。

教师首先引导学生思考，除了整数以外，还有哪些数也可以这样表示？在学生初步思考的基础上，教师呈现更小的一个小纸条$\left(\frac{1}{4}\right)$，学生通过这张小纸条与 1 进行比较(对折或用 4 个同样的小纸条与 1 比较)认识$\frac{1}{4}$，如图 3-15所示。在此基础上进一步认识$\frac{2}{4}$、$\frac{3}{4}$，体验分数可以通过$\frac{1}{4}$来进行度量。这一活动一方面帮助学生感受到了分数单位的作用，更重要的是帮助学生感受分数与整数相同，通过分数单位的度量可以得到。通过进一步认识$\frac{4}{4}$，$\frac{5}{4}$，…$\frac{8}{4}$，…感受用分数单位数分数。

图 3-15　四分之一

在认识四分之几基础上，进一步认识三分之几、六分之几。帮助学生建立对分数的认识，体验度量在建立分数过程中所起到的重要作用，并将表示分数的数轴合并到整数数轴中，一方面学生会发现分数与整数的共性，另一方面学生还会发现数轴中的等值分数，从而为进一步发展比率这条线索奠定基础。

从数整数到数分数，学生通过操作体验，不断感受度量在分数建立过程中与整数的一致性。通过活动，学生不仅感受到分数单位在分数中的重要作用，更为重要的是突破了学生在认识分数的原有误区(分数是分出来的，不能分得事物不能用分数表示)，认识到分数和整数一样是可以“数”或“量”出来的，从而从度量的角度，帮助学生进一步认识了分数。并且通过活动，可以帮助学生认识到分数与整数一样是一个数。对学生发展分数的认识起到了重要的作用，达到了预期的设计目的。

2. 分数再认识(C)活动教学设计：部分与整体的关系。

(1)【设计意图】

学生在具体的情境中根据实际情况展开交流，体会一个分数对应的“整体”不同，所表示的具体数量也不同，进一步加深学生对分数的认识。由于分数与“除法”“比”都有直接的联系。分数意义的理解会直接影响学生的后续学习。

(2)【活动过程】

① 体会整体的相对性。

在复习学生已有的分数知识的同时，让学生进一步感知整体和整体的相对性。学生学过一个物体作为一个整体得到分数。试着让学生体会多个物体的集合当作一个整体，还让学生体会对于同一个物体，由于把它放在了不同的整体中进行对比，可以得到不同的分数，进而理解分数整体的相对性。

② 在生活情境中体验分数的“部分与整体的关系”。

通过情境入手，让学生体会其中所涉及的分数，让学生拿具体的数量和这种表示关心的分数进行对比，以加深学生多角度的理解分数，为后续学习打下一个良好的基础。

③ 在取圆片的游戏中突出分。

数中的“比率”，向学生渗透“部分与部分的比”。

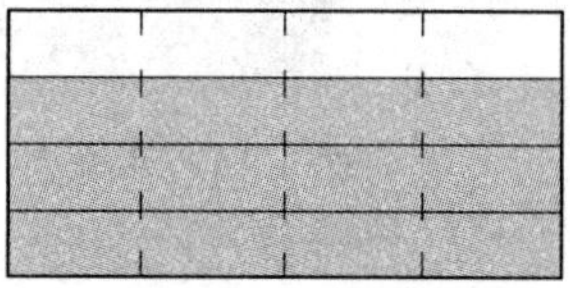

图 3-16 分数中渗透比率

活动简介：

部分与部分进行比较，这种比较对于学生今后再认识假分数时，是一个很好的支撑。这就是在分数中渗透比率，如图 3-16 所示。

从“平均分”得到分数到从情境中抽象出“份”的概念同样也可以得到分数。以上活动对于同一个分数，由于“整体不同引起部分的不同”体现充分，让学生在学分数的同时发展学生对分数“比率”维度的认识。

3. 分数的基本性质活动教学设计：分饼活动

(1)【设计意图】

在认识分数时，分数的等值性质是学生理解分数时比较困惑的一个地方，既然$\frac{2}{3}$和$\frac{4}{6}$都表示同样的大小，为什么还要有不同的分数？为什么有时候我们必须使用最简分数，而有些时候可以使用未化简的形式？从高等观点来看，分数作为一个等价类，最简分数是其中的代表，然而这些对于小学生来说太难理解了。

在操作、解释过程中体会分数在比和数两条线索上的联系和区别，从而对于分数建立更加丰富的感知。

(2)【活动过程】

① 用分数来表示。

教师出示一张长方形纸，平均分成16份，其中的12份被涂上阴影，让学生用分数来表示阴影部分的大小。学生能够根据分数$\frac{12}{16}$、$\frac{6}{8}$、$\frac{3}{4}$、$\frac{24}{32}$、$\frac{48}{64}$…表示。在此基础上，教师让学生总结他发现的规律。这一活动可以使学生进一步体会分数部分与整体的关系，发展学生对等值分数的认识理解。

② 谁分到的多。

教师向学生出示分饼问题“7个女孩分3张饼和3个男孩分1张饼，谁分到的饼多?”分饼问题如图3-17所示。

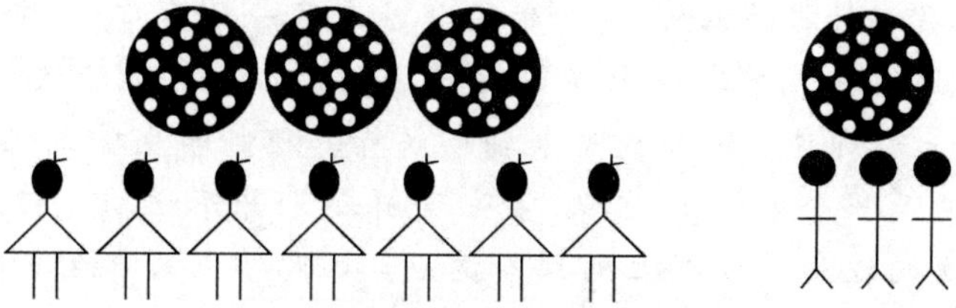

图3-17　分饼问题

学生可能会通过实际操作来验证女孩分到的饼多；也有的学生可以通过说理来解释女孩分到的饼多。利用说理来解释的同学可能会用到比例的推理：“3个男孩分1张饼和9个男孩分3张饼的结果是一样的，而9个男孩比7个女孩人数要多，所以女孩分到的饼多。”也可能直接比较男女孩的人数和饼的数量：“女孩的人数不到男孩人数的3倍，而饼的数量女孩是男孩的3倍，所以女孩分到的饼多。”

在交流推理中，学生可以发展对分数数量以及比率维度的认识，体会数与比的不同与联系，也为后面学习比与分数的关系、比的性质建立了很好的基础。

以往学生在学习分数的基本性质时，只是在同样的单位“1”中把分数看作是部分和整体的关系，对于分数的值不变这个结论很难有感受。学生头脑中的分数仅仅是总份数和取的份数，与数量——分数值的大小建立不起联系。分饼的活动使得“数量的多少——饼的多少”成为显性的，而“分数——饼的数量与人的数量的关系”成为隐性的。这一活动和教材中的活动正好互补，在发现规律、理解规律方面，教材活动是有实效的；在发展学生对于分数多元多维的认识上，分饼的活动又起到了良好的作用。

由于比的线索是学生认识分数过程中一个非常重要的线索，它为学生理解分数的等值性质提供了直接的支持。因此，利用学生亲身参与的实践活动，通过解释说理，联系旧知，感受部分与整体的关系，体验比这条线索的发展，就显得尤为重要。

第三，发展对度量和运作线索的学习，完善对分数的认识。

1. 分数计算复习活动教学设计：以计算教学为依托，从四个维度不断认识分数

(1)【设计意图】

对于分数的认识，学生们已经获得了比较丰富的体验并积累了一定的经验，在这个基础上来解决分数的计算，更多地体现出学生研究路径的多样性和层次性。在分数加减法中，学生通过建立分数单位个数的模型，来理解分数单位个数相加减的意义，通分的过程就是统一分数单位，即统一加减的标准。这一过程在教学实施中显得比较顺利。在分数乘除法中，更多的学生已经开始自觉地使用面积模型来辅助解释算理。学生首先研究的是分数乘法，由于这是一个顺向的过程，学生理解起来并不困难。但在分数除法中，学生在逆向过程的理解上感到不适应。因此学生的难点不在算法上，而是利用模型解释算理，并在模型中体现出单位化的意识，在度量中刻画分数单位的个数，在运作中实现分数计算顺与逆的过程。更为重要的是，通过这节课的设计向学生渗透一种思想，引导他们从更高的视角看待这四种不同的运算形式，进而发现算理背后的联系，实现从整体上对分数计算的把握。

(2)【活动过程】

① 复习意义回顾引入。

教师通过提问唤起了学生已有的知识经验。

② 通过活动，比较并把握分数运算中的联系。

这个环节通过三次活动实现了学生对分数计算意义的理解。第一次活动中，学生比较了加减法算式的意义，利用"分数单位"把握了二者的区别与联系。

第二次活动的目的是引导学生在梳理乘除法计算方法的基础上，进一步提升对计算意义的理解，突出体现了分数运作和凝聚的过程。

第三次活动的目的是引导学生从整体上，对加、减、乘和除四种运算进行关注和思考，意图发现并揭示分数运算本质的联系。从不同层面上，将分数的比率、商、度量和运作这四条线索紧密地统一起来。

通过对四种不同形式计算的比较和梳理，学生能够揭示分数计算的核心，这种突破并不是在一节课内实现的，而是植根于日常教学中，借助模型

解释算理，早在三年级“分数的初步认识”时就已经开始进行渗透。因此在以上活动中，学生能比较顺利借助分数单位，实现从整体上对分数计算核心的把握。通过对乘法和除法模型的比较，反映出学生面对乘法和除法这两种运算时，始终围绕着分数的四个维度和水平进行运作的过程，在学生对分数的运作的过程中，进一步凸显了度量的思想，即“都是先求出一份的大小，再求几份。”

更重要的是，通过这个过程教师也向学生传达了一个信息，我们应该如何看待不同的事物，如何把不同的事物看作一类。这也是学生在学习的过程中应该具备的一种重要的数学学习能力。

2. 在分数应用题中发展学生对分数线索的认识

(1)【设计意图】

在解决分数乘法问题的时候，鼓励学生利用自己对分数的不同理解，把自己的想法借助面积模型呈现出来。在这个展示交流的过程中，不同的思考角度和解决问题的方法表现了学生对分数内涵的深入理解。特别值得关注的是，本节课的探究活动力图使学生对分数“运作”与“度量”这两个维度进行深入的思考。

(2)【活动过程】

① 教师提出一个实际问题：“五年级书法小组共有24名同学，有$\frac{3}{4}$参加了硬笔书法比赛，其中有$\frac{1}{2}$获了奖。你知道有多少名同学获奖吗?”教师为学生提供了一些长方形学具纸，学生研究时可以借助学具折一折，画一画，讲清自己的想法。

② 教师将上一个问题加以改变，呈现：“五年级书法小组有$\frac{3}{4}$参加了硬笔书法比赛，其中有$\frac{1}{2}$获了奖。已知有9人获奖，你知道五年级书法小组有多少名同学吗?”学生结合自己对分数的不同理解，会呈现出不同的解决方法。

本活动使学生充分释放自己对分数各种不同维度的思考，从多种不同的维度来解释、思考问题，将分数的不同认识在应用的层面加以实践，进行更深入的交流与思考，对不断丰富、加深理解是很有益处的。当然，上面课中呈现的不同方法集中反映的是学生对分数运作维度和度量维度的认识，对其他维度的思考不是没有，而是不做重点阐述。学生在折纸、画图甚至叙述思路的过程中，对于分数其他维度的思考也有呈现。正如上面例子显现出来的，学生在解决问题的过程中，并不是单一地只从某一种维度思考，而是以几个维度综合考虑，反映出了学生对于分数内涵丰富性的不同理解。

（四）通过分数与除法的教学完成对于商的线索认识

(1)【设计意图】

分数可以表示部分与整体、部分与部分的关系，它具有度量的含义，学生通过活动体验逐步达到正确认知不会有太大的困难，但是分数可以转化为除法运算，表示运算结果——商，这对小学生来说就有一定的困难了。本次教学活动力求使学生通过折纸、讨论、对比分析等一系列活动，逐步建立分数具有商这个维度的认识。

(2)【活动过程】

① 初步用分数表示除法算式的商：

把1米长的纸条（出示一张长方形纸条）平均分成2段，每段长多少米呢？

$$1\div2=0.5(\text{米})\qquad 1\div2=\frac{1}{2}(\text{米})$$

② 进一步体会用分数表示商

“如果把2米长的纸条平均分成3段，每段的长度又是多少呢？”学生列出算式 $2\div3=\frac{2}{3}$(米)并用折纸的方法呈现思路，如图3-18所示。

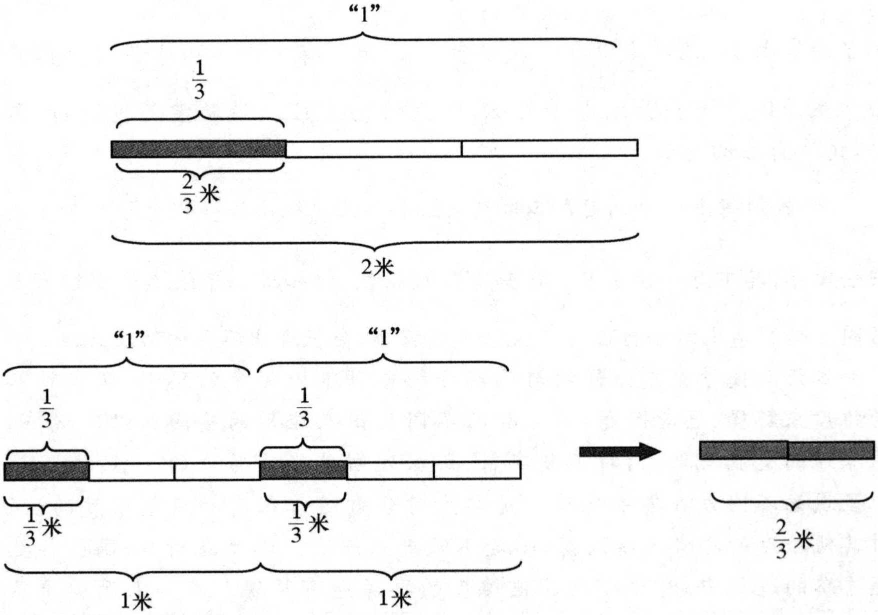

图 3-18

借助直观折纸操作和示意图，进一步使学生认识到分数表示商的含义。

③ 讨论：

教师提出问题：“把1米长的绳子平均分成4段，其中3段的长度是多少？把3米长的绳子平均分成4段，一段的长度是多少？”学生通过操作、观察、思考发现两个结果都是$\frac{3}{4}$米，这是巧合还是必然呢？

学生对分数可以具有商这个维度理解起来是有一定困难的，因为在他们看来，分数不像是一个数，它只能反映一种关系。如何让学生建立这个层面的正确认识并能够深入理解，是一个具有挑战性的问题。以上两个核心活动，力图使学生在操作感知和不断深入的思考中逐渐认识到，分数不仅可以反映两个量之间的关系，不仅具有比率、度量、运作这些维度，而且还可以作为商，由除法运算产生，可以以一个独立的有理数的身份存在。当学生真正理解并建立了分数这个维度的认识，我们认为他们对于分数内涵的认识就比较丰富了。当然，这个难点的突破不是一蹴而就的，需要结合恰当的教学时机不断给予渗透，使学生逐步理解、认同，并最终完成对分数认识的丰富性。

通过核心活动的研究和尝试以及对文献的学习整理，我们提出了认识分数的框架，包括比和数这两条认识线索。在这两条线索之下又分为：比率、商、度量和运作四个维度。为了实现这些维度的认识，我们将分数教学的核心活动划分为四个阶段：第一阶段是初步建立对部分与整体的认识，渗透理解分数的丰富性；第二阶段是进一步拓展比和数的两条线索，重点发展“度量”“比率”这两个维度；第三阶段是通过分数应用，发展对度量和运作线索的学习，完善对分数的认识；第四阶段是通过分数与除法的教学完成对于商的线索认识。

通过核心活动的设计，将对分数认识丰富性的体验落实在具体的教学中，帮助教师在整体把握知识之间联系的基础上，明确如何在教学设计中体现教学的主线，帮助学生多维度地认识分数。

通过研究，我们认为只有在整体把握教材的基础上，抓住认识分数的线索才能够帮助教师从多个维度上认识分数，从而构建分数认识的完整认知体系，为学生的可持续性发展奠定基础。

“生长的数学”课程中的基础类课程，依托国家课程内容，对国家课程内容进行了罗列梳理，发现国家课程内容知识上、方法上、思想上的联系，形成我们认识的框架结构。并以框架结构中的内容结点课、核心思想课以及关键转折课等为核心课，以此衍生出以国家课程内容为基础的单元课程内容，形成我们对国家课程内容的理解及重组。基础类课程的建立,有利于教师了解新的课程改革在基础教育阶段所关注的重要内容和核心的思想方法。教师在整体把握的理念下,贯穿小学数学乃至初中学习内容、思想方法和技能的认识,贯穿数学大课程的视野,贯穿小学学生终身学习能力提高的角度,提高自己单元教学设计的意识和能力。有利于了解小学阶段各个主要内容在本阶段的发展,把握基础教育课程发展的方向,从而促进教师专业发展。整体把握小学数学教学内容,了解小学数学新课程的若干条主线,有利于小学数学教师形成对小学数学教学内容的全局性认识,有利于教师适当设计自己在单元教学的起始课,有利于教师用发展的眼光看待普遍采用的"一步到位"做法的弊端。有利于教师合理安排课时,确定教学目标,提高数学课堂教学的实效性。在整体把握核心概念、重要的数学思想和方法的前提下,在整体把握小学数学新课程目标的前提下,教师可以创造性地整合课程内容,融合合适的教学方式和教学手段,创造性地使用教材,提高课堂教学效率。有利于实现教材知识结构很好的向学生头脑中的认知结构转化的教学活动。学生的主体地位的落实,不是口号,需要小学数学教师从自身做起,研究学生学习的好的习惯的培养,研究学生学习方法,研究学生知识与技能、过程与方法、情感态度的发生、发展与变化。有利于在数学活动中系统地培养学生的和数学意识,构建学生的数学思想、方法。在数学活动中,还要注重培养学生的数学意识,并且培养学生在学习、掌握数学知识的过程中培养学生的数学思想和方法,进一步培养学生的数学素质。

第二节　思维类课程的内容架构

思维类课程是北京大学附属小学教师自主开发的校本课程。其目的是弥补国家课程设计中的不足,为学生积累数学研究的方法,形成数学研究的策略,初步具备数学研究的能力提供帮助。思维类课程是基于学生已有的基础知识和基本技能,主要通过设计有一定挑战的数学问题,使学生在解决数学问题的过程中,体会数学思想,掌握研究方法,形成研究策略。

开设思维类课程,有助于激发学生的数学学习兴趣,促使学生进行深入思考。学生在对数学问题进行思考、研究和解决时获得的一般方法,也能迁移到实际生活中遇到的问题。这也可以为实践类课程的学习提供帮助,为课程目标的整体实现提供重要支撑。

一、思维类课程的总体架构

我校目前的思维类课程是在《现代小学数学思维训练》教材基础上，结合学校教师学生实际，逐步发展而来的。

我校学生思维活跃、知识面广，家长文化素质高，家庭教育良好。国家课程的内容不足以满足学生求知的欲望，发展的需求。从2000年以来，我校一直在一到六年级开设思维训练课这一校本课程。由于课程内容的趣味性、灵活性、挑战性，这一课程深受广大学生喜爱，更有部分优秀学生获益良多。但也由于课程内容的难度过大，容量过多，课程目标、结构体系不够清晰，给教师教学带来困惑与思考。如何在部分优秀学生获益的同时，也能保障其他学生的收获呢？

2010年，我们启动了思维类课程的改革。随着学校"生命发展课程"的不断推进，我们也一直在思考和建构"生长的数学"课程体系。其中，思维类课程成为我们数学学科群三类课程中重要的一类。通过四年来的思考与实践，我校思维类课程的改革走过了从关注内容数量到关注内容质量，从关注知识内容到关注数学思想和方法策略，从关注一点到关注整个课程体系的过程。目前我们形成了以基本数学思想为依托，以形成研究方法策略，发展创新思维为目标的思维类课程的总体架构，如图3-19所示。

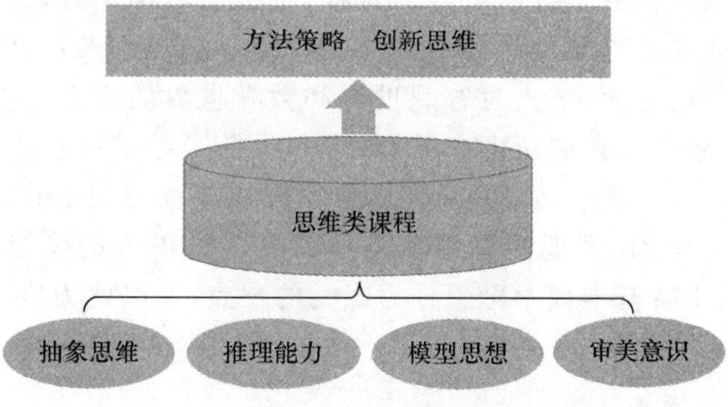

图3-19 思维类课程的总体架构

（一）基本数学思想

《标准(2011年版)》在对课程总目标的描述中指出："通过义务教育阶段的数学学习，学生能：1. 获得适应社会生活和进一步发展所必需的数学的基础知识、基本技能、基本思想、基本活动经验……"这一条目标简单说来，就是获得“四基”。过去我们的数学课程非常强调“双基”，也就是基础知识和基本技能。新课标提出“四基”，一方面是对原有“双基”方向的认可，另一方面也是适应时代发展，关注人的需要，提出了“基本思想”和“基本活动经验”。把获得数学的基本思想作为课程目标，就是要强调让学生在学习数学知识的过程中获得数学思想的重要性。数学思想是数学科学发生、发展的根本，是探索研究数学所依赖的基础，也是数学课程教学的精髓。

基本数学思想的重要性，不仅仅体现在数学学科中，其对人一生的发展也起着重要的作用。在这个信息飞速扩展、更新的时代，一个人从学校进入社会后，他所学习的具体数学知识大多都不可能用到，甚至若干年以后就渐渐忘记了；然而在学习数学知识的同时所获的基本数学思想，却一定能发挥重要的作用。当他面对一个新的问题时，能从数学角度去看。他能依据需要把客观事物进行简化和量化，他能细致周到地思考问题，他能严密地有逻辑的分析和推理，合理地运筹帷幄等等。这就是基本数学思想的力量，它不是改变一个人的知识储备，而是提升一个人运用知识的思考问题的能力。这种思考的能力正是现代社会所需要的。

基本数学思想有哪些？顾沛教授在对课标进行解读时认为：“数学的基本思想”主要指：数学抽象的思想、数学推理的思想、数学建模的思想。”抽象思想应用在从客观世界到数学世界的过程，建立了数学学科；推理思想应用在从数学世界到数学世界的过程，发展了数学学科；建模思想在从数学世界到客观世界的过程，应用了数学学科。宋乃庆教授在此基础上增加了数学审美的思想，把人对客观世界和数学世界的主观感受加入其中。我们认为，从数学教育的角度来看，数学和生命是数学课程中不可分割的两条重要线索。对学生数学审美意识和数学审美能力的培养，有助于学生对数学抽象的思想、推理的思想和建模的思想更深入的体会和理解。因此，我们采用了将基本数学思想分为四类的观点，并以此为依托，建构思维类课程。

（二）常用方法策略

基本数学思想的获得，必须依赖具体的数学思维活动为载体，否则它将成为空中楼阁，使学生无法体会和感受。解决数学问题，特别是解决有一定挑战，有一定拓展性的数学问题最能激发学生的思维活力。所以思维类课程是以解决问题为载体，使学生在解题的过程中，形成解决问题的方法策略，同时获得数学的基本思想。对方法策略的使用，有助于深入体会数学思想，对数学思想的理解反过来也有助于对方法策略的掌握。这二者之间是相辅相成，互为促进的关系。

在小学阶段，常用的方法策略主要可以归为三类：一类侧重于数学表达，例如画图、列表、符号表示等；一类侧重于数学思维，例如假设法、倒推法、从简单问题入手等；一类侧重于数学研究，例如猜想与验证，提出新问题，推广结论，建立类比联系等。

在解决问题的过程中使用关于数学表达的方法，其目的是将已有的信息进行转译和整理。将信息用不同的形式呈现，就能为给我们带来更多不同的观察角度和思维角度。换一种表达方式后，可能更容易发现其内在的数量联系或变化规律甚至能直接看到结果，如画图和列表就有这样的作用。换一种表达方式后，也可能使得复杂的信息简化，更容易用数学的方法去处理，如用符号表示具体的事物，更容易思考和运算。

在解决问题的过程中使用关于数学思维的方法，其目的是在探索一条从已知到未知的道路。无论是利用倒推法模拟还原情境，还是利用假设法设置一个相关的假设条件，或者从简单问题入手开始思考，都是通过分析进行尝试，从相似问题的研究中得到启发，从而向最终解决问题迈进。这些方法将成为学生迎接问题挑战的有力工具，能带来化难为易、化繁为简的效果。

数学研究的方法，通常是学生在解决问题的过程中不自觉地使用的（如猜想与验证，提出新问题），或者学生在解决问题后教师有意引导学生关注的（如提出新问题，推广结论，建立类比联系）。这些方法重在培养学生的思维习惯，形成科学的理性思维。数学研究的方法，关注学生的反思意识，提升学生对研究过程的认识，有助于学生进行深入思考。

方法策略不应成为解决特殊问题的僵死套路，而是要成为学生思考一切问题的有力工具和明确指导。学生面对问题，在多种方法策略的比较选择中，发展自身的判断能力，提高自身的创新思维。

二、思维类课程的内容架构

思维类课程的内容架构是以基本的数学思想为核心进行组织，以常用方法策略为向导进行设计，以学生的知识基础和认知能力为参照进行安排的。这样的内容架构使得课程目标成体系，有线索，更清晰，使得教师在教学中更容易把握，也更利于所有的学生能够更多地参与到课堂学习中，获得最大的成长。

（一）以基本数学思想为核心，确立研究专题

基本数学思想可分为抽象的思想、推理的思想、建模的思想和审美的思想。这些基本的数学思想还可以派生出许多下一层次的数学思想。其中更适合小学生在解决问题的过程中学习，更容易为小学生接受和体会的主要有三大类中的七小类。它们属于抽象思想的分类思想和变中有不变的思想；属于推理思想的归纳思想、演绎思想、化归思想和运筹思想；属于建模思想中的方程思想。另外本课程中渗透数学审美思想的内容是以对解决问题过程的反思或以阅读数学材料交流感受的方式来组织的。课程内容要围绕数学思想来展开，具体来说，就是每一个数学思想要有对应的研究专题来支撑。

“分类思想”对应的研究专题包括“数图形”“枚举法”“生活中的计数”“奇数与偶数”“简单的立体图形分类”等。

“变中有不变的思想”研究专题包括“年龄问题”“周期问题”“行程问题”“经济问题”等。

“归纳思想”研究专题包括“重重叠叠”“数阵规律”“格点与面积”。

“演绎思想”研究专题包括“算式谜”“逻辑推理”“计算推理”。

“化归思想”研究专题包括“巧算与简算”“巧求周长”“分数分拆”。

“运筹思想”研究专题包括“最不利原则”“抽屉原理”“统筹安排”“游戏策略”。

“方程思想”研究专题包括“等量代换”“等量推理”“列方程解应用题”等。

（二）以常用方法策略为向导，设计研究问题

研究专题的确立，为设计研究问题划定了范围。设计研究问题时，我们首先要保证它能够准确地指向我们要传达的数学思想，其次要使得研究问题能够承载我们常用的方法策略。

1. 同一方法策略的多次出现

我们在建构课程时，所选择的解决问题的方法策略都是最基本和最常用的。所以，同一个方法策略经常会在不同的专题中反复出现。当学生多次在不同的问题情境下使用同一个方法策时，会对这种策略产生更丰富的认识和更深入的理解。例如，画图策略是我们小学阶段使用最频繁的一个策略，它出现在不同年级的不同专题中。

● 三年级上“分苹果”问题 1

小猪和小猴分一堆苹果，小猪分到的苹果个数是小猴的 3 倍。这堆苹果

共 20 个，小猴分到了几个苹果(见图 3-20)？

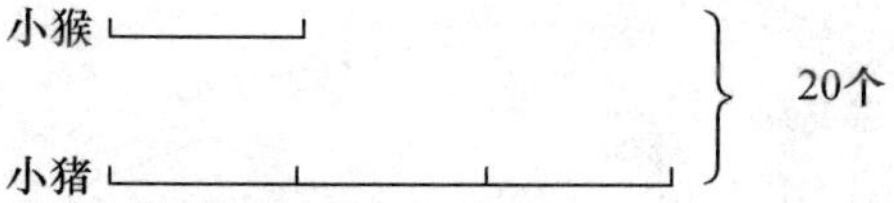

图 3-20

● 四年级上“面积图的应用”问题 1

亮亮从家步行去学校，每分钟走 60 米；回家时骑自行车，每分钟行 200 米。骑自行车的时间比步行少用 21 分钟。亮亮家离学校有多少米(见图 3-21)？

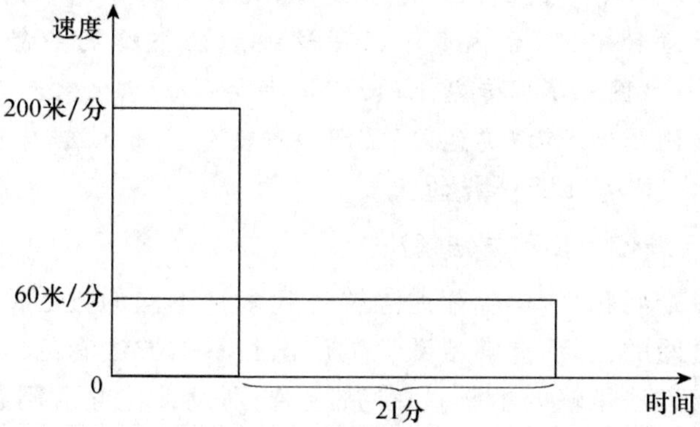

图 3-21

● 四年级下“包含与排斥”问题 3

五一班 37 名学生参加了数学和语文考试，其中语文得 100 分的 8 人，数学得 100 分的 13 人，两门都得 100 分的有 3 人。两门都没得 100 分的有多少人(见图 3-22)？

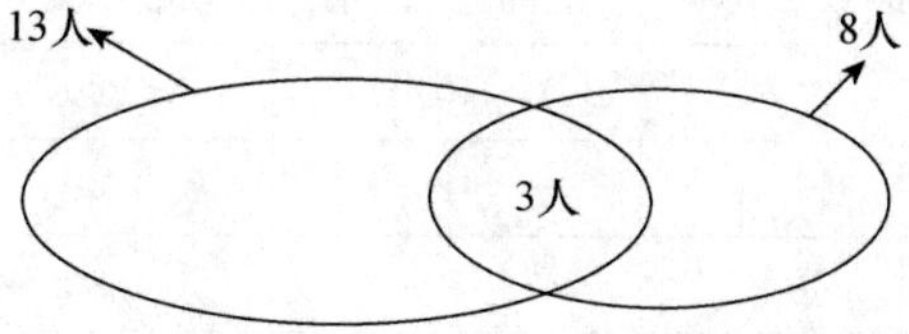

图 3-22

● 四年级下“比赛中的计数”问题 1

甲乙两人进行围棋比赛，规定先胜三盘者胜。第一盘甲取胜了，那么到比赛结束可能出现几种不同的情形？其中甲胜的情形有几种(见图3-23)？

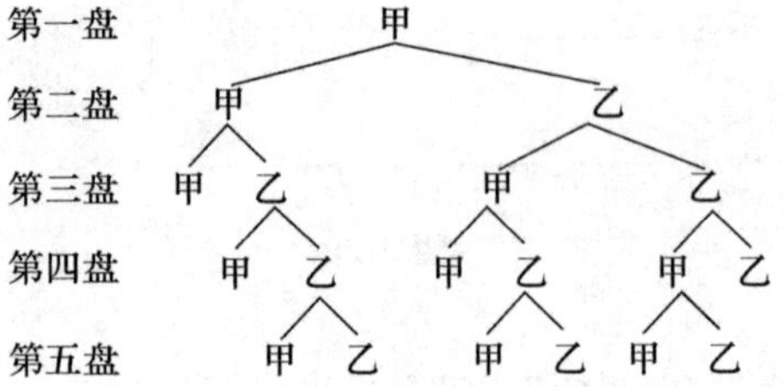

图 3-23

以上几个题目都涉及画图的方法策略，它们所属专题不同，图的形式不同。正是由于这种不同，才体现了画图这一方法策略的一般性和重要性。而且，有时同一种图在不同专题上的应用，也会引发学生对两个专题之间联系的思考。如例 2 和下面“鸡兔同笼”问题都使用了面积图，学生能隐约地感觉到这两个问题本质上是一样的。

2. 同一问题使用多种方法解决

在解决一个问题时，学生往往能够想到多种不同的方法策略。这时，不同方法策略之间的比较，能够帮助学生认识到不同方法间的区别和联系，能更深入地体会方法策略的本质。我们也会特别设计这样的问题供学生研究和交流。例如在研究“鸡兔同笼”问题时，不同方法之间的比较，就成为学生学习的重要生长点。

● 四年级下“鸡兔同笼”例题 1

鸡兔同笼，有 20 个头，54 条腿，鸡兔各有多少只？

列表法 1，如表 3-6 所示。

表 3-6

鸡的数量/只	兔的数量/只	腿的总数/条	动物总数/个	对或错
20	0	40	20	×
19	1	42	20	×
18	2	44	20	×
17	3	46	20	×
…	…	…	…	…
13	7	54	20	√

列表法2，如表3-7所示。

表 3-7

鸡的数量/只	兔的数量/只	腿的总数/条	动物总数/个	对或错
10	10	60	20	×
11	9	58	20	×
12	8	56	20	×
13	7	54	20	√

画图法1，如图3-24所示。

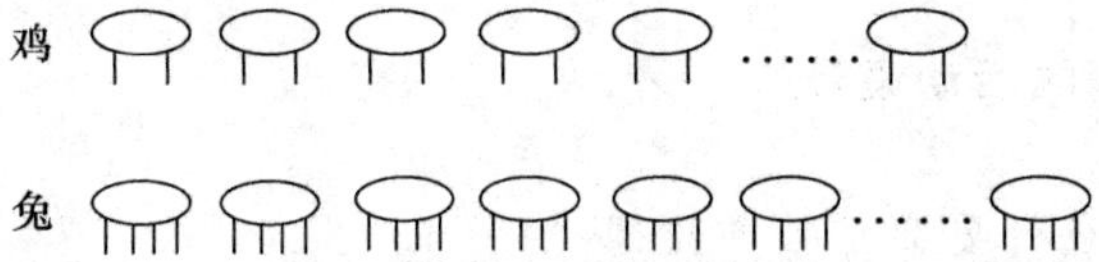

图 3-24

画图法2，如图3-25所示。

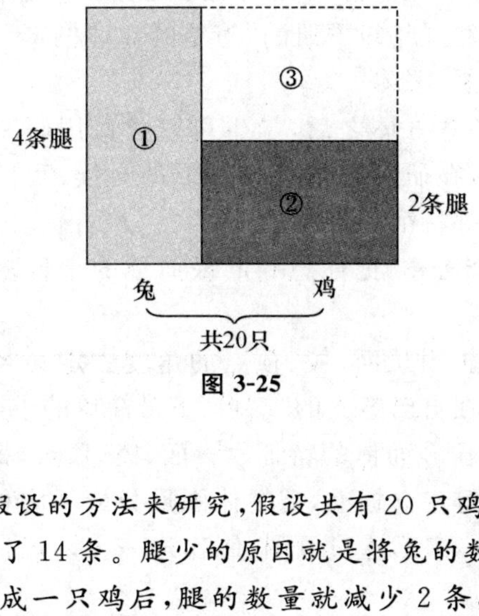

图 3-25

假设法1

可以采用极端假设的方法来研究，假设共有20只鸡，腿的总数是40条，比已知的54条腿少了14条。腿少的原因就是将兔的数量假设成鸡来考虑了，当一只兔被假设成一只鸡后，腿的数量就减少2条，所以累积起来就是14条了。那么，一共就有(14÷2)只兔被假设成鸡了，鸡的数量(20－7)也就清楚了。

假设法2

我们也可以把鸡和兔看成各有10只来考虑，这种“折半”假设的方法与前面列表法相似。另外，还可以采用任意假设的方法。如假设鸡有15只，兔有5只等。

假设法3

除此之外，"鸡兔同笼"的解法中还有许多有趣的假设方法。如假设所有的动物都抬起2条腿，这时鸡就没腿了，每只兔子有两条腿。和画图法的2类似。

方程法

解：设鸡有 x 只，兔有 $(20-x)$ 只。

$2x+4(20-x)=54$

$2x+80-4x=54$

三、思维类课程的活动设计

（一）活动设计要突出数学思想

思维类课程的活动设计要紧紧围绕基本数学思想展开。设计研究问题时要考虑问题的研究和解决与对应的数学思想的关系。学生应能在解决问题的过程中使用到本课题想要突出的数学思想，要能体会到这一数学思想的指导意义。例如，在五年级下册的"简单的立体图形"一课中，我们突出了分类的数学思想(见图3-26)。

学习了长方体和立方体之后，学生可以尝试用研究长立方体的经验去研究其他立体图形。在研究其他立体图形的时候，我们同样采取了从实物到图形，从整体到局部特征的顺序。

当学生面临一个任务"把你想到的最简单的十种多面体列个表"时，他的经验被调动起来了。

讨论时，学生会想到从面、棱、顶点的角度去定义"简单"。学生的定义不必一致，只需找到在自己定义的"简单"下最简单的十个立体图形。

这里面，学生抓住多面体的特征——面、棱、顶点，根据它们的数量或是面的形状、棱的长度等建立标准，把立体图形分成不同种的类型。然后按顺序思考最简单的十个，最后通过画图、制作进一步认识自己设想出来的立体图形。

抓特征、建标准、有序思考和不重不漏这些分类思想中最应关注的几个维度在这个活动中被充分关注，学生的创造力也被分类、寻找的活动激发起来。

简单的立体图形

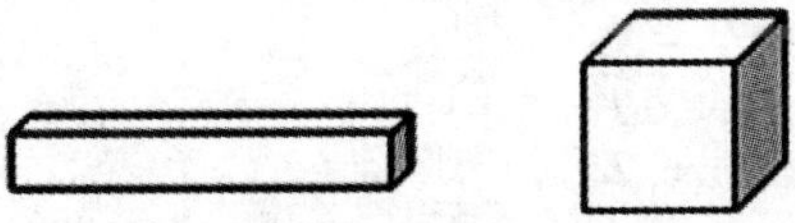

同学们，我们已经学习过长方体和立方体了，其中立方体又可以看成是特殊的长方体。。其实，在我们的生活中还有许多由平面图形围成的立体图形，数学中称它们为多面体。你还能想到哪些简单的多面体呢？

能把你想到的最简单的十个多面体列个表吗？试着画出它们的示意图或制作它们的模型。

我找到的最简单的十个多面体如下：

	面的个数	面的类型	棱的条数	顶点的个数
1				
2				
3				
……				

图 3-26

（二）活动设计要重视研究思路

思维类课程的活动设计要重视数学研究的思路。设计活动时应该把从观察中发现问题，从变化中寻找不变，从提出猜想到验证、论证，从一个结论到结论的推广，从一个问题到提出新的问题的过程设计进去。这些过程展现了数学研究的一般方法和思路，对学生的思维发展有很大帮助。例如，在三年级上册的“寻找神秘数”一课中，我们设计了五个小活动，使学生经历研究的过程。

● 活动一：填一填，找一找

$$\begin{array}{r} 52\\ -\ 25\\ \hline 27\\ +\ 72\\ \hline \square\square \end{array}\qquad \begin{array}{r} 86\\ -\ 68\\ \hline \square\square\\ +\ 81\\ \hline \square\square \end{array}\qquad \begin{array}{r} 73\\ -\square\square\\ \hline \square\square\\ +\ 63\\ \hline 99 \end{array}$$

在这个活动中，学生很容易发现几个算式的共同特点，即它们的得数都是99。进而，学生能够发现，这些算式都是先减后加的，而且相加减的两个数正好是颠倒数——十位和个位交换得到的。

● 活动二：猜一猜，试一试

经历了第一个活动，学生会想到所有两位数这样计算之后都会得到同样的得数99。这时就会有学生提议大家都来试一试。这就形成了一个从猜想到验证的过程。

● 活动三：新发现，新定义

在活动二结束后，学生发现大多数两位数这样计算之后都能得到99，但是也有例外情况发生。

$$\begin{array}{r} 33\\ -\ 33\\ \hline 0\\ +\ 0\\ \hline 0 \end{array}\qquad \begin{array}{r} 54\\ -\ 45\\ \hline 9\\ +\ 9\\ \hline 18 \end{array}$$

例如：最初选择的数是33，做完减法只能得到0，颠倒后还是0，得不到99。学生能够很快想到，这样的两位数还有11，22，44…共9个，他们称它们为例外。

还有一种情况是，最初选择的两位数是54，减去颠倒数得数是9，颠倒后还是9，加起来得18，不得99。对于这种情况，学生们想到了一种补救措施，也叫临时规定：如果差是一位数就在前面补0，这样就又能得到99了。

$$\begin{array}{r} 54\\ -\ 45\\ \hline 09\\ +90\\ \hline 99 \end{array}$$

● 活动四：新问题，新思考

对于两位数的情况，学生已经能够得到一定结论了，自然而然就会想到：三位数的时候，还有没有神秘数，神秘数会是多少？

$$\begin{array}{r} 543 \\ -\ 345 \\ \hline 198 \\ +\ 891 \\ \hline 1089 \end{array}$$

学生在经历尝试、猜想、验证的过程中会发现，三位数的神秘数是 1089。而且也需要补充规定，差不足三位数时补 0；也会有例外，像 777，666，323，454 等都是例外。这时的例外带给学生新的思考，不是所有数位都相等的才是例外，只要一个数和颠倒数相同就是例外。

● 活动五：深研究，探究竟

接着学生还会研究四位数的神秘数，新的情况出现了，这次出现了四个不同的神秘数。这将学生的研究引向深入，为什么会出现不同的神秘数呢？对于某一个神秘数，会在什么情况下出现？那么五位数、六位数的时候会不会出现更多不同的神秘数？神秘数本身有什么特点吗？

对于学生提出的这些问题，我们不用一一回答，而是引导学生选择一个问题深入研究下去，进一步积累研究的方法。例如，对于四位数的某一个神秘数来说，会在什么情况下出现？学生又会经历观察、猜想和验证的过程，还会把得出的结论迁移到别的神秘数上。最后发现“颠倒的两个数位上数字的关系不同对应的神秘数就不同”这一本质。

从以上活动设计可以看出，每一次研究的问题都是从观察中得来的，每一个结论都来自对猜想的验证，每一新的情况都带来思考，引出更多新的问题，而这正是数学研究的通常过程。经历这样的活动过程，将为学生积累研究问题的方法。

（三）活动设计要落实方法策略

思维类课程的活动设计要把解决问题常用的方法策略落到实处。常用的方法策略会在不同年级的不同内容中多次设计，而且要有层次有区分。要设计有趣的练习，使学生有机会使用学到的方法策略。例如对于用符号表示这一方法策略，我们在多个年级有不同层次的安排。

● 二年级上“搭配”

便民餐厅推出 5 元自选早餐套餐，可以选择一份主食配一份饮料。主食有包子、油条、煎饼和蛋糕；饮料有小米粥、豆浆和牛奶。共有多少种不同的搭配方法？

学生会用字母 A、B、C、D 表示四样主食，用 E、F、G 表示三样饮料。这样就能简洁的表示出所有 12 种搭配了。

A－E,A－F,A－G,B－E,B－F,B－G,C－E,C－F,C－G,D－E,D－F,D－G.

● 四年级上“看图找规律”(见图 3-27)

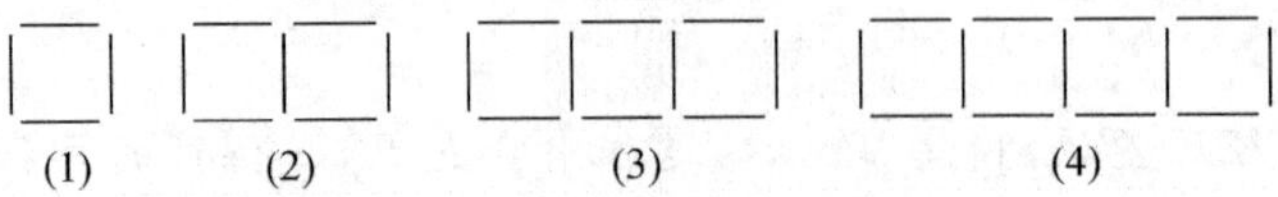

图 3-27

摆一个正方形需要(　　)根小棒,摆两个正方形需要(　　)根小棒,……摆 5 个正方形需要(　　)根小棒,摆 n 个正方形需要(　　)根小棒,

● 五年级上“列方程解应用题”

小猪和小猴分一堆苹果,小猪分到的苹果个数是小猴的 3 倍。这堆苹果共 20 个,小猴分到了几个苹果?

解:设小猴分到苹果 x 个,小猪分到苹果$(20-x)$只。

$3x=20-x$

$3x+x=20$

在解决“搭配”问题时,二年级的学生只要能够有利用符号进行标记的意识,能够感受到符号表示的方便就可以了。四年级的学生,已经学习了字母表示数,应该能在描述一般规律时用字母代数式表示。对于五年级的学生,我们希望他能用符号表示未知数,用方程进行表示数量关系,解决实际问题。

第三节　实践类课程的内容构架

实践类课程是基于学生经验,密切联系生活实际,体现对知识综合应用的学习活动。它通过多样化的学习方式,如探究、调查、访问、设计、制作等,强调学生对活动过程的亲身参与和体验。

开展实践类课程,有助于激发学生的数学兴趣,积累活动经验,发展数学思考。同时,对课内的学习也是一种补充和延伸。此外,通过实践研究,使学生经历发现问题、提出问题、分析问题、解决问题这一问题解决的全过程,为更好地提升问题解决能力、适应社会做准备。

一、实践类课程的总体架构

自 2003 年以来,我校开始尝试数学综合实践活动,并收获了一些宝贵的经验和体会。通过十多年来的实践，我校越来越多的教师真正体验到数学综合实践活动的作用和价值。

2010年，我校的三位教师以六年级的数学综合实践活动为例，对综合实践活动的理论部分和实践过程进行梳理，完成《陪学生一起做研究》一书。书中为广大读者提供了丰富的小学数学综合实践活动过程性研究的案例解析，为教师提供了一个可供参考的实践与操作平台。

近几年，随着新课程改革的不断发展和我校“生命发展课程”体系的不断推进，我们也一直在思考我们的数学校本课程“生长的数学”。在整个“生长的数学”体系下，我们推出了三类课程，实践类课程就是其中之一。通过两年来对实践类课程的不断探索和实践，我们对这类课程的想法也在逐步完善，并形成了以下实践类课程的总体架构，如图3-28所示。

积累数学活动经验、培养学生应用意识和创新意识是数学课程的重要目标，而实践类课程的实施是实现这些目标的有效载体。在以上实践类课程的总体架构中，我们把培养学生的问题意识和积累活动经验作为课程的总体目标，贯穿在一至六年级整个学习中，只不过在每个年级发展的侧重点略有不同；在此基础上，培养学生的活动方案设计能力，并借助实践类课程的平台，对所学的知识方法进行实践体验；当学生已经具备一定的知识技能储备和实践经验，教师引导学生进行广泛的应用与拓展，以自主命题的形式进行课题研究，唤起学生的学习兴趣，经历问题解决的全过程，实现学生的自主发展。

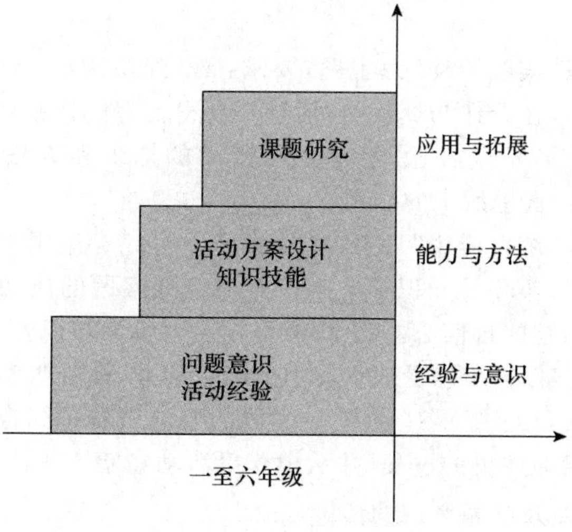

图3-28　实践类课程的总体架构

在以上实践类课程的总体架构中，经过不断思考和研究，我们又对实践类课程进行了纵向的学段划分。课程结构大致分为两段：对小学一至五年级我们进行具体架构，其中包括具体的问题意识、活动经验和活动方案设计能力的培养，采取命题式的实践活动；对于六年级学生，由于其自身知识和经验的不断丰富，我们为他们提供更为自主、综合性的平台，引导他们进行自主命题的课题研究。

（一）问题意识和活动经验贯穿始终

在《标准(2011年版)》的总体目标中，将“解决问题”改为“问题解决”，是为了更加重视学生的问题意识及解决问题综合能力的培养，强调学生在具体的情境中发现问题、提出问题，提高分析和解决问题的能力，其中发现和提出问题的能力有助于培养学生的创新意识。

1. 对实践与综合应用部分的认识

在课程内容设置方面，实践与综合应用内容领域的设置是新一轮课程改革总体设计中的重要一环，更是《标准(2011年版)》的一个创新。实践与综合应用作为数学课程的一个重要领域，并不是在其他领域之外增加新的知识，而是强调数学知识的现实性、整体性和应用性。将实践与综合应用领域与数与代数、空间与图形、统计与概率这些知识领域并列，这就大大强调了实践与综合应用的重要性，而且使数学课程兼有了学科课程和经验课程的特点。

《标准(2011年版)》对实践与综合应用部分的教学提出了较为明确的要求。

第一学段以“实践活动”为主题，要求：① 经历观察、操作、实验、调查、推理等实践活动；在合作与交流的过程中，获得良好的情感体验。② 获得一些初步的数学实践活动经验，能够运用所学的知识和方法解决简单问题。③ 感受数学在日常生活中的作用。

第二学段以“综合应用”为主题，要求：① 有综合运用数与代数、空间与图形、统计与概率等相关知识解决一些简单实际问题的成功体验，初步树立运用数学解决问题的自信心。② 获得综合运用所学知识解决实际问题的活动经验和方法。③ 初步感受数学知识的相互联系，体会数学的作用。

从《标准(2011年版)》对第一、二学段的要求来看，“综合与实践”部分的重点在于体验问题解决的过程，并从中获得活动经验。

2. 时代引领对问题意识的关注

随着时代的发展和社会的进步，对教育的需求和质量要求也越来越受到人们的关注。在国内外小学数学教学改革的影响下，教育者在重视数学结果性知识发展的同时，开始关注过程的教学。1992年颁布的《九年义务教育全日制小学数学教学大纲(试用)》中也强调：“教学时要尊重学生的认知规律，重视学生获取知识的思维过程。”这一要求的提出，不仅是为了让学生更好地理解和掌握知识，更是为了发展学生的思维。

新课程改革以来，我们越来越多地感受到教师试图让学生经历数学活动的全过程，关注方法的感受、体验，学习经验的积累、升华以及对情感态度的培养、深化，这充分展示了“过程性”在数学教学中的地位。

与此同时，国外很多学者在数学问题解决过程方面也有了一些研究成果。比如，比较有代表性和开创性的是梅耶的研究。他认为数学应用题的解决过程可以分为四个基本步骤，即转化过程、了解过程、计划过程、执行过程。转化过程是把言语描述的问题转化为内部表征；了解过程是把这些内部表征组织成有条理的结构；计划过程是运用策略知识来谋划、利用这些内部表征达到问题解决的思路和方法；执行过程则包括问题解决过程中所需要的运算知识。在他看来，数学应用题解题的过程实际上是在头脑中将问题进行重新组织、重新表征的过程。将问题解决用流程图的形式表现出来的是格拉斯，他在流程图中显示的主要步骤是：第一，形成问题的初始表征；第二，制订问题解决的计划；第三，重构问题表征；第四，执行计划；第五，检验结果。

美国数学家波利亚，在《怎样解题》一书中主要围绕着一张“怎样解题”表来展开。“解题需要经历四个阶段：第一，必须了解问题，明白问题中的要求是什么。第二，制订一个计划，以便能得到解题的思路。在这个过程中，需要认识到各个条件之间的联系，未知条件与已有数据之间的关系。第三，实现计划。第四，回顾所完成的解答并进行检查和讨论。”

苏联数学教育家奥加涅相将解题过程划分为四个阶段：理解问题条件、制订解题计划、实施解题计划和研究所得的解，他在问题解决的每个阶段，特别是前两个阶段，提出了详细的、具有指导性意义的建议。

从对国外问题解决过程的内在机制研究文献来看，尽管不同的研究对各阶段的划分标准是不一致的，但可以总结得出，问题解决大致包括五个基本的步骤：一是发现形成问题；二是理解问题，制订计划；三是解决问题；四是回顾和验证解答结果。

其中问题提出是问题解决的起点。产生问题后，就需要根据问题制订问题解决的计划。由此可见，发现和提出问题、设计问题解决的方案在问题解决过程中是非常重要的。

3. 问题意识和活动经验在教材中的体现

《标准》中在“综合与实践”部分有了一些变化，但是教材中我们却发现在问题意识和活动经验两方面的线索不够清晰。

以问题意识为例，在第一学段的教材中，尤其是一、二年级的实践活动安排中我们可以清楚地看到安排了丰富的活动，引导学生通过实践活动发现问题。这对于学生在生活当中有效地捕捉问题做了非常好的渗透。但是在中高年级的教材中，这方面的活动内容就非常罕见了。是学生真的不需要了吗？我们从一个有趣的教学活动中很容易找到答案。

在北师大版教材四年级上册的教学内容中有“栽蒜苗”的实践活动，北京大学附属小学的一位教师，在引导学生进行了一段时间的实践后，引发学生结合自己的实践体验发现实践中的问题和困惑。并对两个班学生的问题情况进行了统计分类，具体如表 3-8 所示。

表 3-8 “栽蒜苗”活动问题设计

A 班	人次	B 班	人次
无困惑	13	无困惑	14
蒜瓣裂开	1	蒜苗不长	6
我的蒜为什么不长苗？	6	只长根不长芽	5
为什么一起种下的有的长苗，有的不长苗？	4	有的长得好，有的长得不好	2
它长大了长什么样？	1	水栽和土栽生长情况不一样	2
它会死吗？	1	蒜苗颜色发黄，嫩绿	2
蒜长得很慢吗？	4	蒜苗几个月可熟？	1
蒜苗最成熟的时候有多高？	3	剪掉蒜苗还可以再长吗？	1
蒜苗几天可以发芽？	1		
怎么种才可以一次就长得很好？	1		
为什么小蒜苗长那么快啊？	1		
为什么蒜只要水就能长得那么高？	1		
蒜苗一天天长大，让我想起了我从 1 岁长到 2 岁，长到 3 岁……	1		
无效问题	5	无效问题	6
	43		39

从调查数据可以看出，在实践活动中不能发现问题以及提不出有效问题的学生两个班分别是 18 人和 20 人，分别占两个班学生总数的 41.9%和 51.3%。可见近一半的学生即使是到了四年级依然缺乏问题意识。因此，

即使在第一学段做过相关的训练，而在第二学段依然需要在实践活动中渗透相关的训练。另外，对于一、二年级的学生来说，由于学生的社会经验和知识经验都极为有限，因此，所思考的问题大多停留在较浅的层面上。而到了中高年级时，学生的社会经验和知识经验都得到了极大的发展，但是问题意识反而有所削弱，更需要进行有效的训练和引导。所以，在问题意识方面的训练活动应该贯穿整个小学阶段，而不是简单地将其割裂开来，教材对于这样的线索就没有清楚地体现出来。

在小学数学教材中，这类问题的存在并不是孤立的。又如：对于操作、实验的训练应该说不论是在第一学段还是在第二学段，都安排了大量的数学实践活动。但是，对于低年级的学生，所实施的实践活动更多是具体的带有明确指导性的活动；作为中年级段的学生则是通过实践活动丰富研究的方法，积累研究的策略为独立实施研究做好知识和方法的储备；而作为高年级的学生则更多地需要进行相对自主性的实践活动，并应用方法和策略解决实际问题，体验不同方法策略在活动中的作用。但是，这样的线索在教材中体现并不明确，因此，教师也就不宜把控了。

从上面的现象中我们可以看出，数学综合实践活动内容的安排需要宏观地进行把控，在问题意识和活动经验两条线索上，进行明确的目标梳理，建立活动发展的线索。因此，在我校的实践类课程里，我们确立了综合实践活动的两条线索——问题意识和活动经验，并且这两条线索贯穿于一至六年级并且循序上升不断发展。

（二）方法和技能逐步发展

数学家华罗庚曾经说过：宇宙之大，粒子之微，火箭之速，化工之巧，地球之变，日用之繁，无处不用数学。这是对数学与生活关系的精彩描述。《标准》中也特别强调数学与现实生活的联系，要求“重视从学生的生活经验和已有知识中学习数学和理解数学”。因此，在教学中，我们必须架起数学与生活的桥梁，不但要让学生回到生活中去感受和体验数学，促进其“数学化”的学习；而且还要引导学生带着数学的眼光去观察生活，在生活中体会数学的价值，促进其“生活化”的形成。

1. 10个能力目标与美国应用学习的能力目标不谋而合

从对《标准》的解析中可以看出，对“综合与实践”部分虽然方向明确，但对“具体目标”的陈述在各个学段都比较笼统，可操作性并不强，不易于教师把控。因此，我们也在思考，通过实践类课程的学习，希望学生达到什么样的能力要求呢？

在研究我校实践类课程的总体架构基础上，我们整理了我们认为需要借助实践类课程发展的10条能力要求。

(1) 读取信息的方式：(低)。

(2) 发现问题的能力：(低—中—高)。

(3) 收集资料的能力：(低—中)。

(4) 调查问题的能力：(中—高)低年级感受，中高年级有调查方法，会调查。

(5) 沟通能力：(低—中)低中年级，形成沟通的能力，高年级熟练驾驭。

(6) 设计能力：(中—高)低年级，说一说；中高年级有所要求(不是指针对整个综合实践活动的设计，而是更具体的，如设计调查问卷等的设计能力)。

(7) 分析问题的能力：(中—高)低年级简单要求，中高年级的要求更高。

(8) 实际操作实践的能力：(低—中)如测量，制作等，低中年级需要经历和体验。

(9) 汇报能力：(低—中—高)。

(10) 评价、反思能力：(低—中—高)中高年级要求更高。低年级有反思的意识。中年级丰富视角。

正当我们对实践类课程的研究有了初步进展时，我们还发现我们所整理的10条能力要求与从美国《国家应用学习标准》的应用学习目标也有一些相通之处，如表3-9所示。

表3-9 美国《国家应用学习标准》应用学习的目标

应用学习五个要素的绩效标准	应用学习的九大能力
● 问题解决 ● 交流的手段与技巧 ● 信息手段与技巧 ● 学习与自我管理的手段与技巧 ● 与他人合作的手段与技巧	● 收集、分析、整理信息 ● 交流思想和信息 ● 安排和组织资源 ● 与他人共同工作和从事集体工作 ● 解决问题 ● 使用数学思想和技巧 ● 实用技术 ● 随时根据需要进行教与学 ● 理解和设计(生产)系统

针对上表中应用学习的九大能力目标中，进行了分类，如表3-10所示。

表 3-10 美国《国家应用学习标准》应用学习的能力目标分类

类别	能力目标
与数学学科完全一致	● 收集、分析、整理信息
	● 使用数学思想和技巧
	● 解决问题
与数学学科相通	● 交流思想和信息
	● 与他人共同工作和从事集体工作
	● 随时根据需要进行教与学
与数学知识的实践应用联系紧密	● 安排和组织资源
	● 实用技术
	● 理解和设计(生产)系统

从上表可以看出,美国《国家应用学习标准》应用学习的能力目标中有一些和我们的实践类课程所要发展的能力是一致的,比如收集、分析、整理信息、使用数学思想和技巧、解决问题、交流思想和信息、与他人共同工作和从事集体工作等。

在实践类课程中所发展的知识技能,是基于基础类课程和思维类课程不断发展的。在基础类课程中,学生学习国家规定的小学数学课程,获得小学阶段必须掌握的数学知识技能;在思维类课程里,重在数学思想、方法和策略等思维方面的训练,使学生的数学学习得到不断丰富和完善;在此基础上,借助实践类课程的新型平台,又为知识技能提供了一个应用和学习的机会,让学生体会数学学习的乐趣和价值。

2. 从波利亚解题看活动方案设计

实践类课程,是基于学生经验,密切联系生活实际,体现对知识综合应用的学习活动。在对实践类课程的能力要求有了一定的认识后,我们开始关注在活动中很重要的一环——“活动方案设计”。“活动方案设计”并不是指方案设计的有关数学知识,而是由问题到实施中很重要的一环,是对活动的总体设计。

数学家波利亚在研究如何解题时,把整个解题过程分成四个步骤:理解问题、制订计划、执行计划、回顾。“理解问题”是解题过程的第一步,在理解问题之后就是“制订计划”,即寻求有用的思路,探索解题方法。可以说它是理解问题和解决问题的中心环节,而制订计划又源于之前对问题的理解。

波利亚认为,我们解任何题目的方法必定依赖于我们的知识状态。一定的基本知识和基本技能是学生成功解题的一个必备条件。问题解决和基本知识结构以对问题的表征为中介。加涅指出："对问题的表征是对问题的解释和理解，又在很大程度上涉及解决问题的难易程度。"优良的认知结构可以促进学生对问题的解决，这与波利亚的观点是吻合的。

波利亚还强调："良好的组织使得所提供的知识易于用上，这甚至可能比知识的广泛更为重要。"因此，探讨怎样使大量的知识得以有组织地表征仍是现代教学研究的一个重要方向。教师应该把基本知识和技能的教学作为基本的教学任务，帮助学生夯实知识基础，加强各个知识点之间的联系，促使其头脑中的知识形成一个网状结构。

借助实践类课程的平台，培养学生对活动的方案设计能力，不仅仅是对所学的知识技能进行实践应用，也是基于问题解决的需要，对问题的整体设计和把握，更是引导学生面对未知，学会思维的重要一环。

（三）课题研究

学生经过长期的数学学习，具备了丰富的数学知识，掌握了一些解决问题的方法、策略，并且在活动中积累了一定的活动经验，同时，学生在认知、情感方面的发展也不断提高和丰富。在此基础上，我校在小学六年级尝试开展自主式的课题研究，从初步尝试数学实践活动，到相对有计划、有目的地开展和实施，教师和学生都收获很多。

综合实践活动带给我们的最大欣喜莫过于学生的变化，总的来说，变化大体体现在以下四个方面：学生学习方式的转变，学生知识观念的转变，学生主体意识的转变，学生价值观念的转变。

首先，通过综合性的实践学习，改变学生单一的只是接受性的学习方式或生活方式，有利于加强学生对自然的了解、对社会的了解与参与，密切联系生活。其次，综合实践活动超越了一种单一的知识观，强调直接经验学习和间接经验学习相结合的重要性，更从实践上保障了学习直接获得知识经验的可能性。再次，综合实践活动使学生的主体意识发生改变，增强了自主观察、动手操作的能力，锻炼了学生自主交流表达和团队协作的能力，形成了自主质疑思考的能力，培养了自主探索、创造的能力。最后，通过综合实践活动，学生在成长的过程中不仅收获了知识，提高了能力，而且在情感、意志、态度、价值观等方面也得到了发展。

由此可见，综合实践活动对学生产生了一些影响和价值，因此，到了六年级，我们一直坚持为学生搭建更为宽广和综合性的平台，引导学生自主开展小课题研究，希望学生获得长足、丰富的发展。

二、实践类课程的内容构架

实践类课程，由于它本身所具备的综合性、实践性、开放性、生成性和自主性，决定了它不将知识目标放在首位，而是更加关注过程与实践，更加强调在过程中学生的情感体验、态度形成与价值观的改变。同时，它也是课堂学习重要的补充和发展，在很多方面是课内学习无法实现的，有助于学生数学素养的提升。①

因此，在整个实践类课程体系的基础上，将其具体内容分为知识类和综合类两个板块。知识类板块更多指向的是与数学知识相关的，它可以是课内数学的某个环节、活动，也可以是某些习题，对课内知识起到补充和延展的作用；综合类板块则不同，更多指向的是活动，通过活动，发展学生各方面的能力，关注学生的情感体验。对此，我们整理了知识类和综合类两类教材。

（一）知识类教材

具体内容如表 3-11 所示。

表 3-11　实践类课程知识类教材

上册			下册	
	知识类	备注	知识类	备注
一年级	制作钟表		制作尺子	
二年级	平行四边形		校园寻宝	
三年级	设计游览路线		操场上的测量	
四年级	平移和旋转		密铺	
五年级	树叶的面积		多彩的立体图形	

从题目上看，内容基本和课内知识相关。虽然作为知识类教材，但是每个知识内容都需要学生经过一定的操作实践来实现。

比如二年级上册的《平行四边形》，通过基础类课程的学习，学生能够直观认识平行四边形，建立平行四边形的表象。在实践类课程中，通过动手制作平行四边形，学生会进一步丰富对平行四边形的认识（如图 3-29，3-30 所示）。

① 郑希美．数学素养的构成与培育策略．淮阴师范学院教育科学论坛（2010）．

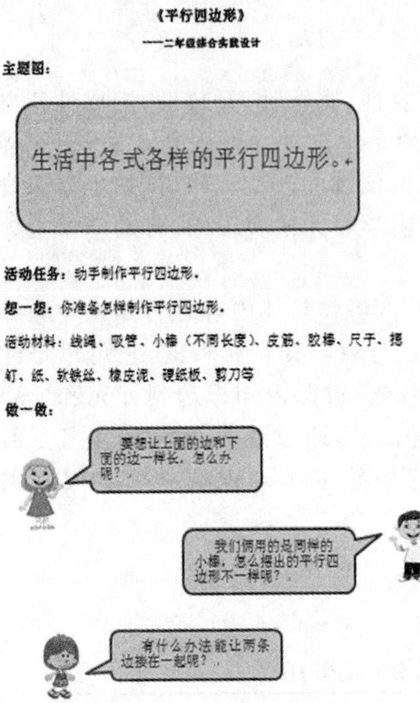

《平行四边形》

——二年级综合实践设计

主题图：

生活中各式各样的平行四边形。

活动任务：动手制作平行四边形。

想一想：你准备怎样制作平行四边形。

活动材料：线绳、吸管、小棒（不同长度）、皮筋、胶棒、尺子、摁钉、纸、软铁丝、橡皮泥、硬纸板、剪刀等

做一做：

图 3-29

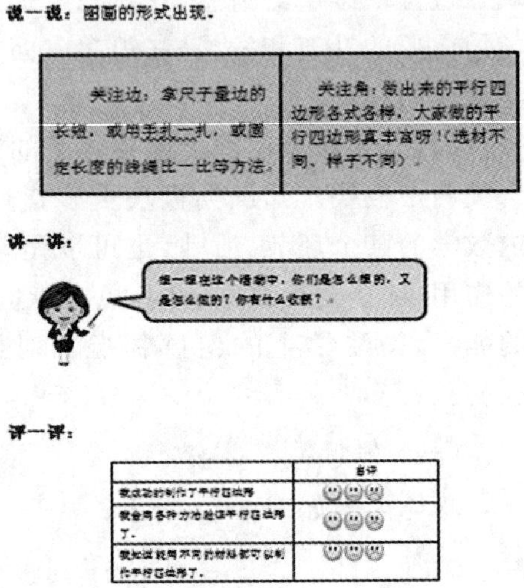

说一说：图画的形式出现。

关注边：拿尺子量边的长短，或用手扎一扎，或固定长度的线绳比一比等方法。	关注角：做出来的平行四边形各式各样，大家做的平行四边形真丰富呀！（选材不同、样子不同）。

讲一讲：

评一评：

	自评
我成功的制作了平行四边形	
我会用各种方法验证平行四边形了。	
我知道我用不同的材料都可以制作平行四边形了。	

图 3-30

● 想一想

面对不同的活动材料，思考：如何制作平行四边形？可能涉及几个问题。一是选材。可以选择一种材料，也可以选择几种不同的材料，如小棒和铁丝混用去制作平行四边形。二是对材料的要求。要想制作出平行四边形，必须要求对边相等，就要对选出的材料进行加工。也可以保证对角相等，但操作起来有难度。三是制作问题。如何连接临边，保证图形的规范等问题。

● 做一做

实际操作环节。在这个环节中，学生要动手制作平行四边形。针对想一想环节的问题，要有具体的办法付诸实践。除了如何保证对边相等和如何连接临边等问题外，还会出现相同的材料，制作出的平行四边形不一样的问题，引导学生互相交流。

● 说一说

观察图形，主要针对两个问题展开讨论：一是如何保证对边相等。用尺子量一量,或以一定长度的线或小棒做标准等方法,保证对边相等。二是如何保证对角相等。如画出来,比一比,或制作活动角等方法去验证。

本环节关注学生的原发思维和方法的多样性,引导学生充分表达和交流。在此基础上,观察欣赏大家制作的各种各样的丰富的平行四边形。

● 讲一讲

和全班同学讲一讲对于整个活动的想法或体会。

从上面的例子可以看出,学生是借助学具,动手制作平行四边形,形成对平行四边形边和角的认识。由此可以看出,操作实践是实现知识类课程的重要载体。

(二)综合类教材

实践类课程的综合类教材,具体内容如表3-12所示。

表3-12 实践类课程综合类教材

	上册		下册	
	活动类	备注	活动类	备注
一年级	游艺会里的数学问题	问题的提出	跳蚤市场	活动经验
二年级	七巧板	做计划	克与千克	活动经验
三年级	校园中的树	分工、记录	X的一天	记录活动数据
四年级	漏水实验	研究设计	可能性	数学实验
五年级	“比如世界”活动方案设计	方案设计	栽蒜苗	数据处理、分析

从题目中,我们很容易看出,这些素材的选择是很贴近学生的生活。比如,一年级的“游艺会里的数学问题”,这个素材的选择,正是源于一年级学生亲身经历的新年游艺会,从学生熟悉的情境中引入,引发学生的学习兴趣。再比如,三年级的“校园中的树”,是以附小种类繁多的树木为背景,进行的一次统计活动。这个素材的选择不仅十分贴近学生,而且又可以引导学生了解附小的校园文化。又如,五年级的“比如世界”活动方案设计,是源于学生的秋游活动,在此基础上我们进行创编,不仅引导学生如何做方案设计,同时还可以鼓励学生将自己的方案设计付诸实践,感受数学的应用价值,这大大吸引了学生的兴趣。

素材的选择来源于学生生活,这是我们可以看到的。但是,每个内容的具体指向和侧重是什么,可能我们很难看出。下面我们就借助一些例子进行解析。

以三年级“校园中的树”为例。在此之前,学生已经具备了根据情境读取信息,并提出问题的能力,同时有过活动前做计划的经历。那么,在三年级安排“校园中的树”这一活动，意在引导学生体会小组合作的必要性与价值，以及如何根据活动任务选择合理的分工方式（如图 3-31，3-32 所示）。

图 3-31

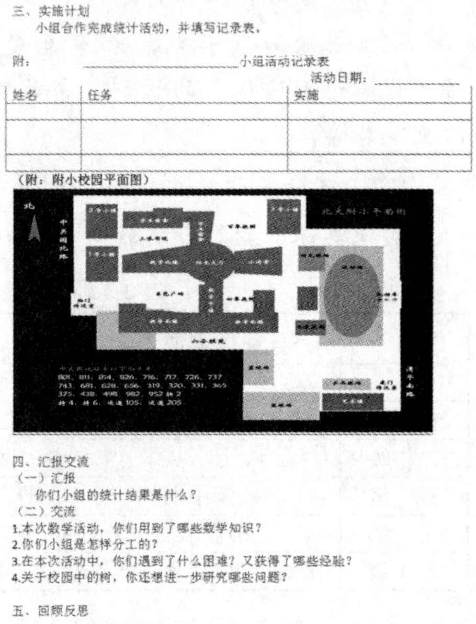

图 3-32

● 活动任务

通过主题图中的情境，引起学生对“校园中的树”这一话题的关注，并进一步聚焦问题“统计北大附小校园中一共有多少棵树”，明确活动任务。

● 活动计划

你们打算怎么统计？

希望学生在讨论过程中，对整个统计活动有一个整体的规划。其中三幅图片，分别引导学生体会小组合作的必要性，以及分区域计数和统计过程中可能遇到的问题。

小组内打算怎么分工？

这个环节是本节课的重点。这里的学生对话是从按区域分工、按树种分工、按角色分工及角色轮换的角度提出的。学生可以通过讨论，体会如何根据活动任务选择合理的分工方式。

● 实施计划

要求小组合作完成统计活动，并填写记录表。这是实际操作环节，给学生提供了两种不同的活动材料。一是记录表，学生可以根据之前讨论的分工，及经历的统计活动过程填写记录表。二是校园平面图，给学生提供分区域做标记的学习材料。

● 汇报交流

这一环节的汇报交流主要由学生以小组为单位完成。汇报部分可以呈现统计结果，交流部分是对知识方面、小组合作方面及统计活动之中的感受的分享。

● 回顾反思

由教师带领学生回顾本次综合实践活动的全过程，使学生对综合实践活动有一个整体的感知，重点体会如何在小组合作中进行小组分工。

由上面的例子可以看出，综合类教材中的活动内容是让学生经历活动的全过程的，即发现问题、明确活动任务—活动计划—活动实施—汇报交流—回顾反思—评价。只不过活动中的侧重点略有不同。

为了更清楚地呈现出每节课的具体指向，我们把每节课侧重发展的能力目标也进行了梳理，同时，我们还把 10 个能力目标进行了归类，如表 3-13 所示。

表 3-13 实践类课程综合类教材的能力指向

年级	内容	能力	读取信息的方式	发现问题的能力	分析问题的能力	沟通能力	实际操作的能力	设计能力	调查问题的能力	收集资料的能力	汇报	评价、反思能力
一年级上	游艺会里的数学问题		√	√							√	
一年级下	跳蚤市场							√				
二年级上	七巧板				√							
二年级下	克与千克						√		√			
三年级上	校园中的树								√	√		
三年级下	X 的一天						√		√			
四年级上	漏水实验							√				
四年级下	可能性				√	√	√					
五年级上	“比如世界”活动方案设计							√	√	√		
五年级下	栽蒜苗				√				√	√		

从表中我们会发现，一节课可能指向的并不是某一个能力，而是几个能力目标。同时，我们还会发现某些能力是贯穿所有内容之中的。

三、实践类课程的流程设计

（一）流程图

正是基于前面的认识，经过不断实践与摸索，我们尝试构建了实践类课程的一套流程体系，借助图 3-33 中的四个环节来说明课程的实施流程。

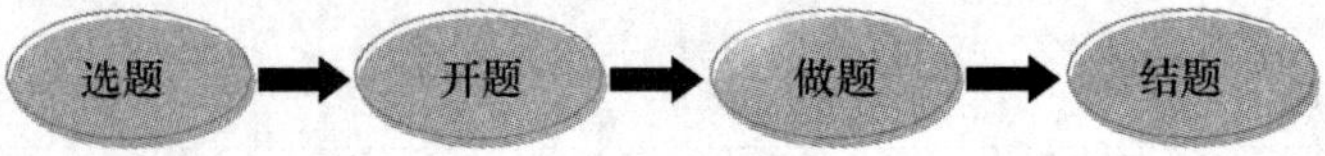

图 3-33　实践类课程的实施流程

选题是一个逐步明确活动任务的过程，指的是根据教材中主题图提供的情境、信息栏呈现的信息或者人物间的对话，从开放式的提问到逐步聚焦活动的主题，从而明确活动任务。

开题是在选题的基础上，对活动的设计。通过学生独立思考，结合小组讨论，明确活动计划。开题环节是对整个活动的一个整体规划，学生的独立思考和小组交流是缺一不可的，同时也体现着人们做事情的思维方式。

做题指的是教师引导学生进行实际的操作，在此过程中，可以尝试引导学生做一些记录，关注学生的研究过程。

结题包括汇报交流、回顾反思和评价三部分。学生整理前期的活动成果，可以采用多种形式进行汇报。教师引导学生从数学知识、活动感受和本次活动的侧重方面做交流，然后带领学生回顾整个活动的流程。在最后的评价环节，以自评和互评的方式，关注学生在活动过程中的表现。

（二）流程在教材中的体现

在以上流程的基础上，接下来，我们结合教材，来谈流程中的每个环节在不同年级的侧重体现。

首先，选题环节是一个根据情境发现并提出问题的过程，在每个年级会有不同的侧重。

比如，一年级上册的“游艺会里的数学问题”，结合游艺会的情境，让学生思考“你能提出哪些问题？”这时学生提出的问题有生活问题，也包含数学问题，进而教师引导学生你能提出哪些数学问题？在一年级，不管学生提出的是否是数学问题，教师都以鼓励提出有思考价值的问题为主，重点培养学生的发现提出问题的能力(见图 3-34)。

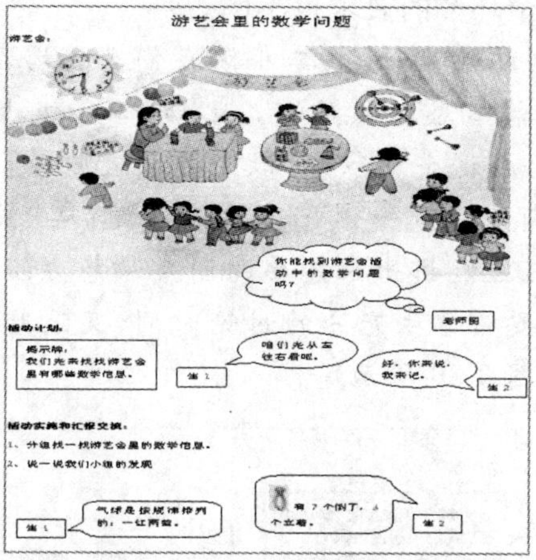

图 3-34

四年级的“漏水实验”中，先是呈现一幅节水的图片和有关我国水资源贫乏的资料介绍，看到这些学生可能对我国的水资源贫乏问题会有一些感受。接下来有两个对话框，左侧引导学生思考一滴水能做什么，怎么节约？指向的是本次的活动任务，即想办法推算一下一个滴水的水龙头一年会浪费多少水。右侧的对话框“积少成多也能做许多事呢。”实际上指向的是后面的拓展问题，“即结合我们查找的节水资料，你又想到了哪些问题？”这时，我们可以看到，到了中年级，教师不仅是要求学生能够提出数学问题，而且更加鼓励学生提出有关联性的问题。由此可以看出，在发现提出问题方面不同年级有不同层次的要求(见图 3-35)。

图 3-35

其次，开题环节需要学生对活动有一个总体设计，这里由于不同年龄学生的特点不同，对这个环节的要求也不同。

在一年级提问训练的基础上，二年级我们重点培养学生有计划做事的意识，养成做事前要静心思考的习惯。比如，二年级上册的“七巧板”活动中，设置了“想一想”，在这个环节中，教师要放慢脚步，围绕“大家打算怎么做七巧板绘本？我们一起说一说吧！”这一话题，从“挑选一个有意思的内容”“思考如何用七巧板能拼出来想要的图案”“想办法留住这些图案”等问题展开讨论，这时需要给学生充分的讨论时间，交流想法，引导学生体会做事要前学会思考（如图 3-36 所示）。

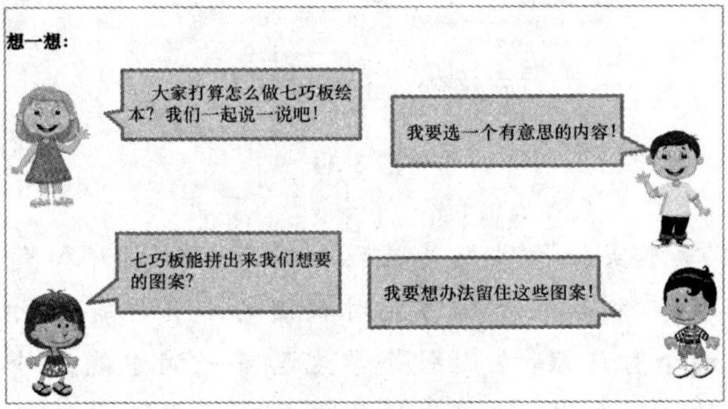

图 3-36

再比如，五年级上册的“比如世界”活动方案设计，活动计划部分分为三步：想一想、议一议和记一记。首先自我思考，这次活动中，你想怎么玩？思考活动中自己的目标及相应的规划，同时前期的“想”为后期的合作、调查等做准备。接下来，小组讨论一下，我们该怎样计划这次活动。这时，学生讨论的点是比较发散的，需要做几个维度的整理：有关于“比如世界”的问题：有哪些活动项目，开放的时间等。有关于活动方案设计类的问题：我们计划玩哪些项目，怎么安排。有关于活动当天需要准备些什么东西等。教师需要根据学生的讨论整理几个维度。最后，学生根据前面的讨论，把要做的准备工作、分工记下来（如图 3-37 所示）。

选题和开题环节，重点培养学生发现提出问题和制订计划的能力。另外，我们还可以看到，由低年级到高年级，在发现提出问题和制订计划方面的要求是不同的。由于低年级年龄小，知识经验相对有限，所以在提问和制订计划上以鼓励、引导为主，重在培养学生思考和做计划的习惯。到了中高年级，学生的学习经验相对丰富，在提问和制订计划方面的要求也在提高，不仅是能够提出数学问题，而且鼓励学生想得更深、更广，同时通过合作，制

图 3-37

订相对完善的计划。

在做题环节，由于每个活动内容和侧重不同，教材对各年级所指向的能力要求也不同。

比如，三年级的"校园中的树"，侧重的是培养学生的分工合作能力。在活动计划部分，小组内讨论如何分工？这个环节是本节课的重点。这里的学生对话是从按区域分工、按树种分工、按角色分工及角色轮换的角度提出的。学生可以通过讨论，体会如何根据活动任务选择合理的分工方式(如图3-38 所示)。

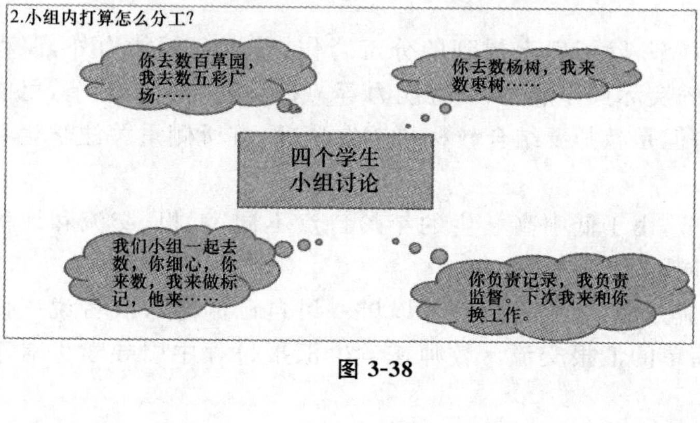

图 3-38

再比如，五年级的“栽蒜苗”，学生根据实践活动收集的数据，结合不同的问题，重点体会不同的数据分析方式（如图 3-39 所示）。

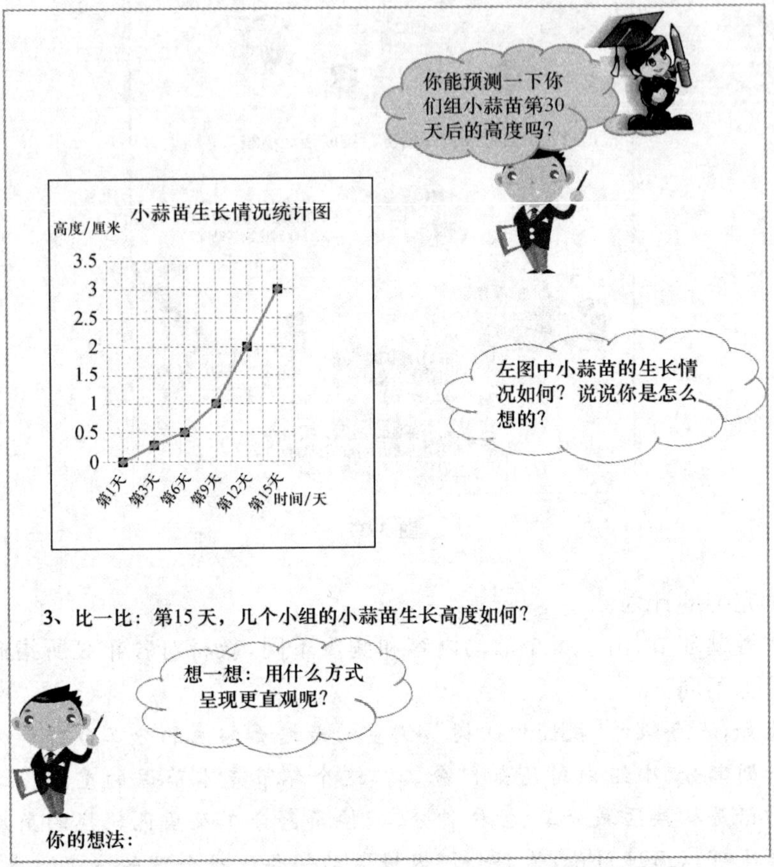

图 3-39

在做题环节，除了以上提到的分工合作、数据分析能力外，课程中还逐步培养学生的实际操作能力、调查能力等。在活动的实施环节，可能涉及几种能力体现，但是教师要结合教材和学生情况，有所侧重关注学生某个能力的培养。

结题环节，由于低中高学生的年龄特点不同，汇报、交流和评价的要求及形式也不同。

汇报交流方面，低年级学生可以讲一讲自己的想法或者说一说小组的发现，进行简单的汇报交流。教师在学生汇报过程中引导学生对于发现的数学信息进行梳理,及时帮助孩子对学过的知识进行回顾。

中年级,需要进行小组汇报活动的过程和研究结果,教师引导学生从数学知识、活动感受和本次活动的侧重方面做交流,甚至引导学生思考想进一步研究的问题。

高年级,学生具备了一定的知识储备和丰富的学习经验,可以采用多种形式进行汇报交流,比如 PPT 介绍活动过程,甚至可以答辩形式展开交流讨论,这时,教师需要给学生提供相对自主的空间,适当引导即可。

结题中,重在培养学生的汇报、交流能力,学会评价的能力,只不过对低中高年级的学生来说,能力要求逐层提高,教师由一步步引导到给学生提供宽广的自主空间,进行适时地引导。

回顾整个实践类课程的流程设计,从选题到结题整个流程中,每个年级侧重发展不同的能力,从而逐步培养学生的问题意识,并从中积累丰富的活动经验。借助实践类课程的平台,学生可以回归生活去体验数学知识,同时也利用数学看待生活中的问题,有效地建立起数学和生活的联系,促进整个数学课程的发展。

第四章 “生长的数学”课程的教学策略

第一节 教学设计的策略

教学设计是教学前的一种教学思考与计划，教师要在教学前进行全面的规划和思考。其中包括对课标、核心概念、整体思路的认识和理解，对教材和学生进行调研对比和分析，对课标、教材、学生进行分析之后制定科学合理的教学目标以及学习方法。

一、教学内容分析的策略

（一）深度研读课标内容，理解核心概念

作为一名教育工作者，数学课程标准就是教师教学工作的依据，就是教师进行教学活动的指导者。《标准(2011年版)》明确提出了10个核心概念，教师作为授课者，心中一定要明确每一个概念的本质。而且教师要做的不仅仅是读读而已，更是要扎扎实实地落实到课堂上，让孩子们在各个领域真正得到发展。下面结合两个实例谈谈北大附小数学团队在研读课标的基础上，把握核心概念而做的教学研究。

案例1："象形条形统计图"二年级下册第八单元"评选吉祥物"

附小数学团队的教师通过对课标的理解，在教师的思考中这样写道：

统计是问题解决的一种方法，统计的核心是数据分析。在学生初步学习统计内容的阶段，帮助学生了解在现实生活中有许多问题应当先做调查研究，可以通过收集数据、整理数据、描述数据、分析数据的过程来说明问题和解决问题。学生借此体会运用数据进行表达与交流的作用，感受数据中蕴涵着的信息。

北师大版二年级下册的“评选吉祥物”一课是小学阶段正式学习“统计与概率”这部分内容的开始。在教学中应设计有效的活动，引导学生经历完整的问题解决的过程和完整的统计过程。学生在这样的过程中，积累问题解决的活动经验，也培养了发现问题、提出问题、分析问题和解决问题的能力；在学生积累统计活动经验的同时，更加深了学生对统计思想与方法的理解。

可见，附小数学团队的教师在教学设计的过程中把握了统计的核心，而如何创设有效的活动发展数据意识——就是我们设计的根本。

案例 2：“字母表示数”

附小数学团队的教师有了这样的思考：

“发展符号意识”作为“字母表示数”一课的目标是毫无疑问的，“感悟数学思想”也是重中之重，不可忽视的目标。首先，从符号、字母本身来看，它就是数学抽象的结果，而抽象又是最基本的数学思想之一。其次，从符号意识的内容来看，符号既是数学语言，又是数学工具，更是数学方法，而这三条正对应着课标当中描述符号意识的三句话：“能够理解并且运用符号表示数、数量关系和变化规律”——“理解”“表示”，这指向了它的语言特性；“知道使用符号可以进行运算和推理，得到的结论具有一般性”——“运算”“推理”，这指向了它的工具特性；“建立符号意识有助于学生理解符号的使用是数学表达和进行数学思考的重要形式”——“数学思考”，这指向了它的方法特性，这里的方法就是指数学的思维方式，而它才是最重要的。在课标解读中，还有这样一段话：“发展符号意识最重要的是运用符号进行数学思考，我们不妨把这种思考称为‘符号思考’，这种思考是数学抽象、数学推理、数学模型等基本数学思想的集中反映，是最具数学特色的思维方式。”

通过学习，教师们也清楚地认识到，符号作为一种数学语言，能够表示数、数量关系和变化规律；作为一种数学工具，可以进行运算和推理，得到的结论具有一般性；作为一种数学方法，符号的使用是数学表达和进行数学思考的重要形式。而发展符号意识最重要的是运用符号进行数学思考，可称之为“符号思考”，这种思考是数学抽象、数学推理、数学模型等基本数学思想的集中反映，是最具数学特色的思维方式。

《标准(2011 年版)》中提出了要发展学生的符号意识，而《字母表示数》是学生发展符号意识的一节起始课，教师一定要充分学习，不仅自己要对符号意识有正确的认识和理解，更要考虑如何让孩子们体会到、感受到符号的数学魅力。只有教师对核心概念的深刻理解，才能设计出好的教学设计。

（二）重视教材纵向梳理，把握内容本质

教学设计的过程中，教师一定要对教材进行梳理，把握知识的脉络，定位知识的地位。只要抓住教材编排的特点，教学设计的大方向也就不会偏离。数学知识的学习，是一个循序渐进、逐渐积累的过程，其中有很多的知识点是不能单靠一节课来完成的。所以这些知识点会在低、中、高段分别进行学习。每个段的学习都会根据学生的年龄特点，制定相应的教学设计。为了更好地设计教学，教师要清楚每节课所处的位置，包括这节课在整个单元的位置，所处学段的位置，所处整个小学阶段的位置等，并清晰地理解和认识到每一节课的数学价值。

以分数乘整数教材纵向梳理为例

1. 从分数角度看

学生已经对分数有了初步认识，简单了解了分数的意义，以及分数加减法，之后还要学习分数的除法以及分数应用题。通过对分数知识的梳理可以知道，分数的认识包括“比”和“数”这两条线索，以及“比率”“度量”“运作”和“商”这四个维度，而这四个维度在两条线索上渗透关系如图 4-1 所示。

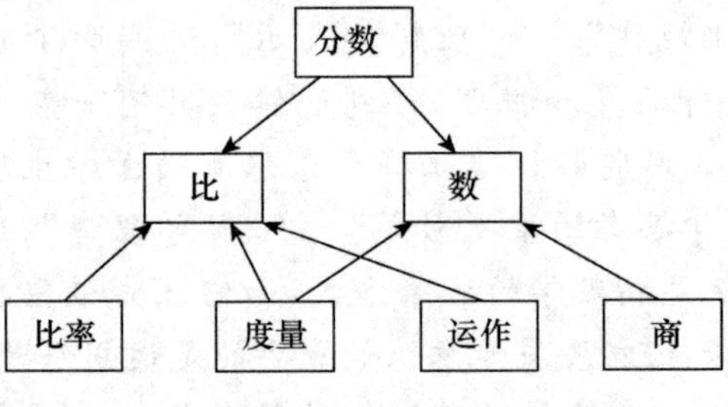

图 4-1

2. 从乘法角度看

分数乘法是小学乘法学习的最后一项内容，学生已经经历过了“整数乘法”和“小数乘法”的学习。学生对乘法的理解除了定义中相同加数的和之外，还有其他的一些重要模型或现实背景，合起来主要有以下五个方面：求几个几是多少、求一个数的几倍是多少、数量关系、长方形的面积以及搭配问题，如图 4-2 所示。

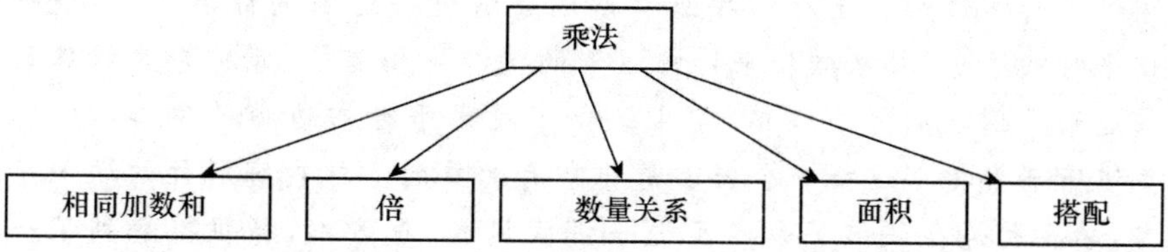

图 4-2

3. 从分数乘法单元看

本单元内容包括“分数乘整数”“整数乘分数”以及“分数乘分数”。

单元框架图如图 4-3 所示。

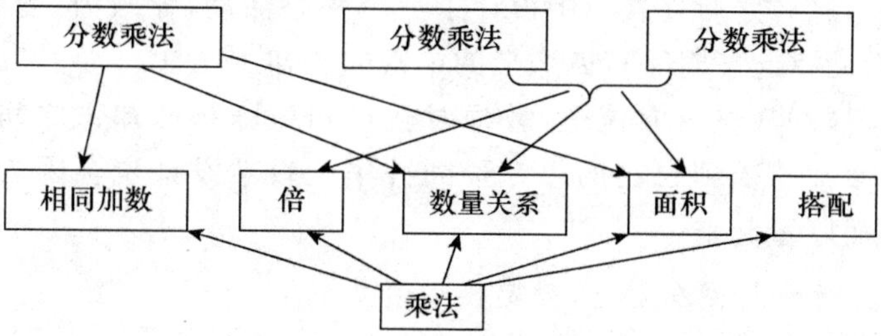

图 4-3

思考：分数乘法的学习是“分数认识”的延续，是对“乘法意义”的又一次深入理解。

案例 3：北师大版二年级下册“平行四边形”的纵向教材分析

表 4-1

第一学段		第二学段	第三学段
一年级下	二年级下	四年级下	八年级下
通过七巧板的拼图活动，进一步熟悉学过的平面图形，初步认识了平行四边形	通过生活情境和实际操作，直观地认识平行四边形	通过四边形的分类活动，进一步认识平行四边形。知道长、正方形是特殊的平行四边形	进一步认识特殊的四边形，分析它们的联系与区别，探索并证明它们的性质及判定方法
从体验感知中认识平行四边形		抽象概括平行四边形的特征	对平行四边形性质和判定方法的证明

通过对教材内容的纵向梳理我们可以看出，平行四边形这一内容，学生在一年级下册通过七巧板的拼图活动，已经初步认识了平行四边形或者说

知道了平行四边形。而在四年级下册还要通过四边形的分类活动，进一步认识平行四边形，抽象概括平行四边形的特征。知道长、正方形是特殊的平行四边形。但在这一过程中，学生缺少了对于平行四边形的感知，所以，在二年级下册安排了这样一个内容是非常有必要的。就内容所处的这一单元而言，学生也是在认识了角以及进一步认识长、正方形，初步接触到了一些平面图形的研究方法之后才来学习的。

通过对教材纵向梳理，附小数学团队提出了对于二年级这节“平行四边形”如何设计的问题并且商讨了解决策略。

这节课的教学目标是平行四边形的初步感知，教师在研究的过程中也在思考，如何让学生感知得更加充分？针对这样的思考教师进行了对教材的纵向梳理，思考之后在教学中设计了三个核心活动，比眼力、变魔术、拼拼乐。这些活动撑起了对平行四边形的丰富的感知。

通过这样的教材纵向梳理，教师对教材知识脉络和知识之间的联系越来越清晰，教师感受到自己的思考不断升华。教学设计也会因为教师对教材的理解，而厚重起来。

（三）进行教材横向对比，确定核心活动

教师们都知道，每种版本的教材都是有自己的研究背景的，教材承载着众位专家和教师们的智慧与思考，都是一脉相承的。每种版本的教材各有特色，有异有同。作为教师，我们怎样对教材进行横向对比，设计出好的核心活动呢？就“两位数加两位数”谈谈我们的认识。

通过横向对比，教师知道了教材安排的知识点是什么，知识点之间的联系是什么，更加让教师看到了“两位数加两位数进位加法”背后的东西，那就是通过利用模型、利用学具等多角度地理解算理。教师在思考中这样写道：

“仅仅会算出结果不重要，重要的是如何让学生用数学的方式记录自己思考的过程。”

“能够准确计算的学生不一定能够理解算理，如何借助形象的支撑，在深刻理解算理的同时，发展思维，提高解决问题的能力？”

这样的教材横向对比让教师在设计教学的时候，对教学目标、教学核心活动、教学方法等都有了新的定位，给教师打开了一扇窗，让教师从多个角度理解如何进行教学设计。

这样横向和纵向的对教材的梳理，让教师更加深刻地感受到研读教材、理解教材的重要性。虽然有的教师不止教过一两遍本册教材，但是大家每次都像对待一节新课一样，学习教材，从教材中汲取数学的本质与精髓。这样的坚持，让我们附小数学团队的教师能够不断地发现自己在教材理解上的飞跃！

二、学情分析

学情调研，从广义上看，是指教育者为了改进教育教学工作，从工作需要出发，对教育对象所进行的一系列调查、研究与分析等活动；从狭义上看，是指教师为了有效地达成学生的发展目标，对学生的知识、经验、兴趣、情感以及学习方式、问题解决策略和障碍等方面进行了解、分析与把握的过程。其目的就是把学生纳入到教学资源中，为教学目标的设定与调整、教学过程的展开与实施、教学环节的控制与把握，提供科学的、严谨的依据和保证。学情调研的核心任务是把“教材问题”转化为“学生学习教材时的问题”。

许多教师经常遇到这样的窘境：自己反反复复地钻研教材，依照教学的重难点精心设计教学活动，但是教学实际却与预设的效果相差很远。这是什么原因呢？是自己下的功夫还不够，对教材理解还有问题吗？还是仅仅把工夫花在了研究教学内容本身，忽略了对学生的研究？还是没有具体的给学生“把脉”的方法？很多教师都产生过相同的困惑！

下面来介绍一下附小数学团队对于学情分析的具体实施策略。

（一）问卷调研，准确全面

目前有的教师已经开始注意进行学情调研，普遍采用的方式是课前问卷调研。这种调研方式主要的优点是可以全面了解学生对于教学内容的了解情况，便于帮助教师找准教学的起点，为教学设计提供依据。问卷调研需要教师精心地设计问卷，问卷设计得是否合理直接关系到获取信息的广度、深度和准确性。由于这种调研方式比较烦琐，一般情况下使用次数不宜过多，可以在以下几种情况采用。

1. 在一些重点单元开始教学前整体安排，便于教师从整体上进行教学设计。单元整体调研的思路，为教师整体把握单元教学内容，合理安排课时提供了重要依据。

案例 4：“倍”的认识

“倍”是小学阶段非常重要的一个概念。其数学核心思想是：用一个量去刻画另一个量。这是学生在刻画两个量之间关系的时候，第一次从绝对数量的比较，到使用相对数量的关系的转变。对于中高年级即将接触到的“分数”“比”等内容的学习，起着非常重要的作用。

学生情况分析：

学生的基本情况：学生在一年级时，已经学习了“1～4 的乘法口诀”，二年级初，学了“平均分与除法”，能想到用份数的眼光看待事物的数量。另外学生已经有了初步的动手操作和观察比较的能力。

课前调研：为了更好地了解学生学习这一内容的相关情况，对学生进行了课前调研。

(1) 下图的△和○的数量之间存在着怎样的关系？请在下面写一写。

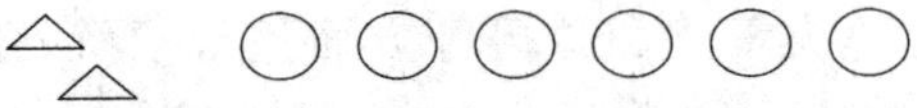

图 4-4

实际答题情况统计如表 4-2 所示。

表 4-2　答题情况统计表

情况	没答	比较多少	答出倍数关系但错的	答出倍数关系	利用乘法表示关系
人数	9 人	14 人	2 人	6 人	4 人
百分率	25.7%	40%	5.7%	16.1%	11. 4%

通过本题的数据统计可以知道，学生在比较两个量的关系的时候，有40%的学生能够去比较两组数量的多或少，也有 16% 的学生能够准确运用“倍”去刻画两个量的关系。但有将近 26% 的学生，对“关系”这个词感到很陌生，不知道如何去回答这个问题。也就是说，有将近 65% 的学生，不能够想到用“倍”去描述两个量之间的关系。

(2) 下面的数中，(　　)是 4 的 2 倍。

A. 2　　　　B. 6　　　　C. 8　　　　D. 12

实际答题情况统计如表 4-3 所示。

表 4-3　答题情况统计表

情况	A	B	C	D
人数	3 人	4 人	22 人	6 人
百分率	8.6%	11.4%	62.9%	16.1%

(3) 请你用自己的方式表示王教师的体重是小明的 2 倍。

实际答题情况统计如表 4-4 所示。

表 4-4　答题情况统计表

情况	设数表示2倍关系	设数表示成3倍关系	利用加法、减法、乘法和除法	设数表示成相差2	利用线段图表示2倍关系	没有表示
人数	10人	4人	8人	3人	1人	9人
百分率	28.6%	11.4%	22.9%	8.6%	2.8%	25.7%

通过以上两题的数据统计还可以知道，学生无论是通过家庭还是学校，对“倍”这个词还是听说过，甚至，有的学生能够计算“一个数的几倍是多少”，还有的学生能够运用一些已有知识，表示出自己对于“倍”的理解。但是，他们对于“倍”的概念仍然感到很模糊。

所以，如何使学生真正理解“倍”的概念，仍然是本节课的教学难点。

2. 初次教学某一内容，或对学生学习某一内容的情况不是十分了解时可安排问卷调研。对于刚刚参加工作的教师，设计问卷了解学生情况无疑是一种提高教学实效性的有效途径。如何设计好的调查问卷？下面以《毫米的认识》调研题目设计为例，谈谈我校教师的认识。

案例 5：“毫米的认识”调研方案

设计调查目的→制定调查题目→调查→分析调查结果

调查目的：

(1) 了解学生对厘米的认识情况；

(2) 了解学生用尺子准确测量的能力；

(3) 了解学生对长度单位的已有认识。

调查内容：

1. 写出下面图中物品的长度。

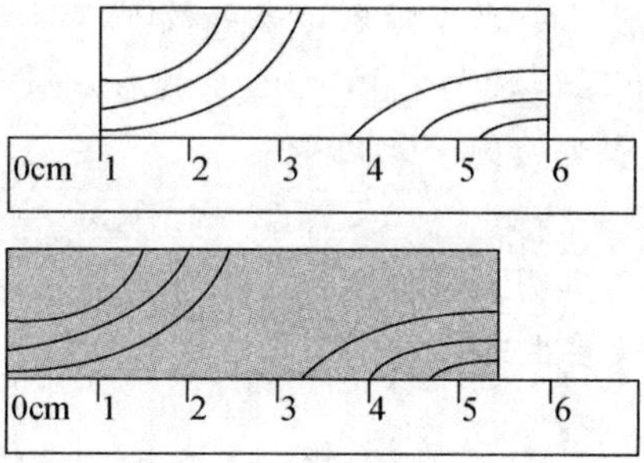

图 4-5

2. 填出合适的长度单位。

(1) 铅笔长大约7(　　)

(2) 操场长100(　　)

(3) 尺子的厚度大约是2(　　)

3. 猜测计量它们的长度时使用的单位。

(1) 汽车的长(　　)

(2) 手机的厚(　　)

(3) 自己的身高(　　)

通过对本单元内容的分析，对“度量”核心思想的理解和对学生的了解，我校的教师谈到：这一内容的教学应有别于厘米的认识，在进一步感受长度概念的同时，对毫米的学习应从需要出发，体现为在度量过程中当出现不够整单位的时候，需要将当前单位再进行分割这一过程。同时基于对长度单位应用的了解，澄清孩子头脑中长的物品用大单位，短的物品用小单位。这一认识也作为本课的突破点，希望通过本课的设计，让学生感受到长度单位的选择也可从另一个角度——所需的精确程度——方面考虑。

教师要对问卷调查的结果进行分析，从而定位自己的教学设计，并且有时候还要根据调查的结果进行反思，随后进行再一次的设计和调研以做到真正地了解学生。

3. 尝试创新的教学设计之前，可以进行全面问卷调研。目前，很多教师都在大胆尝试创新，创新能否被学生接受？创新是否有基础？准确的学生信息无疑至关重要。

案例6：“字母表示数”的学情调研

(1) 学生已有经验：

学生在学习“字母表示数”之前，已经具备一定的知识基础，如：在教材第七册，“用字母表示运算定律”的知识内容。另外，教师在课堂教学中也会出现运用字母表示数的情况，如：用字母表示未知数，学习计算公式，探索规律等。

学生在学习“字母表示数”之前，也已经具备一定的生活经验。生活中用字母缩写表示一定意义的例子比比皆是。

(2) 前测情况

前测时间：2014年3月3日。

前测对象：四年级学生38人。

调研题目①：

一支铅笔价格为a元，一支钢笔价格为3×a元。以下选项中正确的是(　　)。

A. 钢笔的单价比铅笔多3元

B. 钢笔的单价是铅笔的3倍

C. 钢笔的单价比铅笔多 30 元

D. 钢笔单价是 30 元/支

目的：学生是否能够理解含有字母的代数式所表达的意思。

结果：

表 4-5

	正确(B)	错误(其他)
人数	36	2
百分率	94.7%	5.3%

调研题目②：

淘气今年 a 岁，妈妈比他大 26 岁，妈妈今年(　　)岁。

目的：学生是否能够根据关系，利用字母表达结果。

结果：

表 4-6

	a+26	具体数	其他
人数	25	8	5
百分率	65.8%	21.0%	13.2%

前测结果表明，在学习“字母表示数”之前，大部分的学生已经能够根据用字母表达的代数式，判断数量之间的关系了。

调研题目③：

访谈：淘气今年 a 岁，妈妈比他大 26 岁，妈妈今年 a+26 岁。

你认为题目中的 a 是什么意思，a+26 是什么意思？请试着解释。

目的：学生能否理解字母表示数的意义，是否有抽象关系的意识。

结果：

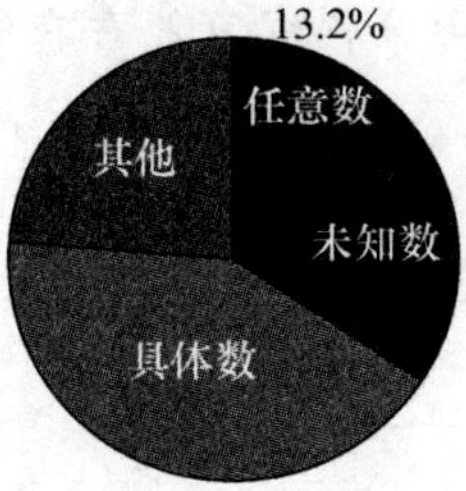

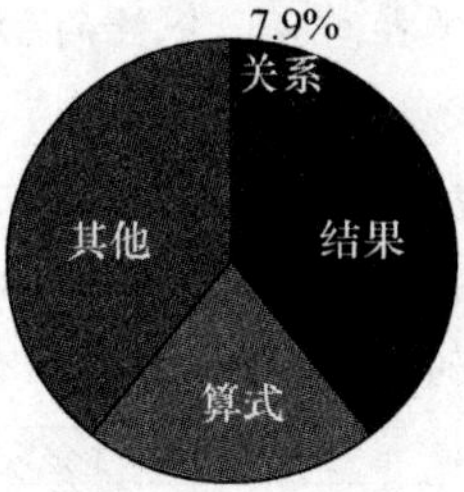

图 4-6

访谈结果表明，仅有 13.2%的人能够说出 a 可以代表任意一个数，仅有

7.9%的人能够意识到a+26表示了妈妈和淘气年龄的关系。而在学生头脑中,往往是将a赋予一个具体的数值来思考或是把a看作未知数,学生更多会把a+26看成是一个算式或是一个结果。

正是通过学生调研,教师比较准确地把握了学生可能的研究路径,挖掘出学生在解决问题中体现的数学思想与价值,及时对教学设计进行了有效的调整,收到了较好的教学效果。

4. 开展科学的课例研究前,可以采用较为全面的问卷调研。课例研究主要是针对同一教学内容,依据教学实际情况进行的有计划的教学跟进活动。开展这样的研究,需要对学生的原始状态有清晰的认识,为后面的研究和对比提供参照,因此正式开展课例研究之前需要进行较为全面的问卷调研。

(二) 随机访谈,深入探讨

全面的问卷调研需要科学地设计问卷,需要教师和学生付出很多的精力,因此限制因素很多,而随机访谈则比较灵活、容易操作。为了确保随机访谈的真实性,访谈一定要在非正式场合下进行,以免对学生的心理造成影响。由于随机访谈的时间不宜过长,内容不宜过多,因此建议在随机访谈时教师要针对学习的重难点设计问题。另外,随机访谈的人数不能太多,因此在选择访谈对象的时候应该尽量关注不同层次的学生,从而实现以点带面,保证访谈获取的信息能够真实反映各层次学生的需要。

案例7:“分数的初步认识”学生访谈

一、分数的初步认识学生访谈

调研时间:2007年4月18日。

调研目的:

1. 了解学生学习“分数的初步知识”这部分内容的有关知识基础;

2. 了解学生与“分数的初步知识”有关的学习经验;

3. 了解学生学习“分数的初步知识”这部分内容可能存在的难点。

调研形式:随机访谈。

调研对象:北大附小三年级六班的学生。

调研内容及形式:对能说出下面的纸是二分之一张的学生进行访谈。

1. 刚才的阴影部分是多少张纸?

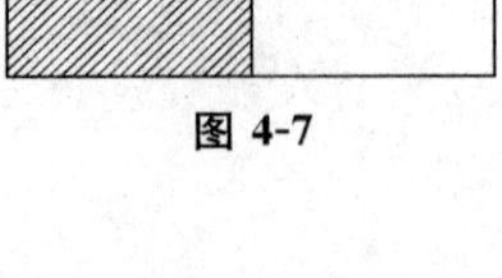

图4-7

目的：调研学生对所学知识的经验(能否正确地用分数表示)。

2. 你知道2表示什么意思吗？1又表示什么意思？

目的：调研学生对所学知识的理解。

二、访谈分析

分析：

表 4-7

回答情况	$\frac{1}{2}$张	$\frac{2}{1}$张	不会表示
人数	12	3	2
百分比	29.3%	17.6%	11.8%

在谈话的过程中，学生在理解分数$\frac{1}{2}$表示什么意思上是很有困难的。他们有8人的理解是正确的，但是也有6人认为1表示1个长方形，2表示平均分成2份。还有3人不明白什么意思。可见，我们的学生对分数的理解不是很清晰。特别是：哪儿是$\frac{1}{2}$张，为什么是$\frac{1}{2}$张，是谁的$\frac{1}{2}$，在教学的时候都应有所设计。

通过这个访谈过程可以发现，随机访谈不像问卷调研那样可以提供全面的信息，对于访谈结果需要进一步挖掘其隐含的有价值信息，但是这种形式能够突出重点，不会牵扯很多的学生，简便易于操作，适合常态教学使用。

（三）课堂观察，及时“补牢”

课前问卷调研和随机访谈为教学设计提供了科学的依据，但由于都是在课前根据教师的主观想法进行调研，而且调研数据有时也会受到干扰，因此依据学情的教学设计需要得到实践的检验。另外，学生在课堂教学中注意力高度集中，全身心投入，因此在课堂上得到的学生信息更加鲜活、自然。在平时的教学中，教师首先应该具有在课堂教学中收集信息的意识，但课堂观察更多地还是需要教师预先设计观察点，做到有目的地观察。一般情况下，课堂观察获取的信息主要包括全体学生的学习状态、对知识理解的速度和深度、学生的错误和争议等。

再比如，在课堂上关注学生的状态，也是课堂观察的主要内容。学生的原发状态，是学生真实想法的体现，通过对学生进行课上的观察、分析可以为今后更好地解决教学中的重难点提供鲜活的依据。在课堂观察过程中，教师发现问题之后，可以重新进行学生调研，了解问题产生的原因，也可以结合课后访谈进一步进行学情分析，随后调整自己的教学设计。

案例 8：“10～20 各数的认识”

学生在入学前就会数数，有的会数到 100。在家庭的教育中，经常会数人数、数一些物体的数量，这些都成为学生学习该内容的经验。看似学生都会数 10 以内的数和读写 10 以内的数。但是在课上有的学生真数不清楚，不会排序，不能多维度地认识数……课后我们的教师反思，学生这样的程度到底算不算理解 10～20 个数呢？

课后对学生进行了后测：

1. 访谈：用不同数法数出 11 根小棒。(10 人)

表 4-8

不同数法	1 个 1 个数	2 个 2 个数	3 个 3 个数	4 个 4 个数	5 个 5 个数
人数	5	10	5	4	6
百分比	50%	100%	50%	40%	60%

首先我们可以看出在孩子们的潜意识里，他们有不同的数法，有分堆数的意识。在比较 1 个 1 个数和 2 个 2 个数时，孩子们喜欢 2 个 2 个数，他们认为这样数方便。

2. 教师出示计数器，提问学生这是什么？(20 人)

表 4-9

	计数器	计算器	算盘	不知道
人数	3	6	4	7
百分比	15%	30%	20%	35%

我们可以看出学生对计数器是比较陌生的，因此，在教学中，我们的教学设计可以让学生区分计数器、计算器和算盘；用圆片代替珠子在计数器上拨数，熟悉计数器的作用，体会数位的含义。

3. 请学生写出 11。(20 人)

表 4-10

方法	正确人数	正确百分比
直接写出 11	20	100%
看计数器写出 11	11	55%

根据学生的现状和发展水平，对于11～20的数数、读写，学生并不陌生，已经具有这方面的经验，但是对于为什么这样读、这样写，或者对一个具体的数，用数的组成加以解释说明它的意思，会感到困难，这是需要解决的问题，也是学生学习这一内容的重点。学生对于数位比较陌生，用计数器表示数也是第一次。

之后教师根据这样的情况又进行了教学设计的调整，根据学生的起点重新设计教学活动框架如图4-8所示。

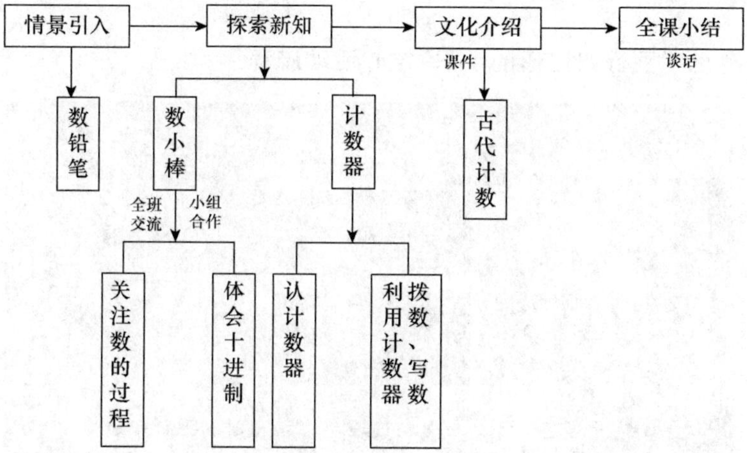

图 4-8

（四）作业分析，正确归因

学情调研的另一个重要途径是对学生的作业（课堂练习）进行分析，从中发现有价值的信息。作业分析主要包括常态分析和针对性分析。常态分析指在常态教学中发现学生普遍存在的问题而进行的分析；针对性分析主要是教师为了分析学生错误而设计有目的、有针对性的问题，从而进行细致的分析。

三、教学进程设计的策略

教学进程是指在课堂教学进程中，随着教师教学预设的充分展开和学生自主活动的有效进行，教师、学生的思维和教学内容不断碰撞，新的需求不断产生，从而逐步达成教学目标的一种学习活动的进度。这种进度，既不可能完全由教师事先设定，也不完全是学生的自由发展，而是教师在已有的教学经验、对教材的深入解读和对学生的准确分析的基础上，根据课堂学生的思维状态进行适时调整的结果。对教学进程的设计大家都有自己的思考和认识，附小数学团队也是试图从领域、课型、单元等多维度思考如何进行有效的教学设计。下面试从三个角度谈谈教师的认识和思考。

（一）丰富学生感知，逐渐抽象

有很多知识点对于小学生来讲，都是一个领域一个内容的起始，并不需要教师讲得多么深刻，学生表达得多么清晰，而是放慢孩子们感知的脚步，让数学知识变得丰富、有趣起来，这是我们数学教学要把握的一个策略。

案例9："平行四边形的认识"核心活动流程

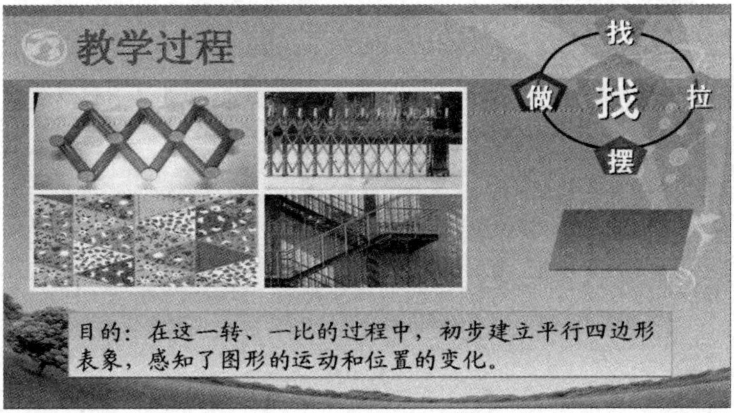

图 4-9

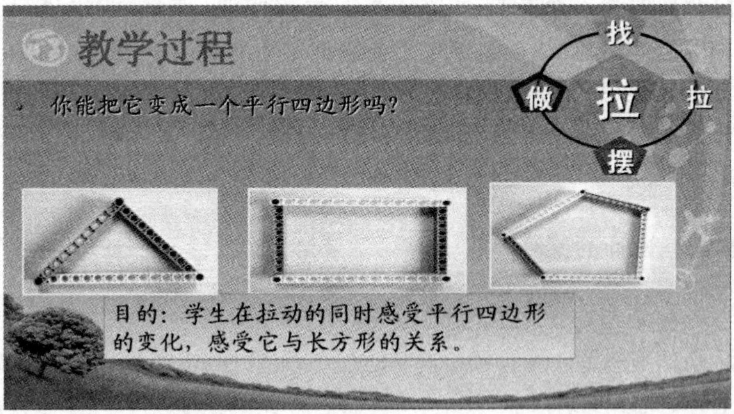

图 4-10

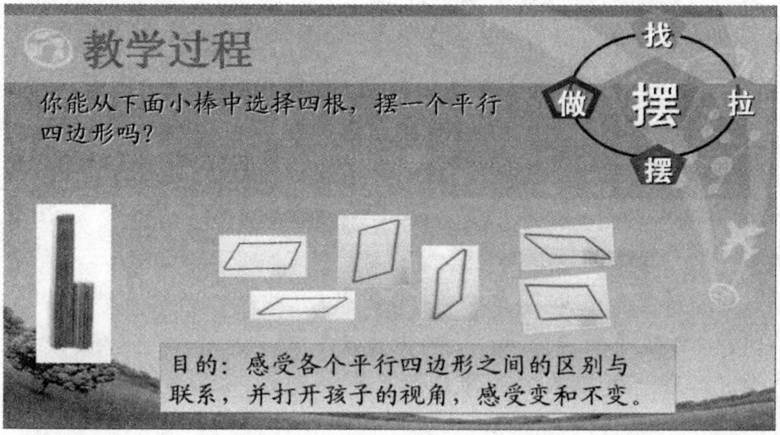

图 4-11

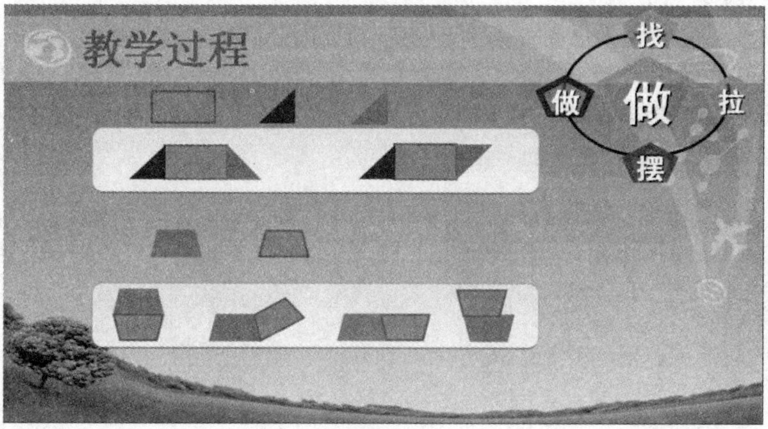

图 4-12

“平行四边形”的教学设计了很多操作活动，让孩子们感受平行四边形本身的特征，从而也转变了教育视角，鼓励孩子们在丰富的图形世界里去认识平行四边形，发展他们的空间观念。教师看到设计中不仅仅只是转动了一个图形，更是转变了观察的视角；不仅仅只是打开了一个五边形，更是打开学生的思维；不仅仅只是单纯地认识图形，更蕴伏了多个维度的感知；不仅仅只是一种操作的过程，更是积累了活动经验。在这样的丰富的感知过后，学生对平行四边形的认识一定不再停留在特征的层面了。

（二）提出核心问题，贯穿始终

核心问题是指在教学中起主导作用，能引发学生积极思考、讨论、理解的问题，是能对知识的学习、方法的探究、问题的解决起到“牵一发而动全身”效果的问题。根据课题，我们的教学设计可以在适当的环节提出核心问题，贯穿课堂的始终，激发孩子们探究的欲望，让学生更为自主地进行数学的学习。

案例10：“分数的初步认识”

活动一：学生帮助教师分纸（每组两人，有的组一共有4张纸，有的组一共有3张纸，有的组一共只有一张纸……）。

问题：只有一张纸的情况两个人怎样分公平，你们有办法吗？

那每个人到底得到多少张纸？

为什么它们都是二分之一张呢？

活动二：学生帮助教师分纸（把三张纸平均分给四个同学）。

问题：每人到底得到多少张纸？

可以看到活动一和活动二都紧紧围绕一个核心问题“每人到底得到多少张纸?”展开学生的探究活动。

在活动二中，学生有的这样分：

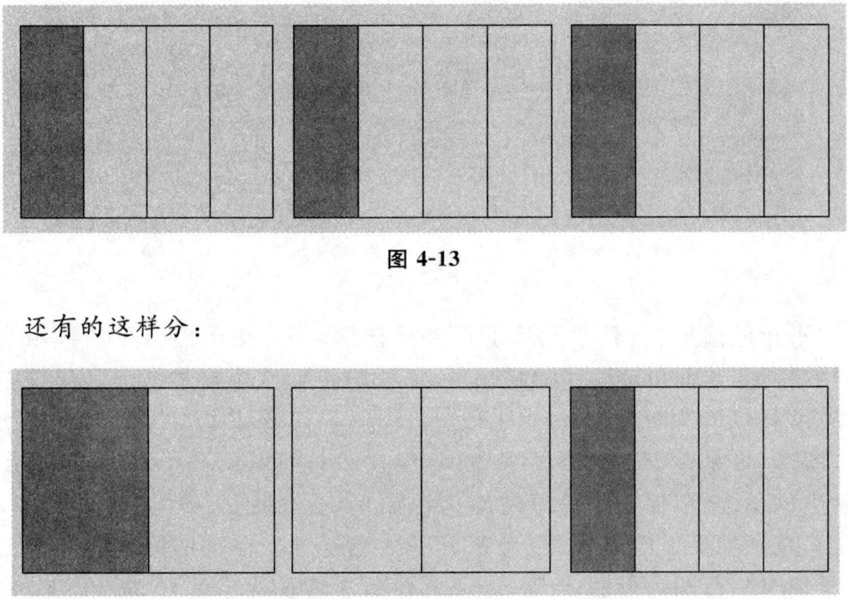

图 4-13

还有的这样分：

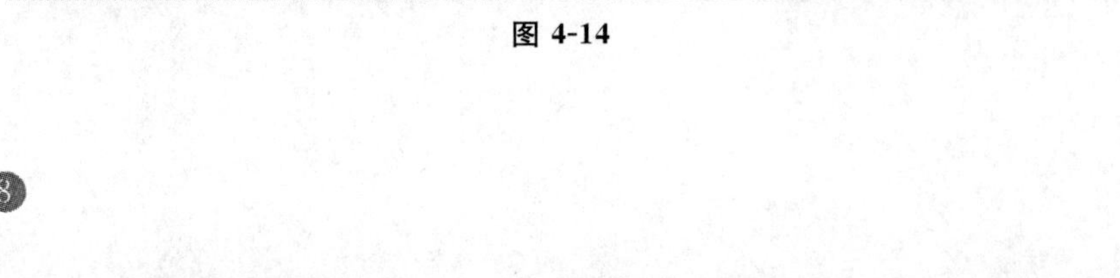

图 4-14

也有的这样分：

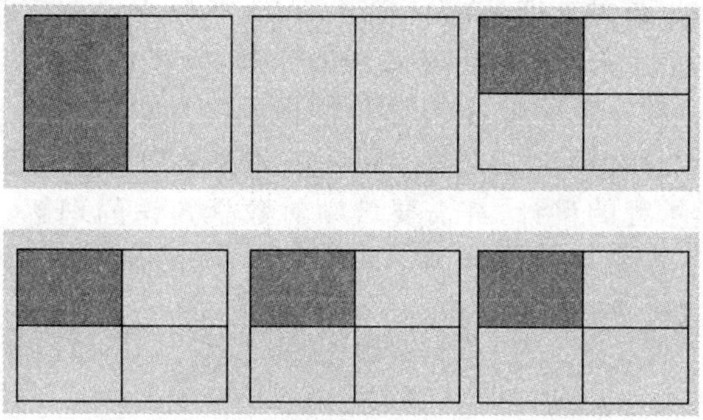

图 4-15

通过解决核心问题"每人到底分到多少张纸?"学生进一步认识什么是分数，认识四分之一张。感受哪部分是、为什么是四分之一张。同时渗透四分之二张里有两个四分之一张，三个四分之一张是四分之三张。

这样的核心问题贯穿整节课，通过对这个问题的解决，学生更加清晰地认识了知识。在解决核心问题的活动中，伴随着体验的展开，学生进行了有效的探究、多元的思考。

（三）进行方法交流，学会思考

教学设计过程中，教师一定要关注学生进行方法交流的环节设计。不能单纯地进行讨论说一说，而是要体现教师设计的智慧，达到学生思考能力的提升。例如：

案例 11：教学"0.2×4=?"

1. 学生交流不同的做法

情况一：0.2+0.2+0.2+0.2=0.8。

情况二：0.2 是 2 个 0.1，4 个 0.2 就是 8 个 0.1，就是 0.8。

情况三：2×4=8 所以 0.2×4=0.8。

情况四：画图解释，借助模型解释思考过程。

(2) 教师追问：你们都是怎么想的?

学生解释的过程我们可以看出：

学生关注了数的意义；

关注了乘法的意义；

关注与整数乘法计算的联系。

提升：看了大家的这些方法，你有什么收获吗?

这个案例讲述的策略，教师们在很多课上都可以尝试，不仅仅是给学生提供时间和空间，在更大的方法背景下学习，理解各种方法的算理和算法，同时，我们要让学生关注各种方法之间的联系，关注这些方法背后的意义和价值。交流之后的思考反思，会让学生们逐渐学会如何思考。

以上对教学设计策略的思考，不论是对教学内容的理解、对学情的分析，还是对教学进程的设计，都需要教师对数学知识的理解，对数学教育的探究；同时，这些策略最终都是为了学生数学活动经验的积累，为了孩子们更加长远的后续发展！

第二节　学习方式的策略

一、探究学习的策略

教师们经常探讨，当我们在做学生的时候，对自己感兴趣的课兴致盎然，对自己不喜欢的课无精打采，那现在该让我们的学生在课堂上获得什么呢？也许不仅是知识，还应该有什么快乐和获得成功的愉悦吧！如果学生在课堂上真正成为学习的主人，一切能自我探知的东西都交给学生去探知，学生的学习自主性增强，学习热情被调动，必然使课堂生机盎然。

探究性学习就是一种积极的学习过程，主要指的是学生在教学课中自己探索问题的学习方式。《数学课程标准》指出：有效的数学活动不能单纯地依赖模仿和记忆，动手实践、自主探索和合作交流是学生学习数学的重要方式。

随着课程改革的不断深入，引导学生通过探究活动进行学习已经越来越成为教师重视的一种课堂学习方式。可是在实际教学中，如何组织有效的探究活动，使其实现好的学习效果成为教师们深入思考的问题。

（一）选择具有探究价值的学习素材

探究性学习是一种很好的学习方式，但并非所有的教学内容都适合进行探究性学习，故需要选择具有探究价值的学习素材。怎样判断某个内容是否适合探究学习，可以从几个方面考虑。

学生对知识的学习往往是螺旋式上升的，如果教学内容处于新旧知识的“生长点”上，学生通常自己就能利用已有的知识经验进行探究性学习，学习自主性和学习能力就能得到更好的提升。例如图形面积的学习就是一个连续性的学习，在学习完长方形和正方形的面积后，平行四边形、三角形、梯形等图形的面积就都可以作为学生自主学习探究的平台。

案例 12：“梯形的面积”

梯形面积公式的教学是通过将梯形转化成已知平面图形推导出来的。在充分了解学生的基础上，作了如下设计：

① 复习再现——引导学生复习已学过的平面图形的面积计算公式，再现平行四边形、三角形的面积计算公式的推导过程，使学生认识到其推导方法的共同点是将新学图形转化为已学图形进行推导，为学生做了由旧知识向新知识迁移的准备；

② 操作探索——出示图形让学生分小组讨论，想办法求出梯形的面积，并鼓励学生用多种方法解答；

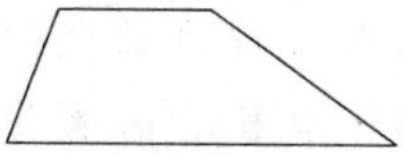

图 4-16

③ 互相交流——学生通过小组活动，剪剪、拼拼、议议后，学生的思维活跃，积极性也很高，得出多种不同的思考方法：然后组织学生讨论哪种方法最简便；

④ 观察比较——引导学生观察解法，并讨论：平行四边形的底与梯形的上底和下底有什么关系？平行四边形的高与梯形的高有什么关系？平行四边形的面积与梯形的面积有什么关系？在学生的讨论中，教师由平行四边形面积计算推导出梯形的面积公式；

⑤ 引伸知识——引导学生进一步思考：梯形与平行四边形的面积公式相联系，那么梯形与三角形的面积公式有联系吗？怎样联系？梯形怎样变会转化为三角形？（当上底变为 0 时。）所以求面积公式也从“(上底＋下底)×高÷2”转化为“底×高÷2”。

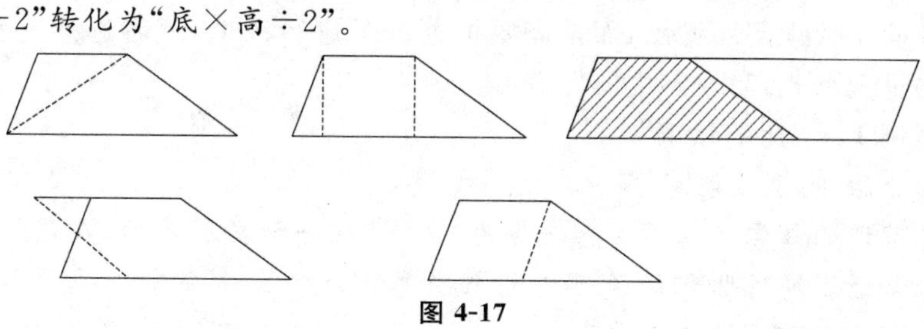

图 4-17

在这一教学过程中，学生学到的不仅是一个梯形面积公式，而且在获取知识的过程中，学到了怎样由“已知”探索“未知”的思维方式和方法，培养了他们主动探索的精神，对学生今后的自我发展必将产生有益的影响。

（二）知识点具有一定探究空间

新的知识如果和原有知识在研究方法上有所不同，借助旧有的研究模式行不通时，学生需要另辟蹊径，这样往往带给学生一定的挑战，也会让学生产生比较大的学习兴趣。

案例13：“圆的周长”

师：圆形的周长和其他图形的周长比，最大的不同是什么？在量或算时的困难会是什么？

（预设：圆形的周长是曲线围成的、不好用测量工具来量，而如正方形的边长和周长有明确的关系等，板书：曲线长度。）

【课件演示：长正、方形的周长与边长之间的关系。】

师：像这些图形的周长都和边长有着直接的关系。

[如：正三角形知道一条边长为a，则周长为3a；正方形边长为a，则周长为4a；长方形知道几条边长就能算出周长？（a+b）×2]

师：你认为圆周长的大小会和什么有关系？

（预设：直径、半径、圆周率、面积，根据情况板书。）

师：当然，我们已经知道圆的直径与半径有2倍关系，因此我们只需要研究周长与直径的关系就可以了，它们之间到底有什么关系？显然，它们之间的关系并不是一眼就能够看出来的。我们该怎么研究它们的关系呢？

圆和之前学习的其他图形相比，有其特别之处，因为周长是曲线，因此研究的空间比较大，学生也容易有猜想、探究的可能性。

（三）设计好的探究问题

数学课堂上，好的数学问题的效果常常是“一石激起千层浪”，它能激起学生强烈的研究兴趣。有些问题来源于生活，可是纯粹的生活问题并不能直接等同于数学问题抛出，而是需要根据教学进行改造，或者选择一些较为新颖的呈现形式，激发学生的好奇心。

案例14：“比的认识”

两个脚印，引发思考。

本节课的教学是以学生感兴趣的“侦探”这一话题引入的，在谈话中，学生已经知道了通过脚印的长可以判断身高。教师出示公安机关的参数“脚长×6.876≈身高”进行教学。

1. 出示生活中的脚印。

问：你能根据这张脚印照片推断此人的身高吗？

学生最终会发现，无法利用照片中的脚印长度来推断实际身高。

2. 出示案例中的脚印。

通过播放美国侦探影片的一段视频，提供给学生一张警官在犯罪现场摆放纸币后拍摄的脚印照片。

再问：你能根据这张脚印照片推断此人的身高吗？从而引发学生的思考。

这样的问题，呈现形式新颖，学生必将被牢牢吸引。学生探索脚印与身高关系的过程就是观察与思考的过程。

（四）制定可操作性强的探究方案

有了好的探究素材和问题，学生的探究活动不能是随意的，需要教师精心设计探究方案。

一节好课，教师在课前要做大量的调研，了解学生的困惑点，这样教师才既能与学生产生“共情”，又能在课堂上“运筹帷幄”“游刃有余”，发现学生在探究中遇到的有价值的问题，并能引导成为困惑点的突破口。比如：长正方形面积都是相邻两个边的乘积，可是平行四边形的面积却并不是由相邻两条边相乘得到的，如果先学习了“底”和“高”等知识后，就会掩盖掉学生可能产生的“本能的困惑”，教师基于此，大胆地对教材的研究顺序进行了改革，跳过“底”和“高”的学习，直接切入，成就了一节非常精彩的课。

案例 15：“平行四边形的面积”

在复习长、正方形的面积公式之后，学生很容易产生迁移，认为平行四边形的面积也和两个相邻边有关系。因此先安排了独立探索平行四边形面积的尝试。

第一次探究：

师：我们每个人的学具袋里都有 6 个图形，请你按顺序依次求出它们的面积，并填在记录单上。

师：大部分同学都填完了，有结果了吗？谁来说说。

师：你是怎么算的？（板书：$15\times10=150(cm^2)$。）

你们是不是认为这些图形的面积都相等。（板书：都相等。）

师：还有没有不同意见？

生：虽然我算出来是 150，但是我觉得不相等。

师：你有怀疑了，是吗？我也把你的意见记下来。（板书：都不相等。）

师：看来我们大家对这些图形的面积还有疑问，有认为面积都相等的，也有认为有不相等的，还有拿不定主意的。那我们把这几个图形平铺在桌面上，再仔细地端详。

师：到底它们的面积相等不相等？可能光这么看还看不出来，我看到有的同学已经在比啦。相等也好，不等也好，你有什么理由说服别人吗？讨论一下。

生：相等，因为算出来都是150。

师：你是用计算的结果来说明你的观点，其他同学还有什么想法吗？

生：把这块剪下去，移到那，就少了一块。

师：真了不起，你能看出这一块补到这就正好了。

生：我觉得这个就是把长方形压缩了，它的面积应该是相等的。

师：我觉得你太有想象力了，能把这些图形放到一起来考虑。你的这个想法非常有价值，不过它们的面积真的相等吗？我们再听听别人的意见。

师：教师刚才很认真地听了大家的讨论，我们有的同学是用计算结果说明的，有的同学是把两条边放在一起比的，有的同学是用剪拼的方法说明的，还有的同学认为它们都是由一个长方形压一压变成的。

师：为了把这些想法看你更清楚，教师做了一个课件，我们一起来看一下好吗？（出示课件。）

师：刚才谁是用剪拼说的啊？你是这么想的吗？通过剪拼我们可以明显地看到它们的面积不一样了，差了这么大一块。大家看明白了吗？这两个图形的面积还相等吗？

师：教师从有些同学的眼睛里看出来了，他们还有些质疑。不要紧，我们接着往下看。刚才有同学说它们都是由一个长方形压一压变成的。这有一个长方形，我们压压看。

第二次探究：

师：刚才我们计算的结果明明是相等的，可是我们看到的图形的面积却不等，这是怎么回事呢？是我们看错了？还是算错了？

生：因为我们的算法不对。

师：那应该怎么算？我们一起来研究一下6号图形，它的面积究竟是多少？可以小组商量一下。有需要剪刀的小组请组长上来领一下。

（生开始算。）

师：算完了吗？好，谁来说说你的结果。你是怎么得到75的？（板书：$15\times5=75(cm^2)$。）

你能拿你的图上来，和大家说说这15和5都是哪来的吗？

师：为什么量这条边不行？他通过剪拼的办法把平行四边形转化成了长方形，长方形的面积大家会求吗？都会算了吗？

师：你们都得这个结果吗？好，那我们每个人再随便拿一个，算一下。

(6) 发现高，找准高

师：刚才你们算的 15×5，15×8，这 5 和 8 是什么呀？哪来的啊？谁来给指指。

师：那我现在任意给你一个平行四边形，你会求它的面积了吗？

师：这么量行吗？

师：为什么必须是直的啊？

生：不是直的就变不成长方形了。

师：看来大家真的发现了求平行四边形面积的方法。

学生在没有平行、垂直、底和高等概念的情况下，对平行四边形的面积进行探索。这样的设计与现行教材的编排具有很大的不同。现行教材多是在学生建立了平行、垂直、底和高的概念后按照平行四边形、三角形、梯形的顺序研究图形的面积。教师认为从知识发生的角度来考虑，平行、底和高等概念是在人们对图形、对空间有了相对深刻的认识之后才产生的，也就是说它们产生于平行四边形面积的计算方法之后。这样的顺序也符合人类的认知规律——从整体到局部，从特殊到一般，从经验到理论。

案例 16：“折线统计图”

附小数学团队在进行“折线统计图”这一课的教学时，第一课时将重点放在了折线统计图的生成过程中。条形统计图的特点是表示数量的多少，当条形图不足以满足表达需要时，学生就会自发地对条形图进行进一步改造，甚至是重新设计。可是如果教师们不给学生探究的空间，这个生成过程就会被忽略和掩盖，这个难得的创作机会也就会被放过。一起来看看孩子们的创造吧：

从学生的设计中，可以看到，最初学生是通过找身高差距来表示身高变化的，这是学生最原发的想法(如图 4-18)；接下来学生有通过线的起伏情况来看身高的变化的(如图 4-19)；还有去掉柱子，改成横线的(如图 4-20)；逐渐过渡到折线统计图(如图 4-21)。在设计中我们能看到孩子们很多原发的想法，同时也包括他们对折线图的逐步认识。

当放慢折线图的学习过程时，教师发现学生不仅对折线图直观地反映数量的变化趋势有了更深刻的认识，同时对条形图和折线图又有了新的感觉。有的学生这样说：“条形图中数与数之间是分散的，而折线图好像是一个东西在不同时间的变化。”这是多么重要的体会和感受啊，实际上，条形图就是重在刻画离散量，呈现的是一种表象，而折线图刻画的是连续量，是一种变化的联系，需要教师们不断挖掘数据背后的联系，从而对未知情况进行预测。

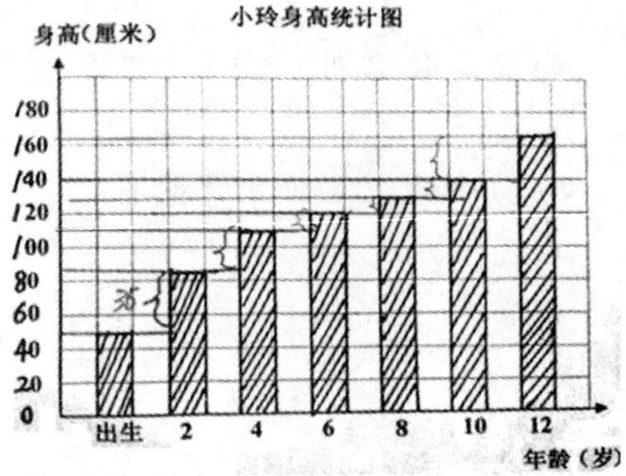

图 4-18

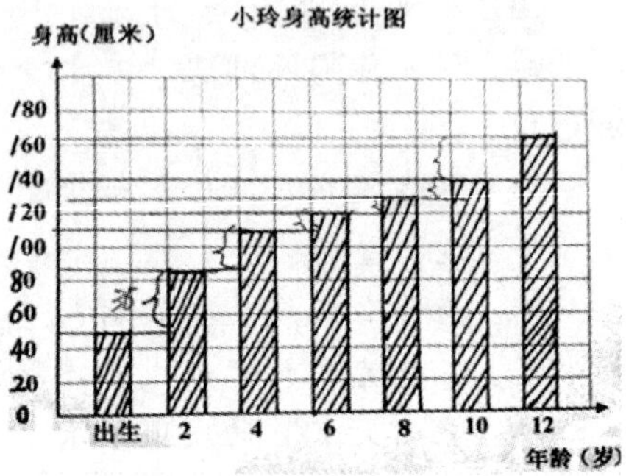

图 4-19

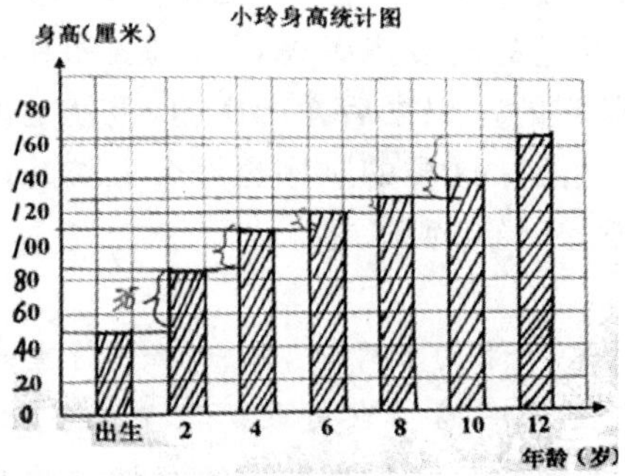

图 4-20

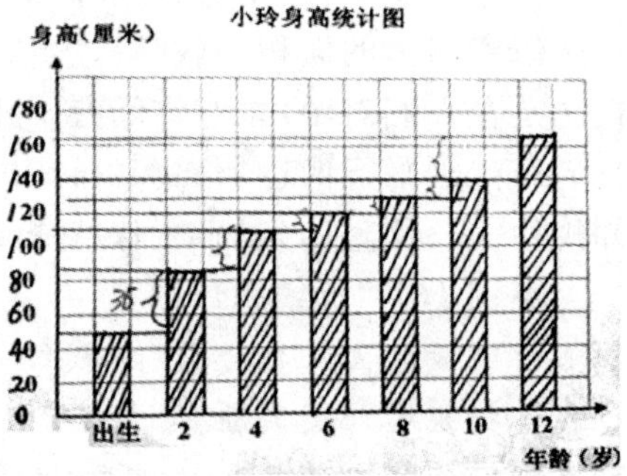

图 4-21

教师希望学生经历人类发现与成长的过程，但是这个过程是漫长的、顿悟的、充满了偶然性的。一个好的探究方案设计，能把漫长的等待缩短，把偶然发生的容易忽视的东西变成强烈刺激学生思考的素材，这样才能激发学生去发现、去创造，获得顿悟、沉淀智慧。

二、合作学习

《标准(2011 年版)》指出，合作学习是学习数学的重要的学习方式。今年来，随着课程改革的推进，越来越多的课堂使用合作学习的方式，合作学习能提升学生的团队意识，他们在民主的氛围内积极思考，交流碰撞。但是合作学习也容易走入误区，即为合作而合作，流于形式，显得十分牵强。那么什么样的合作学习是有效的呢?

（一）给予学生合作空间

合作学习的选择要结合教学内容的特点,教师如果勉强地要求小组合作,显然价值不大。有效合作学习的前提是有适合的学习内容,学生能产生要与别人交流自己想法的动机,或者独立完成有难度,需要大家协作进行,这样的合作学习,才能产生价值。

另外有效的小组合作要有合适的空间,抛出的问题太大,学生会无从下手;教师的要求提得过细碎,又会导致学生机械地完成任务,没有思维碰撞的空间。

（二）关注合作质量

对课堂上的每一次合作学习,教师要做好充分的预设,力求考虑周全,从而在课上能够灵活应对。学生是学习的主体,课堂是生动的课堂。学生往往在研究过程中有自己的奇思妙想,教师要关注,更要保护这种学习上的灵感迸发,不能一味僵死地套用合作模式。有时候,教师还要特意地设计合作活动中的冲突,让学生在冲突中产生辨析,提升合作的质量。

案例 17:“质数与合数”

教师利用军训中的方阵问题,引出用小方块学具进行拼摆长、正方形的活动,交代活动要求。

1. 引发问题

(1) 教师通过提出比一比哪个组的设计方案最多,激发学生比赛的意识,同时也为引发学生的认知冲突埋下伏笔。

记录单

总块数	每行的块数	行数

学生分组动手操作。教师要巡视,纠正错误。并观察发现学生操作中产生的质疑。

(2) 交流方案

学生按预设的小组顺序进行交流,呈现研究的成果,全班划分七个小组,由一组到七组学具(小方块)数量分别是: 4、5、7、9、11、12、24 个,通过预设的顺序，出不让学生感受不同数量方案的情况，并随着交流逐渐强化学生的认知冲突。

(3) 提出质疑

教师在学生分组汇报后，有意表彰第七组的方案最多，由此引发其他各组的不同意见，将学生的内在的疑虑显性化，为进一步的研究奠定基础，并通过板书记录下学生的问题。

教师板书学生的质疑｛数的大小；奇数偶数｝

2. 对三个问题的进一步研究

教师先充分肯定学生的思考，同时也认可第一次发放学具的不合理，引导学生通过自选学具将研究进一步深化，同时也激发了学生进一步探索的欲望。

教师第二次呈现提供的块数(46、25、59、32、36、51)。

在呈现学具数量后，请学生先进行思考，再由每组派代表进行自选。

(2) 体验交流

在学生充分的进行了二次研究后，教师组织学生对此交流研究体会，并有意由出现问题的小组先汇报，从而加深学生对影响因素的理解。

小结：看来因数个数才是影响方案多少的决定性因素。

对比以往的教学，可以看出虽然学生也是在主动获取知识，但是教师比较关注对于概念结果的归纳而忽略了对学生问题的深入挖掘，造成有很大一部分学生是在比较模糊的状态下获取的概念。而现在的教学中对于学生学习中的问题，有针对性的进行了挖掘，通过二次选择，加深了学生自身对概念的理解，使“尊重学生的问题”不再是一句空话，学生在二次合作活动中，对概念的理解更加清晰。

(三) 拓展合作空间

有的教学内容注重学生的实际经验和体验，需要教师将课堂学习的范围扩大。比如我校三年级学生在学习“千米的认识”时，由于千米是比较大的长度单位，它和厘米、分米的学习不同，仅仅将学习局限在课内，学生只能想象，对千米的概念会非常模糊。因此课前我们给孩子们留了实践作业：请回家体验1千米的长度，无论你用什么方式，将你的感受记录下来(可以是文字、图片或其他)。结果孩子们作业的完成效果让我们特别惊喜，他们选择的感受方式各有不同：有和父母一起步行的，其中有的用手机软件设计好1千米的长度，有的在家量了步长，计算了步数，再出发；有骑自行车的；还有让父母开车感受一次的。

作业交流的时候，有的孩子展示了拍下的照片，有的孩子写下了心得：以前觉得1千米有1000个1米，得有多长啊，走下来觉得没有想象中那么长。还有的孩子测量了学校从哪里走到哪里就是1千米。这些丰富的体验活动给学生提供了实际的经验，当再回到课堂学习1千米的时候，他们的交流是活跃的、灵动的。

教师在讲五年级“公顷和平方千米”时，也同样将课堂放到了操场。这两个大的面积单位对学生来说更加陌生和遥远，如果仅仅在课堂上讲，学生也只会死记硬背，这些单位间的进率换算学生很快就会忘记。但是第一节课，我校数学教师把孩子带到了操场，把他们分成4、5个合作小组，提供了卷尺、粉笔等测量工具，布置了合作学习的任务：分别测量操场、篮球场、五色沃土、百草园等较为标准场地的长和宽，并计算出面积。学生们跃跃欲试，任务清楚后，马上投入到积极的测量当中，有的孩子合作拉直卷尺，有的孩子做记号，有的孩子记录数据，为了让自己的测量更为精准，他们往往测量两三次。第二节课回到课堂上，首先请各个小组汇报了自己的测量结果。1公顷究竟有多大呢？相当于2个操场那么大，或相当于3.5个篮球场那么大，学生一下子就对公顷产生了亲切感，它原来离自己很近，不是那么陌生而遥不可及的一个面积单位。再扩展到平方千米时，教师展示了在自己校园附近开车行驶，从哪儿到哪儿，包含了1平方千米的土地，学生不由自主地发出“哇”的感叹。

有时候受课堂时间、研究条件的限制，学生的课题比较大的时候，有必要将合作学习延伸到课题之外。学生利用课余时间，针对研究课题，分配工作职责，对学生将来的团队协作能力培养大有好处。例如我校六年级的数学综合实践活动，学生分组、确立课题、分工协调，利用课余时间在一起商量，做调查采访，汇集调查数据。大家就是一个团队，心往一起想，力往一起时，这样的合作学习很有必要，也非常有价值。

三、操作性学习的策略

学生应该有足够的时间经历观察、实验、推理、论证的过程，在动手实践过程中，学生由手的操作获得感知，形成表象，延伸到脑的思考。手使脑得到发展，使它更为明智，脑使手得到发展，使它变成思维的工具和镜子。可见，动手操作是智力的起源，是思维的起点。

课堂上如果能注重操作性活动，学生对知识的理解将更为形象，更为深入。如何组织有效的操作性活动呢？教师应该关注以下几个方面。

（一）提供合适的操作素材

案例 18：“长方体的认识”——（二年级）

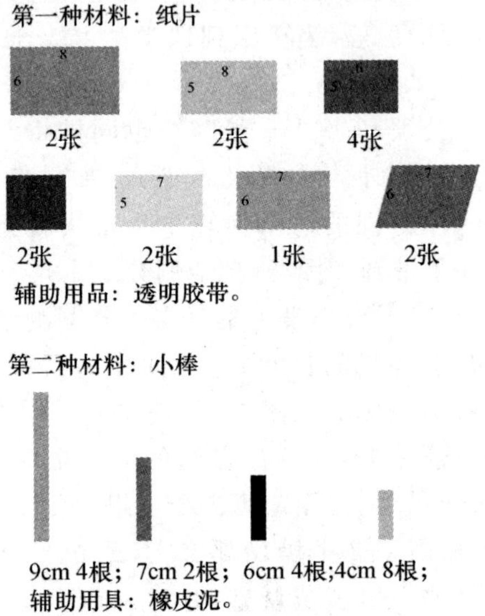

图 4-22 课堂提供的材料

课上提供了丰富的材料（如图 4-24 所示），能激发学生操作热情，在尝试操作、选取材料过程中学生就能逐步体会和发现长方体的特征及其联系。

接着教师明确提出操作要求——在制作过程中，请思考以下几个问题：

你们选哪些材料，为什么这样选？

你们是怎样做的，为什么这样做？

（二）给予充分的操作时间

小学生活泼好玩，在课堂上对于操作性学习往往兴趣浓厚，同时也往往过多限于“操作”本身，而忽略了操作的目的，忽视了“为何而操作”。

参与具有探究特性的操作性活动时，学生得到方法和经验往往不是一蹴而就的，需要反复试错，因此操作的时间上教师要给予足够的时间，并在过程当中搜集反馈资料，或给学生一定的帮助指导。

案例 19：“图形的剪拼”

师：还学过哪些图形？——平行四边形、梯形……（贴纸）

想不想研究一下这些图形是否也具有剪一刀拼成正方形的特征，自己设计一个(出示 ppt),和同组的同学说说你是怎么想的。

(2) 汇报

① 平行四边形

要抓的点:

构造相等的边和角

为什么底和高要相等?——面积相同、边相等

怎么剪?为什么沿高剪?——垂直、直角

只要底和高相等,就可以吗?

(教师看同学设计时很受启发,教师也画了一个)——不但底和高要相等,高还要在平行四边形内部(可以行的和不行的对比着说,行的,可以怎么剪,不只局限在剪下一个三角形,还可以剪下梯形,再拼。只要沿着高就行。可以让学生折一条高)。

② 梯形(直角梯形、等腰梯形)

关注梯形底的变化,底的变化和高的关系。

学生在设计的过程中,不是一下就成功的,经历了尝试、验证的过程,很多同学最初得到的都是长方形。在不断尝试错误的过程中,逐步调整,最后才发现了结论。

(三) 引导完成具体到抽象的过程

从二维到三维的转换是发展空间观念的重要方面,这个转换也往往是学生的困难所在,需要在教学过程中着力突破。发展学生的空间观念需要具体实物的支撑,从二维到三维的跨越需要操作活动的支撑。什么样的操作活动才是有效的,才是有意义的?我们认为,操作活动应该是属于学生自己的活动,是别人不能代替的;操作活动不是盲目的活动,应该是带着思考进行的。教师在教学过程中,需要不断引导学生完成从具体操作到抽象出图形特征的过程,分别从面、棱、顶点及彼此间的关系等方面提升学生的认知水平。

案例 20:“长方体的再认识”——五年级

在低年级对长方体有了初步感知的基础上,五年级学生要完整的认识长方体的组成及各部分的特征,教师首先提出问题:如何得到一个长方体?

切割:三维——三维

纸片(围、摞):二维——三维

小棒:一维——三维

从众多方法当中选择一种,如果用纸围,怎么围?

(1) 操作探究,发展认识

要求:制作一个长方体,选择合适的材料和数量,并填表。

选好后看着表格,想象围成的长方体是什么样的?

(2) 交流再现,聚焦问题

数量层面

活动:呈现只选4个面的记录单,能围成吗?

目的:明确6个面才能围成长方体。

结构层面

① 呈现2+2+2结构。

活动:选取2个相同的长方形,做"拼接"的动作。思考这么拼行不行?

目的:从关注看得见的2个相邻面到关注看不见的2个相对的面;

② 体会关注的角度。

师:当时把它们俩放在一起,是怎么想的?

目的:意识到关注的角度,体会相同的2个面应该对着放;

③ 呈现4+2和6个结构。

目的:再次感受相对面相等,推及所有结构。

聚焦问题

(3) 再次操作,突破难点

学生重新审视自己所选择的材料:

选材没问题的,重新调整位置;

选材有问题的,重新选择材料。

思考——调整——尝试。

(4) 交流反思,提升认识

思考:在围成4个侧面的基础上,贴底面时要考虑什么问题?

目的:意识到仅仅考虑一组边相等是不行的,要满足两组边都相等。

小结:选材料时要考虑的角度有哪些?

数量;形状;关系。

① 六个面,两个一对,要对着放;

② 不能随意选,要考虑关系。

(5) 激发想象,再次建构

如果再撤一个,还能想象吗?先想再撤。

教师引导学生在操作活动中,对长方体的认识经历了从二维到三维、从孤立到联系、从整体感知到局部认识再到宏观把握的过程。这个过程丰富了学生看待事物的视角,实现的是学生"单一、片面"的平面思维到"多维、关联”的立体思维的有效跨越。这节课的特点是操作活动丰富且充分，鼓励学生的原发创作和体会，从而建立经验。利用有效的活动引领孩子，通过他们在课堂上活动的过程，展示他们内在的思维变化。

第三节 课堂实施的策略

课堂教学是教育教学中普遍使用的一种手段，它是教师给学生传授知识和技能的全过程，它主要包括教师讲解、学生问答、教学活动以及教学过程中使用的所有教具。课堂教学过程是由若干能够实现预定教学目标的教学环节组合而成的师与生、生与生双双互动交流的过程，它是一个伴随着问题而发展的过程，也是一个动态的、不断生成的过程。

课堂教学过程中的主体是学生，而这一群体当中的每个孩子又都是各不相同、各具特色的。对于一节课来说，教师们很难按照自己的原有教学设计安排完整地走下来，课堂上会出现各种不确定的事件，所以如何处理和利用这些资源是值得教师研究的。这部分内容主要介绍的就是附小数学团队对于“追问”“课堂生成资源利用”“回顾与反思”以及“课堂即时评价”等策略的思考。

一、追问的策略

“追问”，顾名思义是追根究底地问。《教学方法与艺术全书》是这样给“追问”下定义的：“追问，是对某一内容或某一问题，为了使学生弄懂弄通，往往在一问之后又再次提问，穷追不舍，直到学生能正确解答为止。”它是课堂教学中对话策略的组成部分。在动态的课堂教学过程中，需要教师根据答问、讨论等学习活动的情况，对学生思维行为作即时的疏导、点拨，“追问”无疑是促进学生学习、实现“有效学习”的重要教学指导策略。有效的“追问”源于正确的教学理念、灵活的教学机制。高成效的教师或是对正确回答了一个问题的学生提出另一个问题，以鼓励学生进一步思考，体会数学核心思想；或是对于学生理解困难的问题设计成问题串，帮助孩子分解数学知识的难点；或是在学生的活动的过程进行追问，为学生打开一扇窗，帮助学生体会数学本质。

（一）体会数学核心思想

在我校的数学课堂中，追问的目的之一就是体会数学核心思想，使学生能够真正理解数学的本质。

案例 21：拉一拉——认识平行四边形

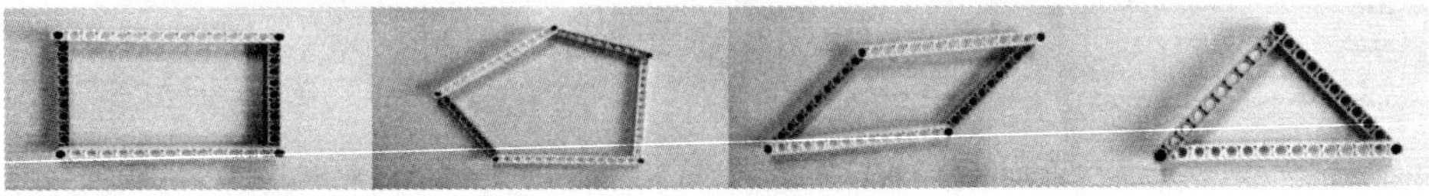

图 4-23

拉一拉活动，教师提前将拼插好的四种不同形状的框架（如图 4-23 所示）随机地分配到孩子的学具盒中，每人一个。

师：教师给你们每个人都准备了一个平行四边形框架，你们能把它找出来吗？

生：有的孩子很快就找到了，也有的说没有呀？

师：不好意思，可能是教师疏忽了，装错了。那你能把手中的这个框架变成一个平行四边形吗？

这里教师先采访手里有长方形的孩子。

生：拉一拉就是了，你们也拉拉试试吧？

学生在拉动的同时感受平行四边形的变化，感受着它与长方形的关系。

学生发现三角形拉不动，而五边形呢，他们在不断地进行尝试，有拉成对边平行的，也有拉成对边相等的，但怎么也拉不成平行四边形。

师：三角形为什么拉不成？怎么才可以？五边形呢，你为什么拉成对边平行？你为什么拉成对边相等？

这一过程中，虽然学生没有完全拉成功，但学生拉成对边平行的，拉成对边相等的，他们都是有想法的，而这些又是有价值的！他们都在努力寻找着的平行和相等的关系，甚至这时候，还有学生会把三角形和五边形联系起来看。学生们正是在这种联系变化中认识着平行四边形。而在教师的不断追问下，学生的这些对平行四边形的感知会不断地展现出来，而这些又恰恰是数学的本质。

（二）分解知识难点

数学课堂中的追问往往会发生在学生理解有困难的地方，通过一系列的问题串，帮助孩子分解难点。

案例 22：“长方体的认识”

师：为学生提供如图 4-24 所示的活动材料，并提出活动要求。

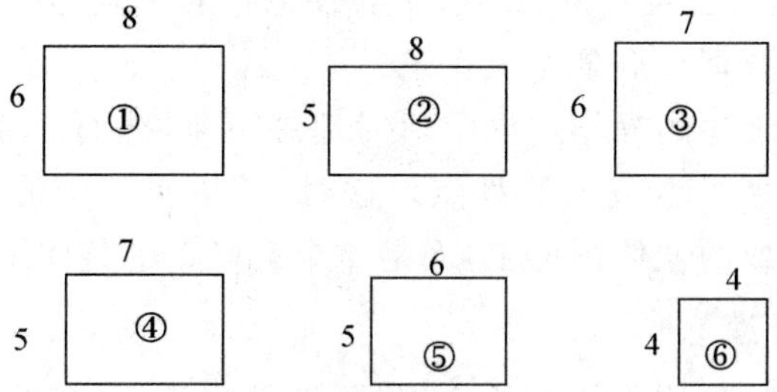

图 4-24

要求：制作一个长方体，选择合适的材料和数量，并填表。

选好后看着表格，想象围成的长方体是什么样的？

（生活动）

（活动中学生出现一些问题，教师适时停下来，进行交流。）

（选料单呈现，追问只选 4 个面行吗？）

生：不行，6 个面。

师：是不是有 6 个就可以了呢？

（师呈现选了 3 组，每组 2 个面的情况。）

图 4-25

（师做一个用 2 个相同面“拼接”的动作）

师：如图 4-25 所示，这么做行不行？这样拼接能搭成吗？

生：不行，不能挨着，相同的得对着放。

（师继续追问学生）

师：“当时把它俩放在一起的时候是怎么想的？”（比边的长短）

通过这个活动，让学生的思维从关注看得到的相邻两面到关注看不到的相对两面，这时孩子就从平面，走到了立体。

师：呈现4+2和6个长方形的，让学生意识到，其实和前面那种情况是一样的。

生：再次操作，突破难点，这时学生已经有了新的思考，在此基础上，让学生带着思考进行调整和第二次尝试。

教师不断在学生的操作过程中适时地停下来，进行一系列的追问，帮助同学们真正地突破了本节课的难点。这时，学生头脑中的长方体已不仅仅是6个长方形围成的立体图形了，而是一个有联系的整体了。

（三）转换思维角度

数学课堂的追问体现数学的价值，激发学生的探究欲望，为他们打开一扇窗。

案例23：深入理解平均数，体会平均数的价值和作用

[片段一]

师：我这有条信息，我们一起看看。

(1) 出示：节约用水图。

师：为什么要节约用水？（根据学生回答，评价学生的节能意识）我们来看看我们国家的淡水情况。

(2) 出示：我国淡水资源总量为28 000亿立方米，仅次于巴西、俄罗斯和加拿大，居世界第四位。

师：看到这条信息你有什么感觉？

生：我国水并不少，全世界100多个国家我们排第四名。

(3) 出示：我国人均水资源只有2 300立方米，在世界上名列第121位，是全球人均水资源最贫乏的国家之一。

师：请大家静静的的读一读这条信息，你发现了什么？

（通过名次下降、贫乏再次引导对平均数的理解。）

生：哇！这么惨呀？

师：“贫乏”这个词是什么意思？有那么多水，怎么用贫乏来形容我们国家了呢？

师（总结）：言之有理，看来同学们对平均数的理解越来越深刻了，光比总量是不行的，还要看我们的人均水资源。对于我们每一个人来说，节约用水责无旁贷。

[片段二]

(1) 出示标题：儿童乘车免票线“长个”了。

师：你知道什么叫儿童乘车免票线吗？没错，就是这条线，我们来看看。

(2) 出示：经过市发改委与相关部门研究决定，将北京市六岁以下儿童1.1米乘车免票线提高到1.2米。

师：为什么要提高？

生：孩子们都长高了。

师：我们怎么去确定这个标准呢？

生：我们可以去调查一下。

师：调查谁？

(学生回答过程中，教师引导他们明确调查的方法，是都调查还是抽样调查，调查完了又该怎么办?)

师：我们同学真了不起，既能准确理解平均数的意义，又能想到可操作的办法。那我们一起看看实际是怎样做的。

(3)出示：据统计，目前我市6岁男童身高的平均值为119.3厘米，女童身高平均值为118.7厘米。

师：和你们想的一样，市发改委就是参照了我市6岁儿童的平均身高，才确定了免票线的高度。

师(总结)：看来，这平均数的作用真是不小，连确定免票线的高度都可以参照它。

[片段三]

师：那你们能利用平均数解决问题吗？帮我判断一件事情。

出示：据统计，周一至周五晚高峰时，通过中关村一号桥的车辆为平均每小时1756辆，通过西苑桥的车辆为965辆。

师：通过这条信息你可以知道什么？王教师回家要走四环路，这两条路都可以上四环，你们觉得我走哪好？那我走那一定快吗？为什么？

师(总结)：同学们理解的非常到位，平均数是可以用来作参考，但是它反映的只是一般情况，并不能反映出某种特殊情况。

以上呈现的，是在进行平均数意义教学时的三个教学片段。根据对学生的课前调研，发现学生们对生活中平均数应用的例子了解地甚少，以及不能真正体会平均数的意义和作用，所以片段中的信息是精心选用的。片段中可以看到，并不是直接给出这三个信息，让学生来解释平均数的意义和作用，而是经过一系列的追问，带领学生经历每一个信息的过程，使他们在亲身经历中体会平均数的意义和作用。

比如，第一个片段提到的节约用水。首先，问我国为什么要节约用水，引发学生思考，然后出示我国的淡水资源情况，让学生体会我国的淡水总量很多，世界排第四位，最后出示我国的人均水资源情况，在这个过程中，学生通过我国人均水资源排名第121位和“贫乏”一词，产生的那种顿悟，不用多加解释，就可以使学生深深地体会到平均数的意义和作用。

第二个片段，儿童乘车免票线问题。这个环节不但能够让学生再次体会平均数的价值，而且通过选择确定免票线的高度的方法，使学生体会收集数据及其方法的重要性。比如说，学生提到了，为了切合实际又便于操作，可以进行抽样调查，多么可贵的想法，学生开始有意识用统计的方法去思考问题了。

第三个片段，车流量问题。学生根据平均车流量，帮助教师选择路线并且进行分析，使学生体会到，平均数是可以用来做参考的，但教师的一个问题：“我走那就一定快吗”？引发了学生的思考，原来，平均数反映的只是一般情况，并不能反映出某种特殊情况，从而使学生理解平均数的意义，体会数据的不确定性。

从后两个片段可以发现，三个信息的作用也是不同的，它们从三个不同的层次上体现平均数的意义和作用，体现统计的价值。

二、课堂生成资源利用的策略

多年来，在实施数学新课程的教学中，我们始终把如何合理利用好课堂生成性资源、提高教学的有效性作为研究课题，引领自己的教学。就数学教学而言，生成性资源是指数学教学活动中产生的新情况、新问题、新思路、新方法和新结果等。有研究指出，从教学资源是否由事前预设而获，可分为“有预设”的生成性资源和“非预设”的生成性资源（即动态的生成性资源）；从教学资源结果正确与否，可分为错误性生成资源和差异性生成资源。但到目前为止，还没有形成对教学中生成性资源的含义及其结构、类型的统一说法。这里涉及的不是其内容分类，仅是作为我们团队经验的归纳，有待进一步的检验和改进。下面就小学数学课堂教学中如何有效利用生成性资源，谈谈附小数学团队的一些实践与思考。

（一）尊重孩子的认知起点

现在的学生无论从哪个渠道，对于所学新知识有可能会有不同程度的认识，在附小数学团队的教学中，要尊重孩子们的这种认识起点，充分利用好这样的资源。

案例24：整理数据，用自己的方式进行记录

在师大版教材二年级下册的“评选吉祥物”一课中，有下面这样的教学片段：

师：（给学生提供一张选票）你能看懂吗？

师：教师为每个同学都准备了一份我们班的选票，你们能利用这些选票帮教师看一看我们班的同学喜欢的吉祥物是什么吗？如果需要，可以利用数学作业纸进行记录。

生活动。

目的：交流、读懂不同的记录方法。

① 呈现类似统计表形式的记录，如图 4-26 所示。

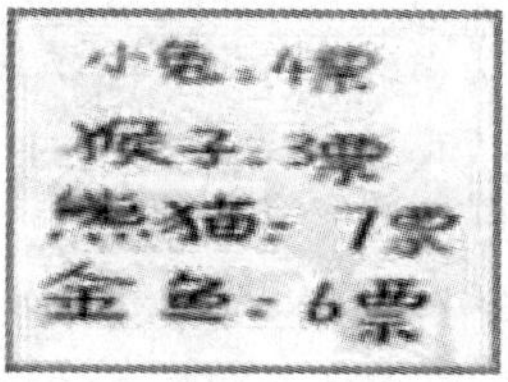

图 4-26

师：你们能看懂他是怎么记录的吗？

师：他是怎么得到这个记录的呢？

生：先分成几堆，然后再数一数每堆的数量。

师：都有谁和他用了同样的方法？非常了不起，这么多同学都想到了这种分类的方法。

师：刚刚我在看大家分完类后，有的同学数了一遍又一遍，这是为什么呀？

生：数清楚，怕数错。

师：非常好，看来我们的同学不但想到了分类的方法，而且还注意到了数据的准确性。

在前测时我们发现孩子们有了分类的基础，用到上面这种方法的孩子很多，在汇报时我们有意识地让这样的孩子先汇报。在汇报过程中，让孩子体会这种方法的特点，感受数据的准确。

② 用符号逐一记录，如图 4-27 所示。

师：你们能看懂他是怎么记录的吗？

师：他是怎么得到这个记录的呢？

生演示。

师：我们再来看看这种记录方法，除了画勾还有什么？

生：标了数据。

师：如果不标数据行不行？标了数据有什么好处？

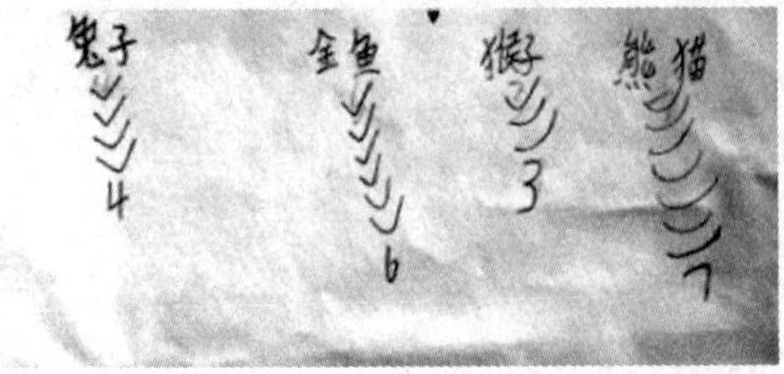

图 4-27

通过学生演示，让学生了解整理数据的方法。并通过交流让学生读懂别人的记录，从而感受数据以及图形的价值。

③ 呈现不同的记录方式

师：孩子们，刚才你们能用这些不同的方法将选票中的数据记录了下来，不但能让其他同学看懂你们的想法，而且还能读懂别人的记录，真了不起！

从案例中看到的这些记录方式，都是学生在课上所使用的方法，当然课堂中还出现了"正"字和打结的方法，教师也一一进行了呈现，尊重了学生的原有认知起点，重视学生原发的创造。在教学中，鼓励学生用自己的方式来表达、整理数据，欣赏学生每一种表达背后的思考。为学生之间的交流创造机会，为后续知识的发展提供基础。

（二）认真倾听，读懂每个孩子

数学课堂中，学生经常会出现一些不确定性的资源，要想利用好这种资源，首先就是要认真倾听孩子们的想法，读懂每一个孩子。

案例 25：从"商不变的性质"引起的奇妙发现

"商不变的性质"是北师大版教材四年级上册的内容，在学习这一课时，由于学生的思考竟然找到了一个奇妙的发现，成为班级公认的"数学家"。

师先出了一个商是 2 的算式，于是让学生再说几个商是 2 的算式。

生：很奇妙，为什么被除数和除数都不一样，可商却没有变呢？

（师进一步激发学生的学习兴趣）

师：是不是在被除数和除数中藏着一些我们不知道的秘密呢？才导致商没有变化。

生静静地思考。

教师在呈现了多位学生的常规想法后，有这样的问题产生了：

生：教师，我们发现，两个算式的被除数相减的差除以两个除数相减的差等于（原来的）商。比如说，第二个算式的被除数（12）减去第一个算式的被除数(4)得到的差(12－4＝8),和第二个除数(6)减去第一个除数(2)得到的差(6－2＝4),两个差相除发现商也没有变(8÷4＝2)。还有,我们发现第三个算式的被除数(24)减去第一个算式的被除数(4)得到的差(24－4＝20),和第二个除数(12)减去第一个除数(2)得到的差(12－2＝10),两个差相除发现商也没有变(20÷10＝2)。也就是说,任意两个商是2的算式中,被除数之间的差除以除数之间的差,商都是2,都没有变。

师:赞美这位学生的新奇的发现,不但发现了已有被除数之间和除数之间的规律,还能够通过减法算式,构造出新的被除数和除数。商不变的性质中说,被除数和除数同时乘或者除以相同的数(零除外),商不变。而我们的这位同学找到了“被除数和除数同时加上或减去自身的几倍,商不变。”学生的想法是多么的精彩,换句话说,这不正是商不变性质的变形和推论吗?这位学生不就是进行商不变性质推导和变形的小“数学家”吗?

简单的一节数学课,由于学生的充分思考和讨论,产生了多种发现。在这些发现中,有的是教师意料之中的、备课之内的,也有教师意料之外的、课堂突发的。正是有了学生的充分思考和讨论,才能有如此精彩的发现和如此精彩的发言。数学课堂因为有了学生的参与而显得生机勃勃,因为有了学生的思考而更加深刻,也因为学生的争执而显得数学味十足。所以,作为教师,一定要给学生更多的时间去思考问题,更宽松的环境去讨论问题。而教师,在这一过程中应该认真去倾听每一个孩子的发言,真正理解孩子们的意思。

(三)每种想法都有价值

学生在数学课堂中出现的各种不确定的因素都有其各自的价值所在,教师要本着这样的理念去看待孩子。

案例26:初步认识平均数,理解平均数的意义

教学中,教师通过本班同学一分钟踢毽子情况进行引入,先在统计表中给出了两组数据:

第三小组:25、23、34、30、47、25、26

第五小组:25、31、40、33、29、31

由学生来评判,你觉得哪个组踢得好?学生对于这两组情况的看法各不相同。有的学生分别拿这两个小组踢的最多的进行比较,有的学生比较总数,有的学生一个一个比,有的学生是一一对应着比,有的学生是把人多的组去掉一个人再比较,也有的学生比较两组的平均数。

学生暴露出的这些想法,是非常有价值的,而这些想法,也是有一定道理的。实际上,学生在对不同组数据进行比较的时候,平均数并不是唯一的比较方法,还需要结合实际背景进行选择。比如说:要从两组中选择一人去参加踢毽子比赛时,就要选择踢的最多的和其他组比较,如果按照三局两胜的比较方式,就要一一对应着去比较了。

有了这样的想法,在处理这节课的时候,首先,是把学生不同的比较方法进行了板书,并且安排学生进行讨论,就目前这两组的情况来说,你觉得怎样比较更能反映我们这两个小组的整体水平?经过讨论,学生发现,比总数不太公平,一一对应比不好反映整体水平,一个一个去比也可以,但是比到最后三组多一人怎么办?有的同学提出去掉一人,但是去掉谁,同学们也很难达成共识,但是,大家认为平均数还是一个很好的方法,不但每个数都用上了,而且还非常好算。就此,引出了本节课的教学内容。

这一环节下来,花了大约 20 分钟的时间,但非常值得,学生通过争论,暴露的这些想法,可以帮助他们充分理解平均数在统计当中的地位和意义。

三、回顾与反思的策略

课堂教学是一门艺术,它需要教师从本节教材入手,站在教材体系的高度确立教学目标,选择教学手段,而这仅是搭好了舞台,选好了节目,至于节目能否演出成功,还需要处理好许多细节问题,回顾反思是教学中常见的一个环节,而这个环节的内容,更应根据它的作用与功能来确立,但一般都应有利于学生对本节知识的理解与把握,同时有利于学生在课堂外发展,也就应指明学生探索的方向。回顾反思的内容选定后,其具体的实施,比如提问,也应体现艺术性与激励性、挑战性。只有从整体到细节各处精雕细琢,才能做到教学中精益求精。数学课堂中的回顾反思,一直是各类数学教学模式中的重要环节,特别在新的课程标准中,更是将其放在重要位置。如何把握好这一环节,使其真正起到画龙点睛的作用呢?

(一)横看成岭侧成峰——基于过程的反思

数学课堂中的回顾与反思,其中重要的一点就是对于学习过程的反思,即对于整节课学习过程进行回顾与反思。

案例 27:分数除法

在分数除法一课的教学中,教师花了大量的时间带着学生梳理不同的思维路径。

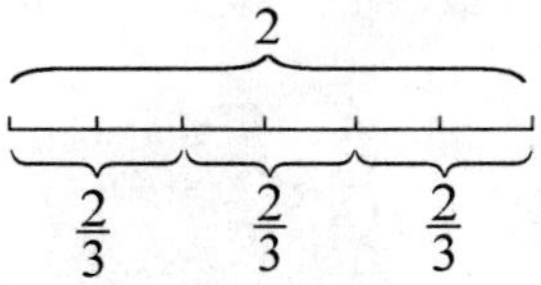

$2\div\frac{2}{3}=2\div(2\div3)=2\div2\times3=3$

$2\div\frac{2}{3}=(2\times3)\div\left(\frac{2}{3}\times3\right)=6\div2=3$

$2\div\frac{2}{3}=\left(2\times\frac{3}{2}\right)\div\left(\frac{2}{3}\times\frac{3}{2}\right)=3\div1=3$

$2\div\frac{2}{3}=6\div2=3$

$2\div\frac{2}{3}=2\times\frac{3}{2}=3$

当然这样的时间花的是否值得是一个需要教师反思的问题？不过学生在对整个学习过程进行反思时所谈到的感受，让教师深深地体会到这一环节的价值所在。

生 1：教师，我能用句诗说说我的感受吗？

师：当然可以。

生 1：“横看成岭侧成峰，远近高低各不同。”

生 2：我想再给他补上两句：“不识庐山真面目，只缘身在此山中。”

师：你们太了不起了，不但能够站在一个更高的视角看待分数本身的问题，而且还能借助诗句表达出自己的感受。

（二）启航之地——基于价值的反思

数学课堂中的回顾与反思另外一点就是数学价值的反思，即对于课堂中的突出体现数学价值的环节进行回顾与反思。

案例 28：“深刻体会‘比’的价值”

师：出示阅读文本和照片

1964 年《中国画报》封面刊出了一张照片。大庆油田的“铁人”王进喜头戴大狗皮帽，身穿厚棉袄，顶着鹅毛大雪，握着钻机手柄眺望远方，在他身后散布着星星点点的高大井架。

师：说说通过材料和照片可以知道什么？

生：戴着帽子、穿着棉袄等

师：解读事件的后续发展。

日本有关部门通过照片中的扶手栏杆与反应塔的相对比例推断，该反应塔的直径大约为5米；根据反应塔的直径，推断出大庆炼油厂的年加工原油能力为100万吨。

而据报道当年大庆“已有820口油井出油”，年产原油360万吨，估计到1971年可增加到1200万吨。

日本决策机构推断：我国正需要日产一万吨的炼油设备。

果不其然，没过多久，中国石油工业部就开始在全世界范围内购买，而日本的炼油设备以其有现货、价格低、符合中国的实际生产能力而倍受欢迎，一举中标。

图 4-28　铁人王进喜

（参见王培智主编，《软科学知识词典》，中国展望出版社，1988）

师：在解读完事件后，请把自己此时的感受记录下来，并作全班交流。

生感受非常多，记录结果如图4-29所示。

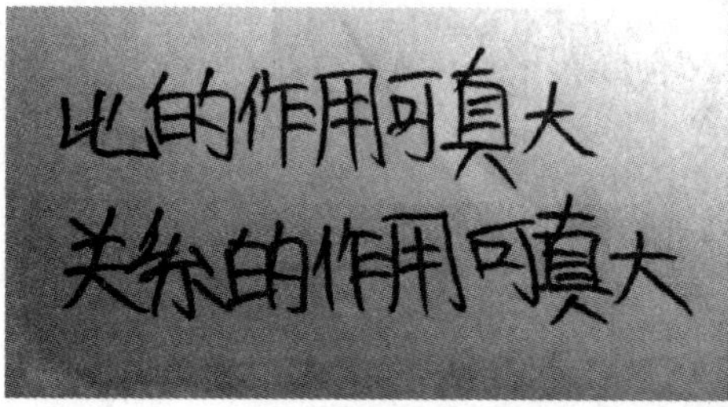

(a)

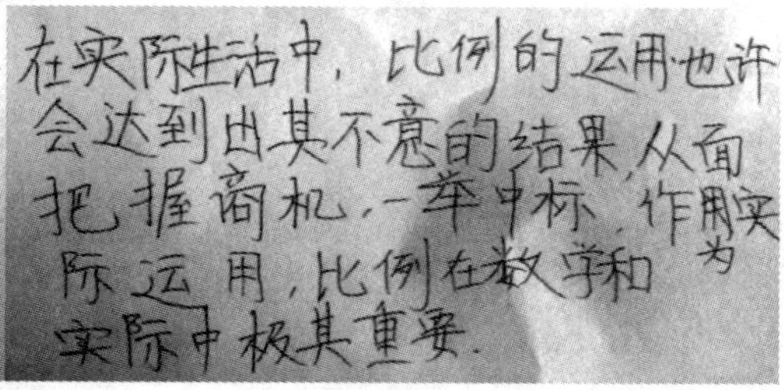

(b)

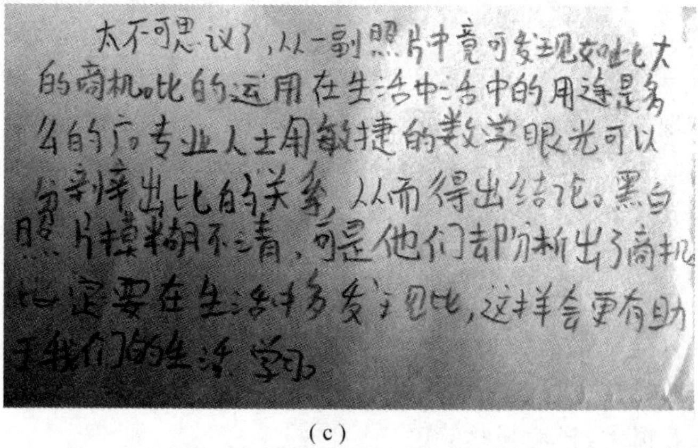

(c)

图 4-29

教师对事件的解读与学生的理解的巨大反差，给学生带来一种强烈的震撼。他们把这种震撼，在交流中体现了出来。学生也从更广泛的层面感受到比的价值、感受关系的价值。“生活中的比”是一节单元起始课，在准备的时候团队数学教师就在想，一节起始课到底要带给孩子什么呢？仅仅是一个单元的开头么？显然是不够的。附小数学团队希望学完这节课就像站在海边眺望大海一样，印在学生的头脑中是一片广阔的空间，而不是一条窄窄的小路，希望学生能够拥有广阔的视野，广阔的胸怀，广阔的志向。

四、课堂即时评价的策略

评价是学科教学不可分割的一部分，评价的意图不在于比较或“攀比”个体差异在群体中的位置，不在于给学生排序分等，而是旨在通过激励学生参与评价的内在动力，促进学习，唤起其发展的潜力，从而在更深刻的心理背景下获得学习者学习的主动性。数学课堂中，有效的评价策略会大大激发学生的学习积极性，在评价中树立自信，在评价中找到方向，在评价中得到反思与提升。

（一）鼓励性评价

在数学课堂教学中，应多采用鼓励性的评价，从而调动学生的积极性、激发数学的学习兴趣。

案例 29：角的度量

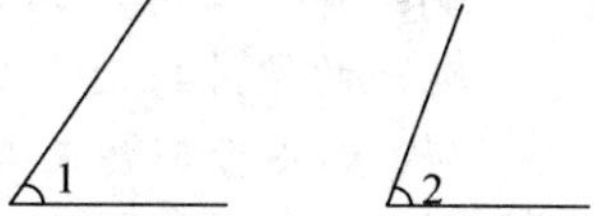

图 4-30

师：展示如图 4-30 所示两角，请学生比较大小。∠1、∠2 谁大？你能用什么办法解决这个问题？

生思考。

生 1：用量角器或者三角板量。

师：你都知道量角器和三角板了，真不错。给你提个有难度的问题，能不能用我们学过的知识解决呢。

生 2：把两个角重合起来比较。

师：听起来真简洁！但具体该怎样操作呢？我和同学们都期待着你的结论。

生 3：用眼睛看看就能够比较出来。

师：哦，真是好眼力啊！想想怎样让你的结论更有说服力，让大家都认可呢？

生4：先画条线，然后用尺子量一量他们之间的宽度，测量一下就能比较了。

师：在哪儿画呢？怎么画呢？量什么呢？测什么呢？又怎么比较呢？

学生在思考。

师：没关系，静静地思考，一会我们试试看。

师：同学们说了很多方法，大家听的也非常认真。相信你们心里都有了自己的方法，那就坚持你的方法，动手操作吧。

教师的评价语轻松、简洁而且具有激励性，在肯定学生方法简洁的同时引发学生对具体操作过程的深入思考，同时给予非常真挚的鼓励和希望。相信教师和学生们的期待对学生一定有着莫大的精神鼓励。试想，当学生在具体操作中遇到了困难时，试图放弃时，教师的话会给他带来什么，同学们的期待会给他带来什么？在充分的讨论了各种方法之后，相信每个学生心理都有了自己的方法。有些学生可能是原来就已经有了自己的方法，有些学生可能是开始没有方法，通过倾听受到了启发。教师运用总结性评价，把学生们所有的方法进行汇总，使每个人都能够踏上研究之路。

（二）呵护性评价

当孩子的在课堂中出现小"错误"时，可以利用呵护性的评价保护孩子的自尊心和自信心。

案例30：正方形面积计算

这一教学片段是在学生完成对于长方形面积计算的探索之后发生的。

师：那正方形的面积你们会计算吗？

生：会。

生1：很积极，正方形的面积等于边长乘4。

师：停顿了一下，你再好好想一想？

生1：没错呀！

生2：边长乘4求得的是周长，正方形面积等于边长乘边长。

生1：低下了头。

师：孩子没关系，这回明白了吗？

生1：明白了！

师：孩子们你们觉得生1出现的小问题有没有价值？

生3：有，它使我们再次区分了周长和面积的不同。

师：说得很好，其实问题同样是财富！

简单的一句“问题是财富”，不但呵护了孩子们的自尊心，而且还能够激励这位同学在今后的学习中能够更具有自信心。其实这样的小片段在我们的课堂教学中会经常出现，面对这样的情况，教师可以首先从问题本身寻找价值，只要教师有这样的意识，就总能找到它的价值所在。

（三）知识性评价

从知识理解的角度去评价学生，对于他们来说更是一种肯定，同样可以很好调动孩子的学习积极性。

案例 31：分数乘整数教学片段

师：出示$\frac{2}{5}\times 2$这个算式并板书，“这个算式见过吗？你有哪些不同的方法得到这个算式的结果？请把你的方法表示出来。”

生在纸上利用不同的办法寻找算式的结果，尽可能多地展现自己的想法。

师：在学生活动时，寻找学生课堂生成的资源，如有错例一定要抓住。

师：让我们共同来欣赏一下同学们的想法。（分别出示学生课堂生成的资源）

$\frac{2}{5}+\frac{2}{5}$

师：请同学们静静地看一看，能明白他的意思吗？谁来说一说？

师：特别了不起，你是利用乘法的意义在解决问题。谁能像他一样再说一说？将学生的方法记录到黑板上。有哪些同学用到了同样的方法？看来大家对于乘法的意义理解得很深刻，板书乘法的意义。

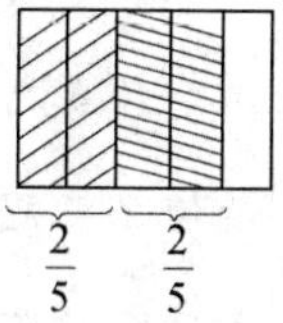

师：谁能读懂他的意思？说说你的理解？

生结合分数意义去解读本图。

师：看看我们的同学多厉害，能够利用这样直观的方式表示对图的理解。

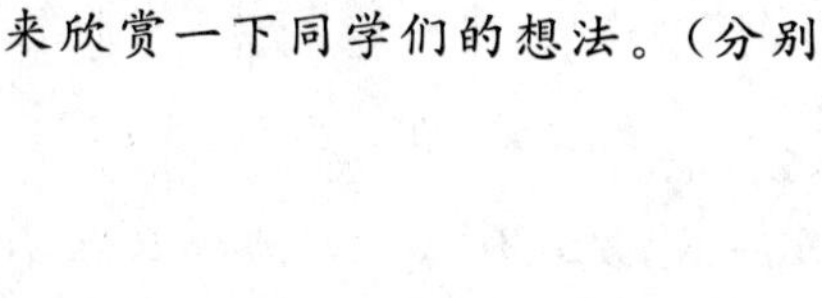

师：同样都是直观图，你能明白他的意思吗？为什么到结果时却把阴影放到一个图里了？（目的：在与上图进行比较和回答教师追问的问题时使学生体会单位“1”的重要性。)

师：你非常清楚地理解了单位“1”的重要性。贴图到黑板并板书单位“1”。$\frac{1}{5}+\frac{1}{5}+\frac{1}{5}+\frac{1}{5}$

师：懂他的意思吗？原来$\frac{2}{5}$还可以理解为两个$\frac{1}{5}$相加。$\frac{1}{5}\times2\times2$

师：谁能明白他的意思？说说你的理解，也是将$\frac{2}{5}$看成了两个$\frac{1}{5}$。板书$\frac{2\times2}{5}$

师：能看明白他的意思吗？分子上的两个2分别表示什么意思？那2×2在算什么？同样把$\frac{2}{5}$看成了两个$\frac{1}{5}$。

师：这三种方法有什么共同点？不仅能够读懂别人的方法，还可以建立几种方法之间的联系。看似不同的三种方法，但都是从分数单位的角度去理解的。板书：分数单位

如果学生出现$\frac{2\times2}{5\times2}=\frac{4}{10}$的错误，在这里进行处理。

师：请你静静地看一看，发现什么了？为什么5不能乘2？我们要感谢提供这个素材的同学，他再一次提醒了我们要关注单位“1”。

$2\div5\times2$

师：能看懂吗？2÷5表示什么意思？如果从除法的意义来说，2÷5表示什么意思？原来$\frac{2}{5}$还可以这么理解！(板书。)有哪些同学用到了同样的方法？你们是从分数与除法的关系去理解的。

0.4×2

师：谁能读懂它的意思？你把$\frac{2}{5}$化成了小数，是从数量的角度理解$\frac{2}{5}$的。板书谁用了同样的方法？你们是用分数与小数的转化去理解的。

总结：一个简单的$\frac{2}{5}\times2$，大家能够有这么丰富的途径去理解它，这有赖于大家对于分数和乘法的丰富的认识。

2. 再谈对$\frac{2}{5}$的理解。

(目的：经过前面对于分数意义的回顾，希望学生能够从分数意义、分数与除法和分数与小数的角度谈认识。)

师：现在我们再来看$\frac{2}{5}$，你怎么理解它？

师：一个简单的$\frac{2}{5}$，大家能够对它有这么丰富的理解，带着你们的理解我们再来看看$\frac{1}{5}\times 2$怎么算。

生：0.4、两个$\frac{1}{5}$，意义角度、用图表示等。

从这一教学片段可以看出，教师在对学生进行评价时，除了鼓励性的语言外，其他都是知识性评价。正是有了这样的评价后，才很好地唤起学生对于分数知识的已有认知，也使学生能够站在一个更高的视角看清分数本身的问题。

（四）源于学生的评价

学生之间的评价也非常重要，往往来自学生的评价更加的真切，在评价别人的同时，又加深了自己对于知识本身的理解。

案例32：搭配中的学问

“搭配中的学问”是北师大版三年级上册第三单元“千克、克、吨”中最后一课的内容，是一节实践活动课。

教学片段如下。

师：生日会上，主人选了2束鲜花和3个蛋糕，觉得都不错，如果选一个蛋糕配一束鲜花，想想看，共有几种不同的搭配方法呢？请每个同学独立思考，把自己的想法写在纸上。

经过一段时间的思考，学生的呈现方式可以分为几类。

生1：共有6种搭配方法。

鲜花1＋蛋糕1
鲜花2＋蛋糕2
鲜花1＋蛋糕2
鲜花1＋蛋糕3
鲜花2＋蛋糕1
鲜花2＋蛋糕3

生2：共有6种搭配方法。

鲜花1＋蛋糕1
鲜花1＋蛋糕2
鲜花1＋蛋糕3

鲜花 2 ＋ 蛋糕 1

鲜花 2 ＋ 蛋糕 2

鲜花 2 ＋ 蛋糕 3

生 3：我和他们想的不一样，但是也有 6 种搭配方法。

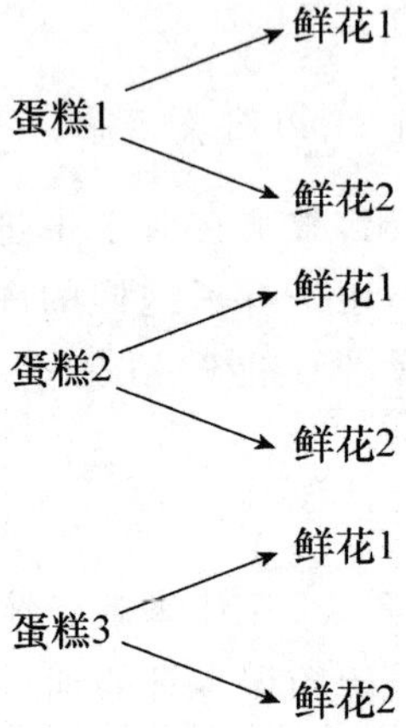

师：请每个同学观察三种不同的解决问题的方法，你能看懂吗？你更欣赏哪一种？为什么？

学生独立观察思考。

生 4：我更欣赏第三种方法，因为它先选定鲜花，然后再给不同的鲜花配蛋糕，看起来很清楚、很简单。

生 5：我更欣赏第二种方法，因为它先是以鲜花 1＋蛋糕 1，蛋糕 2，蛋糕 3 的顺序，然后以鲜花 2＋蛋糕 1，蛋糕 2，蛋糕 3 的顺序，非常的清楚，而且用文字和“＋”号表示出来，让人一下子就明白他是怎样搭配的了，非常有条理。

师：第一种方法也同样写得很清楚啊，为什么没有同学选择那种方法呢？

生 6：第一种方法显得有点乱，先是“鲜花 1＋蛋糕 1、鲜花 2＋蛋糕 2”，又是“鲜花 1＋蛋糕 2、鲜花 1＋蛋糕 3”，后来又是“鲜花 2＋蛋糕 1、鲜花 2＋蛋糕 3”，显得没有顺序，很乱，感觉好像是想起一个写一个，很容易丢掉(其中的一个搭配方法)。

师：刚才我们已经讨论了 3 种不同的解决问题的方法了，还有没有别的想法？

生 7：我是用图形代替鲜花和蛋糕进行搭配的：

□代表鲜花，○代表蛋糕，表示为：

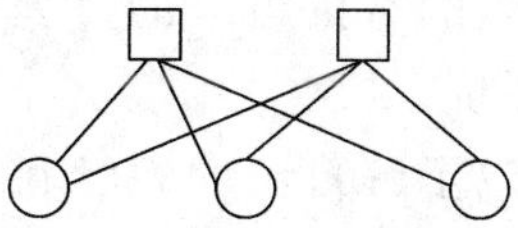

生8：我和其他同学的做法还不一样，我是用数字和字母代替鲜花和蛋糕进行搭配的：

鲜花：A、B；

蛋糕：1、2、3；

最后搭配成：A1、A2、A3、B1、B2、B3或者1A、2A、3A、1B、2B、3B。

师：真有意思，这两种方法和我们刚才讨论的方法又不一样了，你认为他们的方法可以解决问题吗？你想发表一下你的观点吗？

生9：他们的方法真简单。

生10：其实生8的方法和刚才差不多，也都是以一个为标准选择不同的搭配，只是用符号和字母代替了汉字。

生11：我觉得他们的方法能够解决问题，而且用起来很方便。但是只看后面的字母和图形是不行的，一定要结合前面的看。（生11的意思是首先要知道□、○，或者字母和数字都代表什么。）

生12：我想给他们提一个建议，他们应该强调一下□、○代表什么，否则别人会看不明白的。

师：同学们的想法真是非常好，不但解决了实际问题，还能够把问题由复杂变得简单，并且用数字或者图形表示出来，真是了不起！

这节课以“生日会中的数学问题”为主要线索，为学生自然而亲切地搭建了一个讨论的平台，教师组织和引导学生进行实践操作、自主探索、合作交流。活动中不但有教师对于每位同学的评价，而且更多地安排了同学间的互相评价，来自同学的评价更易于得到孩子们的接受，使彼此之间可以互相借鉴、相互欣赏。所以教师在教学中应该多多安排学生之间的互相评价，给孩子们搭建一个平台，他们会带来更多的精彩。

第四节　教学评价的策略

教学评价是指依据一定的客观标准，对教学活动及其结果进行测量、分析和评定的过程。它以参与教学活动的教师、学生、教学目标、内容、方法、教学设备、场地和时间等因素的有机组合的过程和结果为评定对象，是对教学工作的整体功能所做的评价。

通过教学评价，教师可以了解自己的教学目标的确定是否合理，教学方法、教学手段的运用是否得当，教学的重点、难点是否讲清楚，也可以了解学生在知识、技能和能力等方面已经达到的水平和存在的问题，分析造成学生学习困难的原因，从而调整教学策略，改进教学措施，为教师的教学和学生的学习指明方向，有针对性地解决教学中存在的各种问题。而教学评价的结果，不仅可以为教师判定教学状况提供大量的反馈信息，而且也可以为学生了解自己学习的好坏优劣提供直接的反馈信息。

近些年，北大附小数学团队非常重视本校数学学科教学评价体系的建立。教师们也大胆地做了一些尝试和调整：不仅仅关注学生的学习成绩和考试结果，也不仅仅是单一形式、单一维度的评价，而是将评价立足于学生的终身学习和整个生命发展中，因此团队在评价内容、评价方式和评价维度上进行了以下调整。

（一）评价内容调整的策略

对学生学习的评价，既要关注学生知识与技能的理解和掌握，更要关注他们的情感与态度的形成和发展；既要关注学生学习的结果，更要关注他们在学习过程中的变化和发展。评价的主要目的是为了全面了解学生的学习历程，激励学生的学习和改进教师的教学，应该建立科学的学科教学评价体系。

以往，北大附小教师更多地关注学生的学习成绩，只从考试结果对学生评价，慢慢地，教师发现可评价的内容不只是有试题和学习内容这些客观存在的东西，还包括学生这一极具价值的生命个体的成长。

（二）对客观内容评价的调整

近几年，我校追随海淀区六年级数学学科学业质量检测的脚步，受到启发，学校力求在各年级的期末测试卷中增加对学生过程性、经验性知识的考察，也努力要求各年级组在每个单元试卷中尝试编题，将学习中过程性的东西更多地体现出来，突出对学生学习过程的考察。

案例 33：用一幅图及文字来解释 $3\div4=\frac{3}{4}$ 这个算式的含义

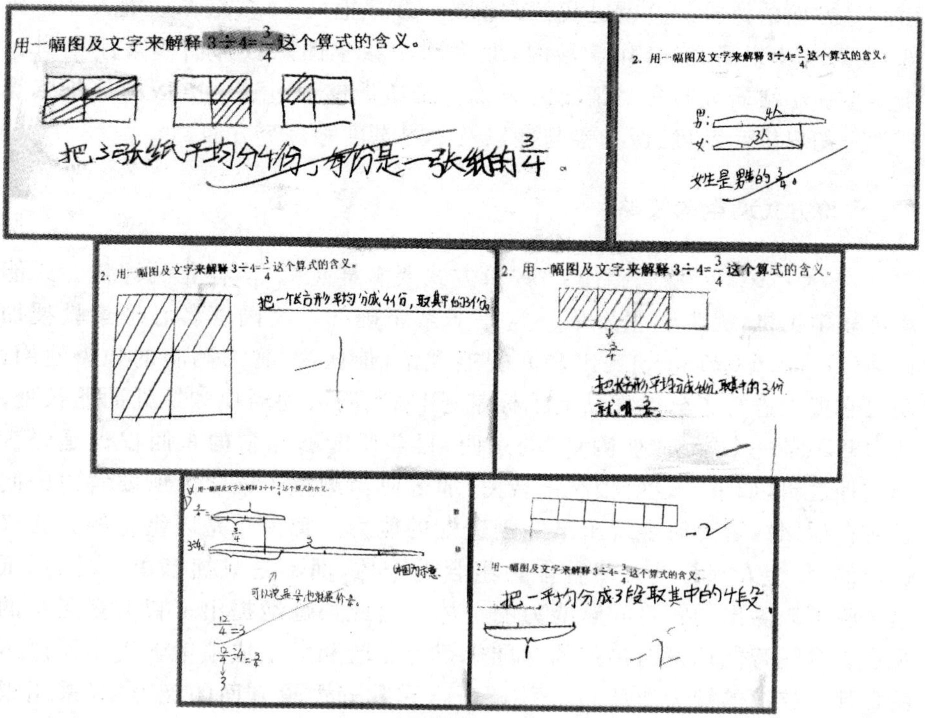

图 4-31

说明：这是选自四年级第二学期第三单元分数单元的检测题，题目正反映了对分数与除法这一内容的考察。学生根据自己的理解出现了很多答案，也反映了学生理解的不同等级。

（三）对主观内容评价的调整

德国教育家第斯多惠曾说过：“教学艺术不在于传授本领，而在于激励、唤醒和鼓舞。”因此，团队认为在现代教育的背景下，发展性评价和鼓励性评价更能增强学生的自信心，调动学生学习的积极性，使学生处于主动、积极的学习状态，才是当今时代对教育的要求。对学生的评价要像一个“泵”，不断给学生加油，而不要成为“筛子”，使一部分人成为失败者或淘汰者，对学习终身厌烦。

对评价主关内容的调整，既要关注学生对知识技能的理解和掌握，也要重视学生发现问题和解决问题能力的培养和提升，更要关注他们的情感与态度的形成和发展，这些体现了对学生培养目标的多元化。情感与态度的评价包括学生参与学习活动的情况，学习的习惯与态度以及学习兴趣与自信心等方面的评价。这就是我们常说的：多一把尺子，多培养一批人才。比如，在课堂小组研究、合作学习时，北大附小数学团队教师们非常注重对每个学生在小组研究时参与情况的评价。希望能够通过这一方面的评价感受到学生的思维活跃度、课堂参与度以及学习态度等多个方面。

二、评价方式调整的策略

《标准(2011年版)》指出："评价方式要多样化"。多样化的评价方式能增进教学生机，促进学生发展。这是非常正确的。美国著名心理学教授加德纳(Howard Gardner)提出多元智能理论，他认为，智力测验的频繁使用，使得它把人进行了分类并贴上了标签，用来判断人的弱项和短处而非长处。智力并不是一个容易"被测量"的东西，目前所能够测量的东西仅仅是语言和数理逻辑，如果一定要去测量智力，那么应当侧重于该智力所要解决的问题或在运用该智力时表现出来的创造性的能力。智力总是以组合的方式来进行的，每个人都是具有多种能力组合的个体，而不是只拥有单一的、用纸笔测验可以测出的解答问题能力的个体。由此加德纳提出了智力多元论的观点。多元智能理论对传统的标准化智力测验和学生成绩考查提出了严厉的批评。传统的智力测验过分强调语言和数理逻辑方面的能力，只采用纸笔测试的方式，过分强调死记硬背知识，缺乏对学生理解能力、动手能力、应用能力和创造能力的客观考核。

因此，北大附小数学团队结合不同年级学生的年龄特点，做了不同方式的评价尝试。比如在低年级采用数学幻想画、数学手抄报的评价方式；在中年级开展数学日记的展评交流；在高年级鼓励孩子们动手创作思维导图。这些形式的评价，更加关注了学生在学习过程中的收获和感受，甚至是困惑和疑问。对于学生的作品，教师并不是给予打分，而是通过这样一个展示交流的平台，让学生之间相互学习，相互借鉴。

(一) 数学幻想画

数学幻想画是一种以培养人的想象创新能力和数形结合思维为主要内容的想象画。通过数学想象，可以使对数学有初步感知能力的人(如小学儿童，甚至是幼儿)头脑中形成更为具体、形象可感的画面与思维，提高数学应用能力，开发人的智力。

根据低年级学生的学习特点，为了激发学生的学习兴趣和巩固对知识的学习，教师建议让学生画数学幻想画。一方面符合孩子爱画画、爱动手的特点，另一方面还能培养学生的学习兴趣并巩固知识。

图 4-32 主题幻想画

说明： 这是一年级第一学期第一单元学习生活中的数之后布置的主题幻想画。学生在巩固知识的同时，发挥了很好的想象力。

（二）数学日记

数学日记，就是让学生以日记的形式记录下他们对每天数学教学内容的理解、评价及意见，包括在数学学习中的真实心态和想法。

从三年级开始，小学生的思维从以具体形象思维为主要形式逐步向抽象逻辑思维过渡，但仍有很大程度的具体形象性。此阶段小学生思维的独立性、主动性增强，想象的有意义性和目的性迅速发展，独立性、创造性、概括性和逻辑性也开始得到发展。此时，学生的想象更具有现实性，但想象的复杂性、概括性、逻辑性与创造性成分都不高。不过，学生已经能够从多角度思考问题，此时是培养他们发散思维的最佳时机。学生们已能较为主动、积极地学习，不像低年级学生那样需要教师特意引导其对学习的注意和兴趣。

图 4-33 数学日记（一）

说明：图 4-33 是三年级第一学期第四单元认识平面图形后某学生写的数学日记。

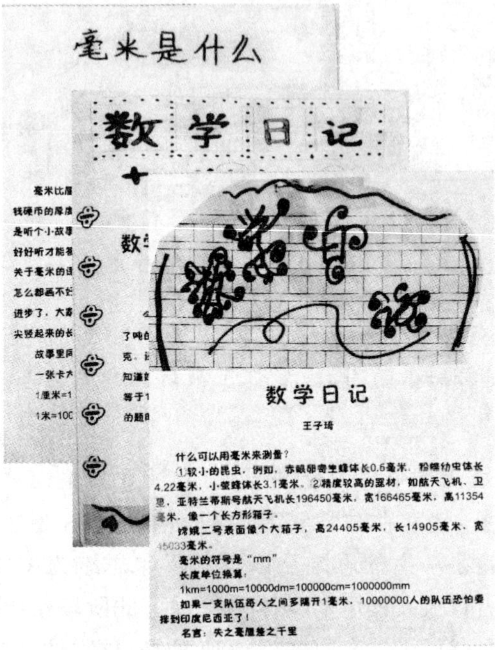

图 4-34　数学日记(二)

说明：图 4-34 是三年级上第三单元学习长度单位和质量单位后学生写的数学日记。

（三）数学手抄报

数学手抄报是与数学相关的趣味性小报，主要内容有：数学知识、数学家故事、数学趣题、数学家名言等。

图 4-35　数学手抄报

说明：图 4-35 是四年级学生制作的综合性手抄报。

（四）思维导图

思维导图俗称心智图(Mind Map)，是一种图像式思维的工具以及一种利用图像式思考辅助工具来表达思维的工具。

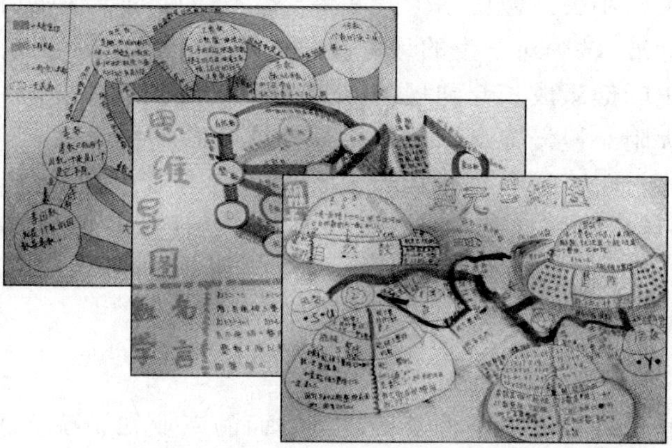

图 4-36　思维导图(一)

随着年级的升高、年龄的增大，小学高年级学生的能力也越来越强了。他们有较强的自主意识，独立性增强，开始喜欢标新立异，发表独立见解。不喜欢简单重复的事情，喜欢创造性地解决问题。思维导图的学习方式比较符合孩子的特点，既能满足他们的创造性，又能巩固知识。

说明：图 4-36 是四年级第二学期学生在学习自然数与整数单元后完成的思维导图，很好地体现了知识之间的关系。

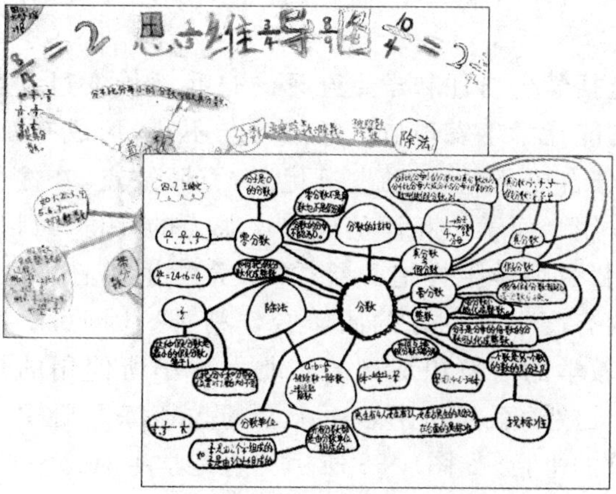

图 4-37　思维导图(二)

说明：图 4-37 是四年级第二学期学生在学习分数单元后完成的思维导图。

三、调整评价维度

以往北大附小关注教师对学生的评价，把教师对学生的评价当成学生好坏的唯一标准，教师对学生的评价在很大程度上影响着学生的学习成绩，甚至会对学生的健康成长起到积极的、重要的、不可估量的作用。

但是北大附小慢慢地意识到单一评价维度的不科学性。学生是学习的主体，在各类的评价活动中，学生都是积极地参与者和合作者，因此应建立开放、宽松的评价氛围，鼓励教师、学生和家长共同参与评价，实现评价主体的多元化，帮助学生在自我评价、互相评价、师长评价中不断反思，认识自我，从而实现自主学习和发展。

（一）教师评价

教师本身以教育者的身份及其教育方面的专业知识确立了其在学生中的权威性、影响力。教师的认可、赞扬可以使学生获得成就感，增强自信。而且教师在学生学习过程中是最能仔细观察了解学生的学习情况并及时予以引导的，因此从学生的发展这个目标出发，教师应设计实施科学有效的各级评价。评价维度在学生学习的不同阶段，教师制定不同的评价标准循序渐进，使学生在数学学习中能不断地得到提高。

（二）学生评价

数学教学评价中，除了常规教学中的教师评价外，北大附小还侧重开展了学生互评、学生自评与小组评价相结合等多主体评价，有效调动了学生积极主动性。

学生评价包括学生自评和学生互评。自我评价的过程实际上是对自己的反思过程。它能让学生发现自己的成功与不足，形成有效的学习方法，提高学习能力，培养自控意识，主动发扬优点，克服缺点，在健全学生的人格方面也起到重要作用。而学生互评是最有说服力的评价，可以起到互相督促、互相学习的作用，激励学生你追我赶，并培养学生虚心听取他人意见、诚恳对待学习伙伴的态度以及良好的团队合作精神。因此，学生互评是评价的主体，它应成为教学的有机组成部分。北大附小所使用的是浙江教育出版社出版的“新思维数学系列丛书”，所配套的教辅练习册中每单元后都有这样一个自我评价的平台，如图 4-38 所示。这是学生对这一单元的自我评价，包括学习内容、学习感受，甚至还有问题仓库等。

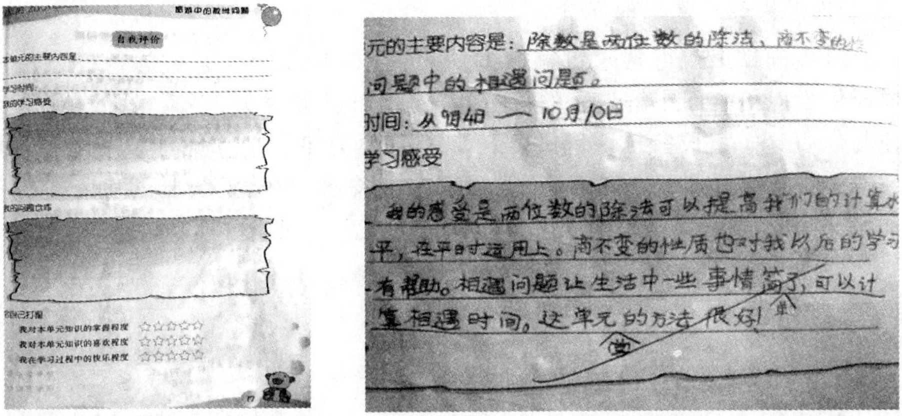

图 4-38

小组活动是数学教学的主要活动方式，也是合作学习的重要手段，因此，我们也很重视小组评价，也即学生与学生之间的互评。在小组中表现优秀的学生除了能获得个人奖励外，还能为小组额外获得小星星。这样既肯定了个人，又顾及到了整体。在个人和集体荣誉感的驱使下，学生们都积极地参与到课堂每一个环节当中。还有在实践活动中，教师会以类似表 4-10、4-11 的形式让学生之间互相评价，相互欣赏和提出建议。

表 4-10

学生实践活动评价表	
你对题目选择的想法	优点 建议
你对研究与实施的想法	优点 建议

表 4-11

对结论比较满意			
小组合作完成任务			
小组分工合理			

（三）家长对学生的评价

学生同样渴望得到来自家长的认可、赞扬和鼓励。家长的积极评价同样能使学生更全面了解自己的长短处，明确自己的努力方向，增强学习的兴趣与信心。而家长参与评价又能帮助家长更充分及时了解子女情况，从而及时引导或鼓励督促子女等，并能融洽亲子关系，为学生营造更和谐的成长环境。因此，家长评价也是评价的重要内容之一。如图 4-39 所示。

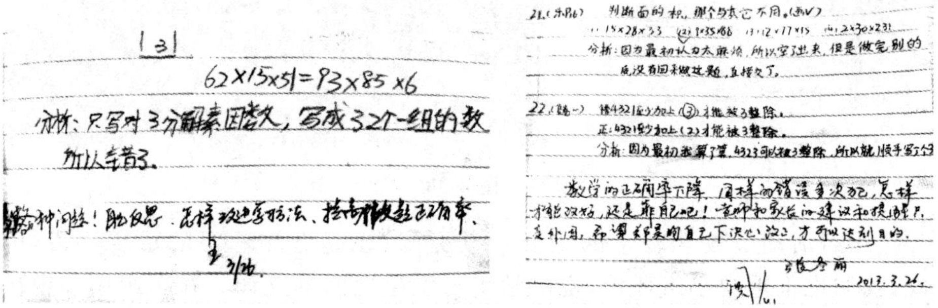

图 4-39

综上所述，北大附小数学团队希望通过对教学评价多种方式，多重维度的调整，不仅关注学生对于数学知识最后的掌握情况，还希望了解学生们的探索过程和取得的进步，更希望他们有好的学习态度，有浓厚的学习兴趣，有足够的战胜困难的决心，有一个轻松快乐的心态！

第五节　课程实施的教学特色

一、以人为本的育人目标

培养什么样的人，一直是北大附小数学团队思考的核心问题，根据人的发展架构数学课程的理念更是源于对北大精神的文化传承和数学思想的执着追寻，二者共生共长，相得益彰。

（一）植根于北大的人文底蕴

北大附小深深地植根于北京大学源远流长的文化沃土之中，在这座古树苍苍 、生机勃勃的校园中，一处一景、一石一木无不折射出“思想自由、兼容并包"精神光芒。在北大附小"以人为本,快乐和谐发展"的办学理念下,数学团队也逐渐摸索出一条结合北大人文底蕴,同时又彰显自身特质的可持续发展之路。

在这个基础上,北大附小的数学教育以及数学课程逐渐了凝聚了核心的特质,即"尊重、宽容、等待、欣赏"。在课堂上,教师不会为了教授知识而忽视学生的成长,在面对不同学习程度的学生时,他们会选择"等待",以便让每一个学生都能跟上。在交流中,教师会用欣赏的眼光衡量每一个学生的思想,并将这种欣赏的力量传递给每一个学生。

北大附小的数学课程始终追求的是一种"全人"式的教育,重视自由和谐、完满发展,充分尊重每一位教师和学生,一切从师生的成长和需要出发,彰显出对每一个个体的呵护,对生命的尊重。

(二)立足于北大附小的核心目标

北大附小的数学课程以"研数思形,启智通慧"八个字作为学生数学学习的培养的核心目标,不仅源于对生命发展的关注与尊重,更基于对数学思想与精神的执着追求。

在北大附小的数学课堂上,这种思想也被集中地体现出来。正如在学生学习"圆的周长"一课中,教师敢于打破旧有的教学模式,将学生已经默认的知识重新进行审视,并积极引导学生关注 π 值的产生过程,与学生们一起思考如何在测量中正视误差,如何在数据的记录上实事求是。在课后,教师的反思总结这样写道,"这节课其实拥有远比知识更重要的东西,那就是让学生学会如何面对事实,逐本求真。"

数学团队在对数学精神与思想的追求和实践中,持续关注学生的发展和素养的提升,二者成为附小数学课程的永恒主题,宛如两条"生命的螺旋",交相呼应、相互促进。数学课程的发展重在知识,儿童的发展重在彰显人的生命活力。数学团队始终追求着将二者有机地融合为一个富有生命的数学课程,这使得北大附小的数学课程别具一格、熠熠生辉。

二、三位一体的课程体系

学校的特色,必须是全面提高学生素养基础上的特色,其最终目的是要以特色作为一种发展的载体,在学生、教师、目标、课程、方法、评价等方面,成为可持续推动学校全面发展的不竭动力。

因此,数学团队为了进一步提升学生的数学学习素养,积极开展了教学研究和校本研发等工作,对现行的知识版块和能力板块进行了有机地梳理与整合，在课程设计中既关注了底层基础知识的生成路径，又兼顾了学生数学实践能力的发展，同时数学课程还可以引发学生在价值层面的思考与体验。这样就形成了蕴含丰富又独具特色的“三位一体”的课程体系，即基础课程、实践课程和校本课程。这三类课程是一种“生长”性的关系，它们之间既有区别又有联系，既兼顾学生的数学发展，又有不同的侧重培养，成为最终实现学校理想的“全人”教育的重要组成部分。

在以“生长”为主题的数学课程体系中，不容忽视的是数学教师团队的改变，这种改变是一种向上的力量，这种改变来源于每位教师思想观念上的转型。教师的观念从最初的培养“会解决问题”的学生，到现在更致力于培养具有“理性思维，应用意识和创新能力”的人。为了实现这样的课程目标，数学团队以丰富的数学活动为依托，通过基础类课程、思维类课程和实践类课程这三类课程的架构，为每一位学生和教师都提供了一个多元而广阔的视角与平台，如图 4-40 所示。

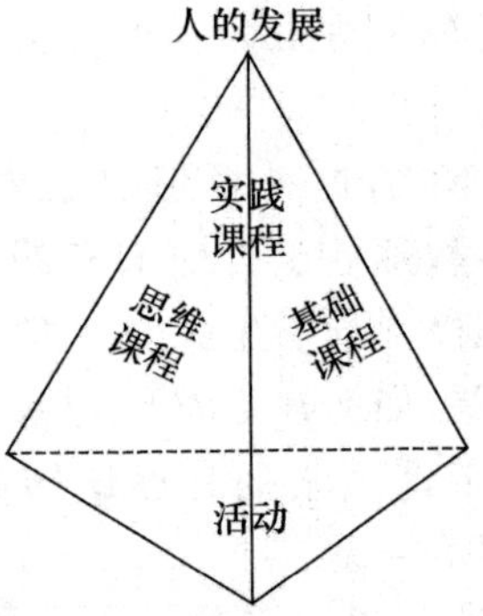

图 4-40

(一) 关注发展的基础课程

基础类课程位于数学课程架构的基础层面，以课标为指向，以教材为依托，面向的是全体学生，通过教师的常规教学活动得以进行。

首先，基础类课程本身就围绕学生和学习展开的。美国的教育心理学家加涅曾经提出“为学习设计教学”的理念，其核心就是以学生为本，因此基础类课程的定位都是为学生的发展而服务，重视学生不同的学习需求。这一定位成为基础类课程设计的重要依据。

其次，北大附小的数学团队根据课标和教材的体系，对原有的基础课程进行了大胆的调整与设计。通过对“数与代数”“空间与几何”和“统计与概率”等三个知识版块的横向比较，进一步梳理了一系列核心课程，形成了课程的显性线索。同时，数学团队还纵向梳理了第一和第二两个学段教材内容，对不同年级段的数学知识加强了内在的沟通与联系，从而形成了对知识体系整体把握整的隐性线索。

最后，这两条线索的共同作用，使得基础类课程的指向更集中在关注学生的发展上，因此课程的设计也发生了转型。比如在学习两位数乘一位数（个位进位）的内容时，教师没有生搬硬套课本上的算理，而是借助学生对乘法研究的成果，全班交流了不同的计算方式，一起寻找联系、一起解读计算方法背后的智慧，一节课下来，学生感到既有收获又倍感轻松。课后根本不用教师要求，学生们慢慢地都自愿选择化简后的竖式进行书写和计算了。

从被迫到自愿，这种主动性的改变不仅让学生在学习乘法计算的能力上得到了提升，更是教师的观念改变所带来的突破。

在基础类课程中，教师始终关注拉长学习的过程、放慢学习的脚步，让每个学生的学习得到收获，让每一个学生的能力得到发展，让每一个学生都有机会展现属于自己的独特的学习路径，去分享和享受学习带来的快乐。

（二）凝聚能力的思维课程

在课程建构的过程中，北大附小数学团队始终追求着具有“理性思维，应用意识和创新能力”的培养目标，无论是理性思维还是应用意识，最终都需要学生形成多种数学能力的复合，不同的能力之间彼此相互促进，相互支撑。

数学能力包括抽象思维能力、逻辑推理与判断能力、空间想象能力、数学建模能力、数学运算能力、数据处理与数值计算能力、数学语言与符号表达能力等，而这些能力发展的最终实现需要学生在数学思维层面得到实质性提升。

因此，在遵循儿童的学习特点以及发展规律的前提下，数学团队研发了许多涉及思维能力提升的核心活动和课程，比如通过在中、低年级进行的扑克牌计算游戏，就可以进一步丰富学生的数感，而且数学团队围绕数学思想、方法策略等角度，自主设计了《北大附小数学思维训练》的校本教材，教师以此为载体，不仅为学生积累了丰富的数学研究的方法与策略，而且还渗透了大量的数学思想。比如学生在研究“鸡兔同笼”的问题时，教师根据学生的发现，不断归纳总结出“有序枚举、极端假设、对应统一、等差数列、比的关系……”等至少九种不同的方法与解题策略。

只有更加深刻理解到思维类课程的背后对理性思维、创新能力的不断追求与塑造，才能让更多的学生获得数学能力上的提升。

（三）提升素养的实践课程

课程架构的最终目的就是要实现学生数学素养的全面展现，而不是某一种能力的展示，其中最重要的是需要学生面对一定的问题情境，综合运用各种能力，相互协作共同完成。

首先，数学团队从一年级到六年级设计了一系列不同层次和维度的活动，通过实践类课程，为学生提升数学素养，搭建了一个重要的实践平台。在这个平台上更加关注学生的过程与实践，更加强调在过程中学生的情感体验、态度形成与价值观的改变。

数学团队比对了不同版本教材中综合与实践版块的内容与设置，并细致解读了其中每个设计的核心活动和背后的数学能力。在此基础上逐渐形成了符合附小目标的系列性的“综合实践”活动校本课程。这一课程的开发更侧重于学校环境的独特性和学生个体的差异性，使课程既能适应社会的需求，又能满足学生的需要，最终的目标是充分发掘学生的个性潜能优势，促进学生的数学素养的全面和谐地发展。

其次，实践类课程以丰富多彩的数学活动作为载体，通过图 4-41 所示的课程建构实施。

		课题研究
	方案设计 数据处理	方案设计 数据处理
问题意识	问题意识	问题意识
活动体验	活动体验	活动体验
1—3年级	4—5年级	6年级

图 4-41　课程建构

从图 4-41 可以看出，问题意识和活动体验是贯穿了一至六年级的一条重要的纵向线索，并且循序上升不断发展。从 2003 年至今，数学团队经历了从初步尝试数学实践活动，到相对有计划、有目地地开设和实施；从最初只在小学高年级阶段尝试开展，到两个学段全面铺开。经过了几个轮次的探索，教师和学生都收获了许多，正如学生在参加活动后的研究日志中写道：“我们经历了很多次失败，但是我们也获得了成功。我们经历了许多次磨难，但是我们也得到了答案。生活就是这样，需要你去实践，去探索，用失败探索成功。”还有学生这样写道：“数学并不是一个个枯燥的公式、烦琐的题目，其实数学也是我们生活中必不可少的东西。今后，解决问题就不单单靠自己了，我们有了‘数学’这把利刃，再也不会仅仅把数学当作死板的数字了！”

在数学团队多年的探索中，教师们清醒地认识到，如果把每个孩子比喻成展翅欲飞的雏燕，那么教师通常关注的是学生对知识与技能的掌握，甚至是孩子的成绩。尽管这些很重要，但除此之外有没有比这更重要的东西？比如好奇心、想象力、信念、坚持、梦想、快乐等，也许这就是那只隐形的翅膀！而实践类课程，恰好为学生插上了这对隐形的翅膀。

三、充满人性的数学课程

北大附小的数学团队始终追求做尊重学生个性发展的数学教育，用平等的尊重给孩子生长的机会；用无私的宽容给孩子生长的空间；用鼓励的等待给孩子生长的时间；用真诚的欣赏给孩子向上的光芒。

北大附小是数学课程是鲜活生动的对话，是观点思辨的交织，是研数思形的创意，因为教师才是课程开发的主体，“教师即课程研究者”，学校的“特色”最终取决于教师的教育行为。

而在每一位数学教师看来，北大附小的每一节课都是一次生命的对话，每一节课都是一次生长的旅程，每一节课都是一次生活的改变。

（一）小荷才露尖尖角

在数学教育教学的过程中，学生是学习的主体，学生更是发展的主体。所以我们坚持让学生掌管数学课堂，他们在课上善思、乐学、爱做、敢说。

一次数学课上，李教师带领学生共同研究“分数除法”的内容，整节课都是围绕一个情境展开：

一根 2 米长的绳子，每 2/3 米可以做一个中国结，那么用这根绳子能做几个中国结呢？

学生通过自主探究、交流方法、思想碰撞等环节自主探索出分数除法的多种思考方法，并有效地沟通了各种算法之间的联系，以及各种算法以及相对应的算理之间的联系。直到快下课了，学生仍然兴致盎然、意犹未尽。当李教师让学生们谈收获时，学生们更是兴致勃勃、侃侃而谈。一个学生说："我认为过程比结果更重要！"另一个学生说："交流让我们很受益，交流使我们掌握了更多的方法。"更有学生为表达对板书上留下的多种算法的认识而诗兴大发："横看成岭侧成峰，远近高低各不同！"

让人意想不到的是课后的一段学生访谈。另一位听课的杨教师走上讲台，说道："孩子们，如果给你们一次评课的机会，你怎么评价刚才李教师的这节数学课？"评课这样的教研形式通常是在教师与教师、教师与专家之间进行的，让学生参与评课可不多见。学生全然没有扭捏和委婉，他们争相举手、娓娓道来。有的直言不讳地指出不足："这节课最大的问题是重点不够突出。"有的直抒赞赏心意："我喜欢这样的课堂，朴实、深刻，没有那么多形式化的东西。"

学生的发言真实、自然、精彩，让在场的教师们感到欣慰，也有些汗颜，更受到一股鞭策的力量。当教师真正地做到"以学生为主体"，他们会给我们意想不到的惊喜，当教师真正地做到"以知识为载体"，需要我们站得更高。

（二）为有源头活水来

评价一所学校是否有特色，关键在于这所学校所培养出来的学生是否有个性、有专长。学生的个性很复杂，没有一个规定的标准，但要使学生个性健康成长就得为学生营造一个宽松的学习环境，做到学有特色。校本课程旨在尊重学生人格，尊重学生个性，如果仅凭以往的听讲式、接受性学习方式，那么最终校本课程开发就会失去原有意义，成为学生额外负担。探究性学习是学生自主建构的过程。建构主义认为，只有学生自主建构的知识才是有意义的，真正属于学生的知识，这是他人无法代替的。而要发生建构，学生必须通过探究，亲身经历，获得深层理解。

学生在学习"角的初步认识"内容时，教师根据学生的年龄特点，设计了静态感知角、操作感知角、静态抽象角、动态抽象角等一系列认识活动，让学生充分参与其中，通过活动的不断深入，教师不断澄清学生对角的认识，一起陪伴学生从生活中来，到数学中去。

最有意思的是"比较角的大小"这个活动，教师请学生指出长方形的四个角，并用笔标出长方形的角。然后提问："长方形的这四个角一样大吗？"学生们异口同声地说："一样大！"接着教师撕下其中的一个角，再撕下另一个角，再问："现在这两个角还一样大吗？"，如图 4-42 所示。

学生又异口同声地回答："不一样大！"忽然学生似乎明白了什么，马上改口说“一样大!”

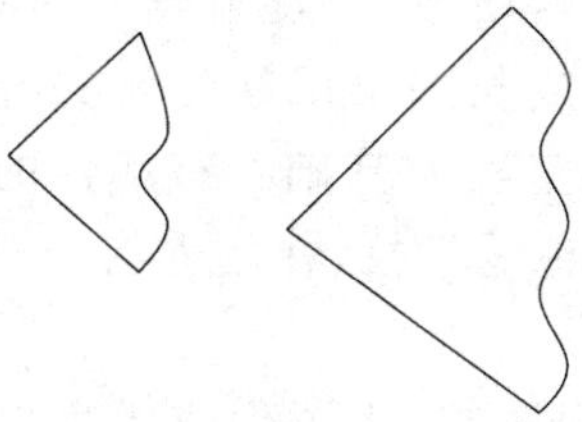

图 4-42

教师不慌不忙地问:“刚才你们说一样大,现在又说不一样大。那么比较角的大小,应该比哪里呢?”学生们听后都兴奋地争论了起来。

在课堂上,学生们就是畅游在这样一个个既兴趣盎然又富有挑战的活动中,一起亲历知识的形成过程,在不知不觉中学习了知识,获得了能力,展现了智慧,更重要的是找到了快乐。

(三)破与立的思辨中

数学课程除了要给学生带来快乐,更重要的是能带给学生一种视角,一次碰撞。学生学习知识在最初的形成阶段,应该是一种建立性的学习,但随着认识的不断加深,更应该有完善结构,甚至重新建构的过程。而“分数的再认识”这一课恰好如此。

在教师最初的调研中,发现学生对分数的认识并不清晰,甚至认为因为分数长得“奇怪”,所以就不是数的观点。因此教师决定在这节课上,对分数的认识进行“重建”。

教师带领学生一起数分数单位,进一步突出分数的度量属性,并与整数、小数进行横向沟通,建立联系,如图 4-43 所示。

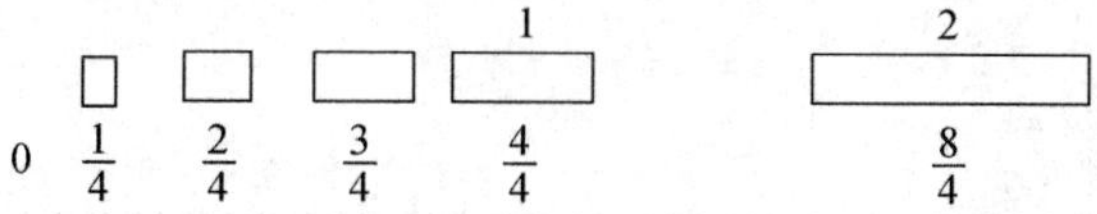

图 4-43

在课的最后教师问学生,如果 1 没有了,还有什么呢?这时学生最初建立的标准消失了,他们一下子沉默了,随着时间的推移,学生从最初的茫然无措逐渐豁然开朗,他们说“没有 1,我们就自己造一个标准。”

当学生经历了如此起伏跌宕的课堂,不断打破自己最初的理解,不断重建新的认识,在反思中学习,在学习中思考。教师带给学生的不仅仅是一个分数的概念,更是一种解读世界、解读自己的方式与视角。

学校特色建设是推进素质教育、促进学生全面发展和个性健康成长的必然要求。学校对学生的成长和发展起着至关重要的作用,优质的学校教育将为学生终身发展奠定坚实的基础。有特色的学校,才可能培养出有个性、有特色的学生;没有特色的学校,在培养有个性、有特色的学生这方面必然是欠缺的。

学校特色建设,归根到底,是为了促进学生全面发展和个性健康成长。两者都体现一种个性化教育,为尊重、发展和展示学生的个性提供了广阔的空间,为了促进学生个性潜能的健康和谐发展。

第五章 “生长的数学”课程的资源建设

课程资源的开发与利用,是保证课程实施的基本条件。随着北大附小数学团队对新课程发展目标的不断深入理解,课程资源的开发和利用越来越受到重视。在北大附小数学团队建构“生长的数学”课程初期,就已意识到资源建设的重要性,因此,不论是硬件资源的开发与建设,还是软件资源的设计与使用,包括人力资源的挖掘与培养,北大附小数学团队均进行了有目的、有计划设计与开发,逐步形成规模体系,为课程的建设和实施提供了坚实的保障。

第一节 数学课程资源建设

课程资源即与课程相关的一切资源。具体而言,即课程设计、实施和评价过程中可以利用的一切人力、物力以及自然资源的总和。至今为止,学术界对于“课程资源”的概念并未提出统一的定义。《标准(2011 年版)》将数学资源界定为:依据数学课程标准所开发的各种教学材料以及数学课程可以利用的各种教学资源、工具和场所。其中包括教材以及学校、家庭和社会中所有有助于提高学生素质的各种资源。换言之,凡是有利于数学课程实施与生成的各种物质的和非物质的条件与因素,都属于数学课程资源。按照空间维度进行分类,数学课程资源包括校内的、校外的;按照性质进行分类,数学课程资源包括实物的、意识的、文化的;按照从属性进行分类,数学课程资源包括人力的、环境的。由此可见,对课程资源的界定并不是绝对的、割裂的,即使是同一资源,也可能从不同维度进行不同分类。

“生长的数学”课程建设的过程中，北大附小数学团队的所有成员经过长期的探索与尝试。以下主要从数学教材资源、多媒体及网络资源、数学实验室资源以及社会资源四方面具体阐述现阶段获得的经验。

一、基础性资源：数学教材

北大附小以“生长”为主题的数学学科教材体系，依托丰富的数学活动，以基础类课程、思维类课程和实践类课程为载体，旨在培养具有理性思维、创新能力和应用意识的人。

1. 基础类

作为数学教学的主体教材，开设基础类教材旨在使学生人人都具备数学素养。此类课程以浙江版《新思维小学数学》教材为主要依据，为学生提供必需的数学基础知识和基本技能，以发展学生的抽象思维及推理能力，培养应用意识及创新意识，并且注重学生在情感、态度与价值观等方面都要得到发展。

2. 思维类

思维类课程以文汇出版社的《小学数学思维训练》为载体，旨在有效地提高学生的数学思维能力，逐步培养学生发现问题、分析问题、解决问题的能力，锻炼学生的思维品质和创造能力。

考虑到小学儿童的学习特点以及思维发展规律，一、二年级的教材选用文汇出版社的《现代小学数学思维训练》，其内容覆盖面广，有利于为低年级学生建立更丰富的知识体系。同时，图文并茂的教材有助于激发学生的学习兴趣。对于三、四、五年级的学生而言，考虑到这一年龄段的学生已经具备一定的知识储备，积累了一些解决问题的经验与方法，因此选用由北大附小数学团队自行创编的思训教材。每个年级涉及的课程内容由本学期所学基础类课程的具体内容决定，同时搭配有助于促进该年级学生思维发展的专题内容。

自编的思训教材每学期只安排 8 讲内容，每讲通常包括 4 道例题和 4 道练习题。例题均是编写教师精选出来的题目。题目的编排顺序由易到难，难度等级从★到★★★★不等。课后的练习题则与例题题型、难度均有比较大相关，以期达到精讲精练的目的。

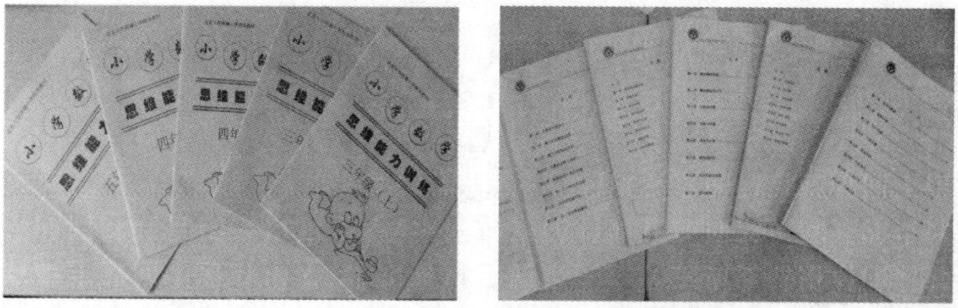

图 5-1

截至目前，三、四、五年级的自编教材已经试用两轮。在第一轮试用过程中，教师们将教学过程中的问题及时记录下来，并反馈到思训教材编写组的教师手中，编写组教师会定期组织教师统一讨论反馈回来的信息，对部分题目进行删除，对有错误的地方及时予以纠正，不合理的地方进行调整。

3. 实践类

相较于所年级均开设的基础类课程和思维类课程，实践类课程此前只在六年级单独作为一门正式的课程开设，而一至五年级则是将实践类课程包含在基础类课程内容之中，专门的综合实践教材正在筹划和编写中。

图 5-2

六年级学生使用的实践类课程教材是北大附小数学团队自编的《综合实践教材》。该教材依据十几年的综合实践教学经验编纂而成的。内容包含了从选题到开题，到课题的实施过程，再到结题的所有环节的指导性意见和建议，同时针对具体的综合实践案例给出具体的案例解析。无论是对进行综合实践活动指导的教师，还是对真正进行综合实践活动的学生而言，都是非常好的学习素材。

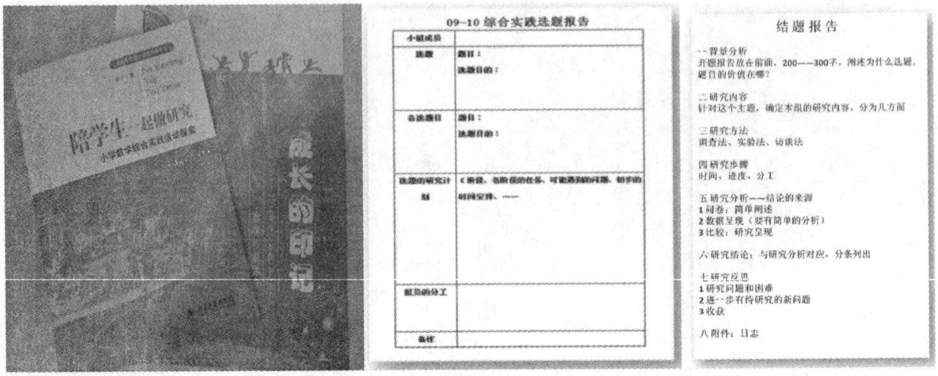

图 5-3

4. 其他版本教材

北大附小的数学教材资源，除正式采用的课堂数学教材外，人教版、北师大版、北京版等不同版本的国内教材，乃至新加坡、韩国、日本、美国、印尼等国际教材也都是教师们重要的教学资料和备课依据。

图 5-4

通过对各版本教材的梳理，教师们在实际教学过程中，可以更合理地依据学生的学习特点调整教学内容与进度。同时，国外教材提供了非常丰富而有意思的教学案例，供教师们参考学习。

二、信息资源：多媒体及网络资源

计算机作为 20 世纪最伟大的发明之一，在人们的生活和工作中所发挥的作用已经愈发不可替代。特别是进入 20 世纪 90 年代以来，多媒体技术迅速兴起、蓬勃发展，其应用已遍及国民经济与社会生活的各个角落，正在对

图 5-5

人类的生产方式、工作方式乃至生活方式带来巨大的变革。

1. 多媒体辅助教学

多媒体技术对教学产生诸多积极的效应，能为学生提供较为理想的教学环境。将多媒体技术引进课堂，为数学教学带来了全新的面貌。

（1）多媒体图、文、声、像并茂，可以多角度调动学生的情绪、注意力和兴趣。

（2）多媒体教学具有直观性的特点，能突破视觉的限制，多角度地观察对象，并能够突出要点，有助于概念的理解和方法的掌握。例如，在教学《圆的认识（一）》一课时，教师通过多媒体课件的演示，使学生直观观察到不同图形在平面上滚动时的中心运动轨迹，从而感受圆的与众不同。

同时，通过对比圆的内接多边形，可以使学生直观感受到随着边数的增多，多边形在逐渐接近圆。还有什么能更清晰地让学生体会这种极限思想呢？

（3）多媒体教学具有动态性的特点，有利于反映概念及其形成过程，能有效地突破教学难点。例如，在教学圆锥、圆柱的认识一课时，通过课件演示，呈现“面动成体”的过程。

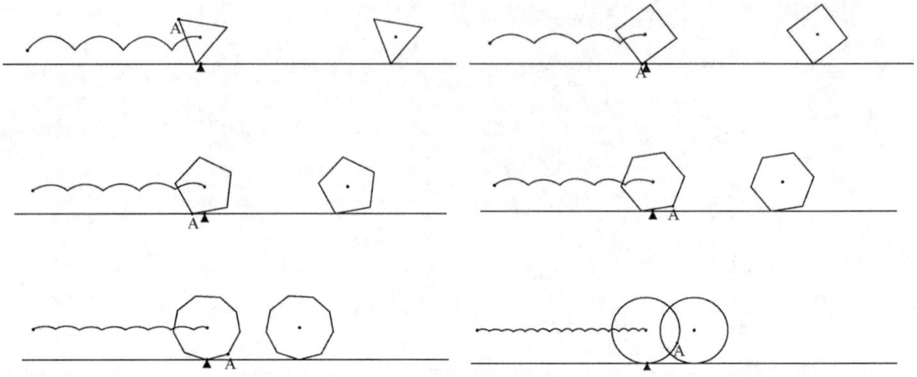

图 5-6

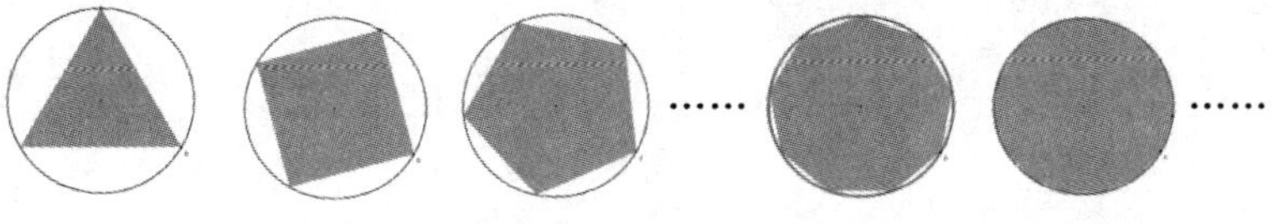

图 5-7

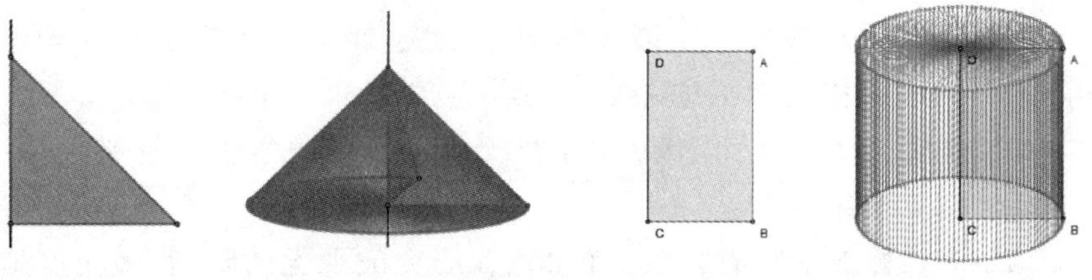

图 5-8

在研究圆锥体积与圆柱体积关系的过程中，传统的教学方式都是实验法，通过倒水实验获得圆锥体积是与其等底等高的圆柱体积的三分之一这一结论。这种方法与此前研究的所有平面图形、立体图形的方法都是不同的。但如果从圆柱、圆锥的形成上来看，圆柱由长方形旋转生成，而生成与圆柱同底等高的圆锥的三角形明明是长方形的一半，可为什么旋转之后的旋转体的体积却变成三分之一了呢？一直以来，学生在这个问题上都存有比较大的疑问。然而通过课件的直观演示，学生可以亲眼看到相同的三角形沿不同轴旋转后的差异，有助于突破教学难点。

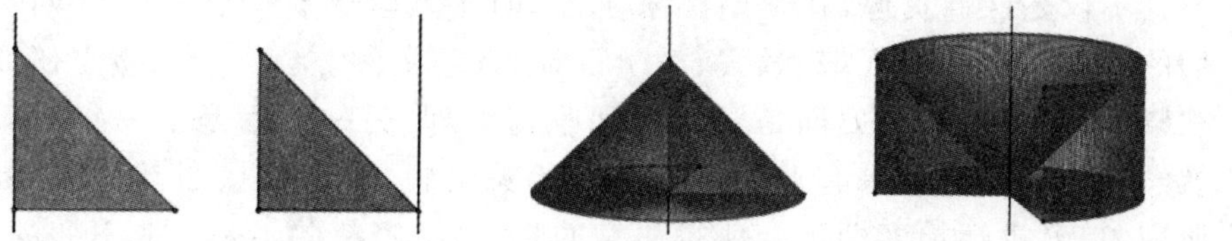

图 5-9

除此之外，多媒体教学具有交互性的特点，学生有更多的参与，学习更为主动，并通过创造反思的环境，有利于学生形成新的认知结构。同时，多媒体具有可重复性，有利于突破教学中的难点和克服遗忘。通过多媒体实验还可以实现对普通实验的扩充，并通过对真实情景的再现和模拟，培养学生的探索、创造能力。

多媒体课件信息量大、容量大，容易保存，是教学过程中非常重要的资源。上述案例，为 12 册数学书中的所有重点内容，均由计算机辅助教学。

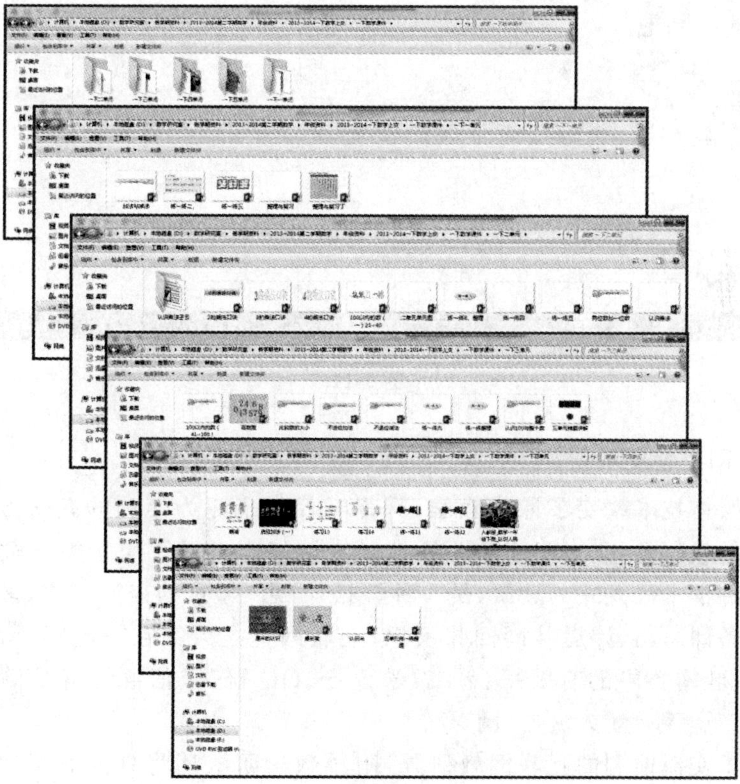

图 5-10

不仅是课件资源，在学期期末阶段，附小数学团队会将这一学期教师们的所有教学资料汇编，教案、教学设计、教学案例、单元试卷、重点研究课视频等统一打包，一方面是资源的回收与整理，另一方面是下一年的重要教学参考资料。如果有教师需要查阅相关资料，只需要按照教材的年级、册别、单元进行检索即可。值得注意的是，这些资料并不是一成不变的，每一次新学期的开始，都是一次新修订的开始。然而新的修订必定是建立在旧的基础上，并非从零开始，这也更有效地提高了教师的教学能力和备课效率。

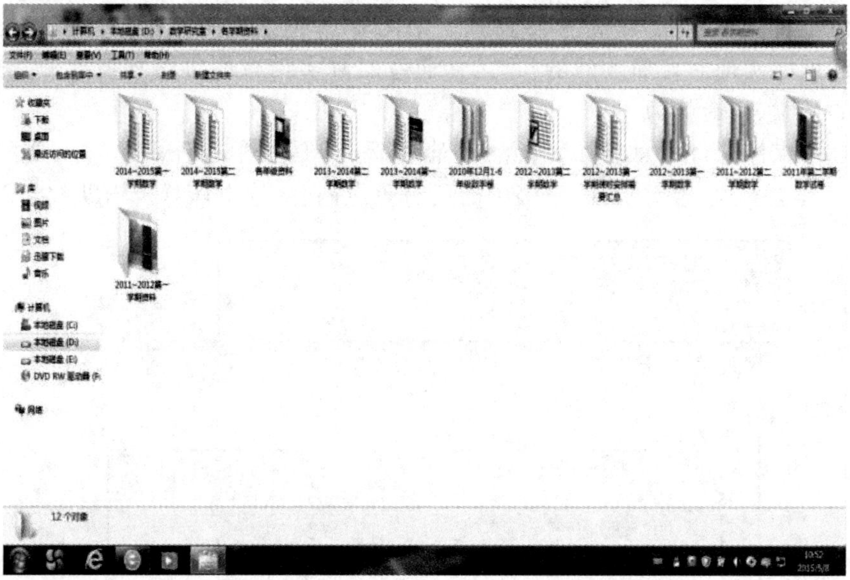

图 5-11

2. 网络辅助教研

多媒体技术改变了课堂教学，网络时代带来更为便利的教研方式。除面对面的教研外，北大附小数学团队还在网络上开辟了属于数学教师的论坛。这种学术沙龙式的教研，是一种轻松、自由、随意的交流方式，教师们课前互通备课思路、课后共同回味反思；互联网更是大家在一起畅所欲言、交流思想、吐露心声的有效平台。教学论坛、QQ 群、微信群常常是满“坛”欢笑、“群”英荟萃、让人流连“网”返。

除了交流便利的互联网教研外，附小数学团队还将具体的课程资源上传到北大附小专属的网络共享文件夹中，任何教师需要任何资料，无论是在办公室，还是在教室，甚至是任何一个专用教室，只要打开电脑，到服务器上的“共享文件夹”中找到自己所需要的资源，单击“下载”就可以立刻获得，方便、快捷。

我要上<生活中的估算>--课，麻烦各位老师提点建议或想法！	廖丽莎 07-10-30	3	424	2007-10-31 15:06 by: 廖丽莎
回复	沃丽梅 07-10-29	0	817	2007-10-29 15:24 by: 沃丽梅
怎样理解数学的有效性？支持一下下！	沃丽梅 07-10-25	1	690	2007-10-28 19:18 by: 韩鹏
今天中心研究课的感动	sun老师 07-10-23	2	40	2007-10-25 19:39 by: 李燕
所有参加世纪杯评优课老师必读	张志宏 07-10-15	0	23	2007-10-15 09:31 by: 张志宏
对圆的周长教学的一点感触	王杰 07-09-19	5	59	2007-10-09 16:10 by: 王雪峰
帮我看看《比的认识》的前测题吧	杨重生老师 07-09-25	8	630	2007-10-08 10:09 by: 李宁
转贴:40年前强悍的数学课本!	魏民 07-10-07	1	23	2007-10-08 10:01 by: 刘海兴
不可思议的面积排列（请大家一起来想想看）	魏民 07-09-30	2	431	2007-10-01 12:01 by: sun老师
孙老师，再帮我说说今天的课吧！	李燕 07-09-20	14	85	2007-09-27 18:21 by: 刘海兴
凄风冷雨中玫瑰黯然8强	韩鹏 07-09-23	4	240	2007-09-25 14:32 by: 莫老师
如何让自己规避职业倦怠呢？	韩鹏 07-09-24	0	160	2007-09-24 21:58 by: 韩鹏
求助:研究课该如何选题？	田老师 07-09-16	8	58	2007-09-24 21:53 by: 韩鹏

图 5-12

图 5-13

图 5-14

网络上除了提供给教师的教学资料外，在“共享文件夹”中还储存有教师们精选的一些数学文化类资源，例如《BBC 数学的故事》《维度：数学漫步》等。

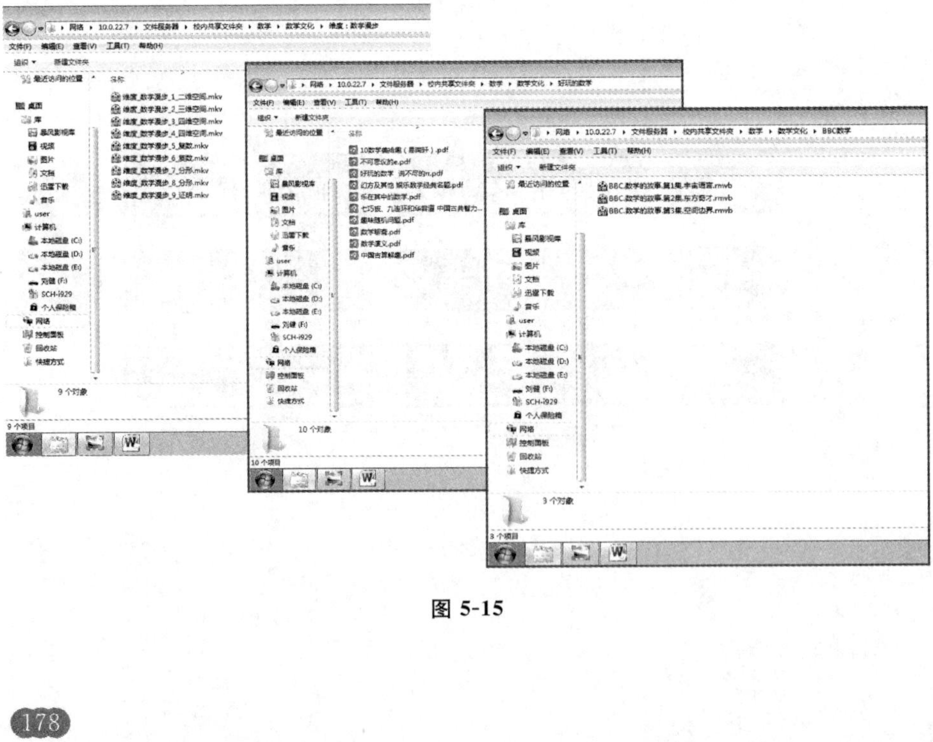

图 5-15

三、发展性资源：数学实验室

经过多年的努力，在2005年，北大附小终于成功创建了专属的数学实验室。创建数学专用实验室是教师们多年来的一个心愿。

《标准(2011年版)》颁布至今，数学的教学愈来愈重视课堂上教师与学生的双边活动。通过实验的方法，有助于学生发现数学的一些定理和规律，同时提高学生的动手能力并且可以使学生从繁杂的推理和计算中解脱出来，进而使学生的认识过程由具体到抽象，由感性到理性。实验能够使十分烦琐抽象的推理，变为看得见，摸得着的实在操作。使逻辑思维的过程视觉化、形象化，刺激大脑接受信息的兴奋点，激发学生的学习兴趣。

同时，借助计算机技术开展人机对话，既能巩固学到的数学知识又能提高计算机应用水平，有利于培养创新精神、提高创新能力。在数学实验的过程中，学生进入自己“做数学”、体验数学的境界，亲身体验数学创造与发现，极大地激发了学习的兴趣，使学生的创造潜能得到了充分的开发。这是数学教学中培养学生的创造性思维和综合能力的有效方法。这样，经过长期的培养，不但可以使学生养成良好的习惯，还能够为以后的数学学习和研究奠定基础。

(一) 数学实验室功能

数学实验室主要具备以下功能。

(1) 数学教室：根据需要可使用该实验室上课，而实验室能为学生经历数学习得过程，为他们的数学实验探究过程提供支持。这类专题贯穿于新课程的全部，如函数的应用、建模或其他课题研究等。

(2) 课外活动场所：数学实验室也是数学兴趣小组或其他学生课题研究小组的活动场所。

(3) 学生探究场所：学生，包括数学学习暂时遇到困难的学生，可利用实验室资源进行自学探究。实验室的资源，可以为他们的学习提供帮助。在实验室，学生还可得到教师的指导。

(4) 师生交流场所：实验室的资源能为师生的交流提供支持，是教师答疑和对学生进行个别指导的场所。

(5) 备课场所：数学实验室所备有的各种资源，能为教师的备课提供支持，教师们可以在实验室制作课件，演示材料或收集教学资源。

(6) 教研场所：数学实验室为教师的教学沙龙或正式的研讨活动，提供场所和资源。

从以上几点可以看出，看似简单的实验室，无论对学生，还是对教师，都有非常重要的意义。

（二）数学实验室配置

配备数学实验室之所以过程艰难，主要是由于实验室内除必备的计算机、服务器、投影设备、网络连接设备、电源等基本设备外，还需配备多种专用的教学设备。

1. 数学实验室的教学器材

(1) 基本图形模型类：立方体、小棒、正方形、圆球、圆板、三角形、梯形、棋子等，如图 5-16 所示。

图 5-16　基本图形模型类教学器材

(2) 组合类：七巧板、组合积木、魔方、魔球、拼图玩具、图形连接条、长方体框架及展开模型等，如图 5-17 所示。

图 5-17　组合类教学器材

(3) 转换类：圆的面积演示器、圆柱的体积演示器、圆锥的体积演示器等。

(4) 测量类：直尺、量角器、量筒、量杯、卷尺、天平等。

(5) 模具类：曲线的模板、钟表模型、人民币模型、多功能钉子板等，如图 5-18 所示。

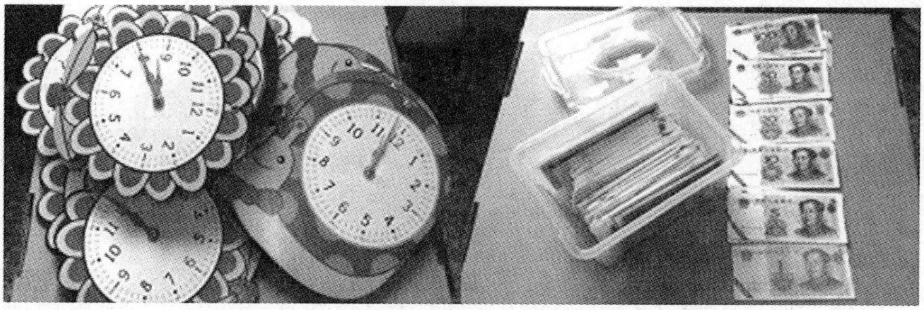

图 5-18　模具类教学器材

（6）工具类：圆规、剪刀、糨糊、订书器等。

（7）盛放类：木盒、托盘、支架、学具盒。

（8）需加工的材料类：纸板、硬纸、橡皮泥、泥土、木块，如图 5-19 所示。

图 5-19　材料类教学器材

每种教学器材都配有用于演示和用于分组实验两种。用于演示的器材主要供教师使用，体积较大，数量较少。用于分组实验的器材是学生的学具，体积较小，数目较多。分组实验的器材一般每人或两人一组。属堆垒的器材，如立方体、球、木棍、正方形、三角形、圆板、正多边形等，每组不少于 20 个。其他实验器材每组不少于两件。

图 5-20　小学数学磁性教材

2. 数学实验室的软件

模拟实验需要在计算机上进行，通过局域网或互联网使全体师生共享和交流、讨论共同提高。为了给学生和教师建立交流的平台，北大附小数学团队还安装了一些基本的操作软件：Excel、图画板、几何画板、flash、powerpoint 等。

3. 数学实验室的可利用资源

除学生课堂上需要用的一些具体的学具和软件外，数学实验室内还备有数学作品展柜，摆放有供教师备课用的国内外数学教材，一些专用的数学书籍和数学绘本，供教师和学生阅读。

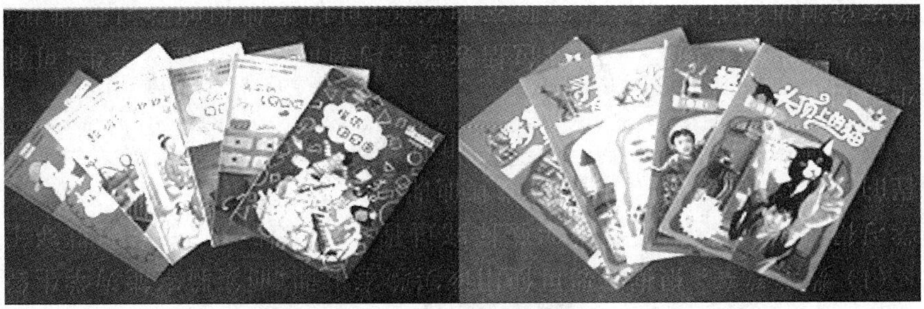

图 5-21　数学书籍

展柜中还陈列着历年的优秀数学综合实践作品，这对学生既是参考，也是一种激励。

图 5-22　数学综合实践作品

四、特色资源：社会力量

社会资源即来自于校外的教学资源，是北大附小教学资源的重要组成方面之一。多年以来，北大附小秉承北大以人为本的教育理念、尊重个性的教学传统，我们意识到不同的领域、不同的文化、不同的视角融汇在一起，才能让教师和学生的视野更加开阔。

（一）北大是我们的精神源泉

作为北京大学的附属小学，北大附小的学生家长多数是北大教师，他们都是各个专业的精英，更是丰富的课程资源。除传统的家长进课堂活动外，北大附小还专门请家长走进学校，为学生进行数学综合实践活动的指导。

图 5-23

（二）业内专家是我们的坚强后盾

除家长外，数学教育教学方面的专家更是北大附小的坚强后盾。市教研中心的吴正宪教师、张丹教师，北京教育学院的王长沛、王建明教师，海淀区数学教研室的孙京红教师多年来一直无私地为北大附小提供支持与帮助。

图 5-24

2006 年 12 月 15 日，在张丹教师、孙京红教师共同主持下，北大附小“整体把握小学数学教材——空间与图形的研究与实践”校本课题研究正式启动。我们制定了“罗列—筛选—框架化—思想化”的研究思路，从空间与图形领域入手开始了整体把握小学数学教材的研究。

图 5-25

在圆单元的研究过程中，还专门请来初中和高中的数学教师一起联合教研，从整体上进行把握。通过对圆单元的教学内容的整体把握，对圆的数学核心思想的进一步理解，无论是“圆的认识”还是“圆的周长”和“圆的面积”的都是在认识“圆”，圆单元的教学内容都应该紧紧围绕“圆”的数学核心思想展开。

图 5-26

在研究过程中，教师们了解到学生学习圆单元之前对圆的认识是从整体出发的，是多角度的，所以学生在最初学习这一内容的时候也应该从整体上来认识圆、了解圆、研究圆。

圆单元的研究经验对附小数学团队的所有教师来说都是非常珍贵的，正是因为有了圆单元的系统学习和研究，才让北大附小数学团队开始尝试挖掘其他课程内容，乃至所有数学教学资源的开发与探索。

（三）国际交流开拓了师生的视野

北大附小“请进来”的不只是国内数学教育教学研究的专家，多年来，北大附小一直保持与加拿大、美国、新加坡、韩国、日本、澳大利亚等多个国家友好学校的交流与联系。

2007 年 3 月，在北京教育科学研究院的组织下，“中日小学数学教学研讨会”在北京大学附属小学等四所学校顺利完成，参与交流的中日双方代表共约 200 余人，期间观摩了 11 堂数学课（中方 5 节，日方 6 节），并组织了学术研讨。

在北大附小分别选取了二年级、四年级各一个班的学生，以及五年级两个班的学生进行教学。共安排四节数学观摩课，中日教师各两节。

日方教师大胆地将一个个游戏作为教学素材放入到课堂中，整节课真正地让学生在一种“好玩”的课堂感受中度过，课程到最后也并没有追究学生到底学会了多少。但孩子们对于这样轻松的数学课个个喜笑颜开。这节课的首要目标就是“能够对数独产生兴趣，并理解规则，愉快地玩数字游戏”，其次才是数学思维方式的培养，最后是对知识的理解和掌握。

图 5-27

震惊之余，附小数学团队发现，教学设计的差异源于中国教师更加侧重知识本位的价值取向。虽然中国教师也非常注重激发学生的学习兴趣，但目的在于利用这种手段掌握知识，因此表现的预设和控制较强，强调“教”的过程，关注学习过程，重视学习结果；而日本教师则以学生的学习兴趣为主体，教学方式、素材较为开放，关注知识的情景性，凸现的是观察学习，自主学习，有时候甚至不太关注学习结果。

恰恰是通过这样的活动，才让我们对彼此的教学有了更为深刻的认识。在中日双方的教学理念上有一个共同点：就是以学生的学习兴趣为教学的情感目标，在此基础之上，让学生掌握一定的知识与技能。但对于如何激发学生的兴趣，尤其是真实地考虑学生的兴趣，并站在这一角度上去设计自己的教学内容，两国教师的设计各有特色，也给了我们很多的启发和思考。

2013 年 5 月 14 日，附小数学团队还请来了印度的数学教育专家为我们做了一次关于数学的过程化的讲座。分享彼此国家的优秀教育理念，并就具体教学案例进行交谈、分析。

图 5-28

北大附小数学团队不仅“请进来”而且“走出去”,“走出去”的活动为教师们创造了提升自我的机会和条件。每年 10 月,学校均会选派 3～4 名教师出访美国,到姐妹学校——湾水小学进行教学交流。教师们送课、听课,受益匪浅。

自 2013 年开始,北大附小向印尼金光集团学校派驻数学教师,用英文执教数学课,两年的时间,不仅为印尼金光集团学校提供了教学方面的支持,对教师自身的教学技能也有很大提升。

图 5-29

正是这些“走出去”“请进来”的活动,让北大附小的教师有了更多的机会重新审视自己的教学工作,也正是因为教师们拥有了更广阔的视野,使得北大附小的学生有了更广阔的发展。

第二节 数学课程开发和实施的团队建设

数学课程不只是数学学科的代名词，而是数学学科、儿童、生活、社会的有机整合。多样的课程资源为教学的有效开展提供了丰富的素材。除此之外，教师、学生的不同经历，生活经验，教学和学习方式等都是非常宝贵且直接的课程资源。

北大附小数学课程建设的根本就是在以“教师为本”的基础上，尊重学生个性发展。只有尊重且充分发展了教师作为“人”本身的生命个性，才能实现尊重学生个性发展的数学教育目标。这一原则始终贯穿于教师团队的建设和教学研究的过程之中。

一、教师团队的人员架构

1. 教师团队的性别与年龄结构

北大附小数学团队由42名教师组成。其中男教师8名，女教师34名，男女教师比例约为1∶4。和周边各兄弟校数学团队的性别结构相比，男教师比重明显增加。这源于校级领导对平衡团队性别结构的关注和努力。

众所周知，性别问题已成为严重困扰基础教育教师队伍发展的问题之一，小学男女教师比例失调问题尤其严重，这种现象对中小学师资队伍的整体质量建设和教育教学活动的有效开展，日益明显地带来了一些重要影响。而要建设一支高素质，结构合理的教师团队，引导教师性别结构功能正向化发展，必须体现在日常教育实践工作的点点滴滴中。首先，从教师引进方面调整性别结构。在关注到性别结构问题的影响后，对团队未来性别结构进行了规划。其次，关注每个年级、教研组内部的男女性别比例。在进行人事安排的时候，充分考虑到性别因素，期望在整个数学团队性别结构不断调整的过程中，让每个小团队的性别结构也能朝着生态化的方向发展。

42名教师中，80后和70后各16人，60后9人，50后1人，分别占总人数的37.5％、37.5％、22.5％、2.5％，教师年龄结构不断优化，中青年教师已成为团队的主体力量，形成了以经验型教师为主导，中青年教师为主体的发展结构。

2. 教师团队的学科结构

北大附小数学教师团队的42人，所学专业领域除了数学外，还有很多学科，涉及教育学、心理学、汉语言、英语、书法、信息技术等多门学科。有人可能会提出质疑，非数学专业出身能胜任数学教师一职吗？这样的学科结构对团队质量有何影响？是有意为之还是条件所迫？

多年来的实践经验表明，这是一支活力四射、视野广阔、心存梦想的团队。北大附小数学团队的研究与创造，在海淀区甚至是北京市，不但得到教科研专家的一致认可，还获得了兄弟校各位教师的信服。这是一支有魔力的团队，个体进入到团队之中，很快会被渲染、熏陶，每一个个体又能够赋予团队自己独特的风格。这就是北大附小数学团队的特色所在——彰显个性，和而不同。

当附小数学团队大胆地将所欣赏的每一位教师邀请进来时，是不是师范学校或师范专业毕业，有无教师资格证，所学是否是数学，已经不是最重要的问题。通过一节课深入浅出地展现研究立意时，当有了艺术感的画龙点睛之笔时，当情境和 PPT 把数学课堂展现得像一本童话书、像一部引人入胜的大片时……团队中每一个成员生动的形象仿佛出现在眼前。不同学科结构的教师组建在一起，共同服务于学生服务于教育。

3. 教师团队的学历结构

团队的学历均在本科及以上，其中有 3 名硕士研究生，他们都来自于著名高等学府，像一股新鲜血液一样，让数学团队有了不一样的色彩和勃勃的生机。

记得一次，刚从北大数学系毕业的杨重生教师，准备参加一个教学评比活动。杨教师凭着自己的专业敏感，对原有的教学方式进行大胆改进和突破，经过反复试讲，进展依旧不顺利。临近比赛，大家心急如焚，甚至产生了换课、换人的想法。深夜十点半，教学主任给校长打电话征求意见。校长却说："什么都不用换，因为，没有什么比保护教师的自尊、自信及独特的思想更重要的了！"校长对年轻教师给予的这份尊重与爱护、信任与包容让大家备受鼓舞。杨教师不负众望，坚定了自己突破创新的信念。最终，教学设计获得了极大的成功。然而，成功只是给团队带来短暂的欣喜和荣耀，而真正传递和蔓延的是这种破旧立新的理念和精神，也是知识和思维带来的新视野。

4. 教师团队的职称结构

北大附小数学团队非常注重对骨干力量的培养，目前已有特级教师 1 名，市学科带头人、市骨干、区骨干、区学科带头人、中心学区骨干共 15 人。他们已成为团队教学研究的领头羊，除了在日常教学中发挥指导作用外，还对年青教师具有引领作用。

5. 教师团队的行政结构

一直以来，数学教师团队都是以教研组为单位，教学主任主要通过教研组长安排教研活动或其他教学事宜。2010 年以前，六个教研组由 1 位数学教学主任负责统筹管理。教研组长的主要工作职责：一是组织本组教师学习课程标准，制订本学期教学计划，明确教学任务，安排教学进度；定期组织组内教研活动，一般每周一次，定时间、定内容进行集体备课，备课时针对学生实际情况，备教材，备学生，备教法、备作业，如综合实践活动作业等；研究口算验收和每单元的考试命题工作，平时带领教研组教师精选例题和习题，恰如其分地掌握作业量。

2010年以后，除了2位数学教学主任负责六个教研组外，还专门设立了主任级教师职位，从一线教师中选取了教学水平一流、教研能力强、富有责任心的教师担任，低中高每个学段配备一位主任级教师。他们承担的主要职责：一是负责组织各学段内的组间教研。针对某个研究主题，每个学段，两个年级的教研组聚集在一起共同研讨。二是承担学校或上级教研部门的研究任务。比如区级研究课，各类教学交流活动或比赛，还有学校自主研发的数学综合实践活动课程。无论是理论的探讨或是实践的摸索，无论是针对本学期教学内容或是自主研究的课程，主任级教师在教学主任、教研组长之间起到了桥梁的作用。他们身处一线，坚持教学，能更深入和及时地了解、调整、反馈教学情况，又像教学主任一样，带着“身外人”的眼光，审视和引导着教学发展的方向。

二、教研模式的建设

教研模式指建立在一定的教育理论或教学思想基础之上，用教育科学方法对学科教育领域的实践和理论进行有意识的探索活动。其是一种设计和实施教学的理论，北大附小数学团队在多年的教学实践中，不断地探究、摸索，终于走出了一条符合北大附小风格的教研之路，形成了具有北大附小特色的教研模式。它共包含三个部分：指导思想、理论支撑和实施方式。

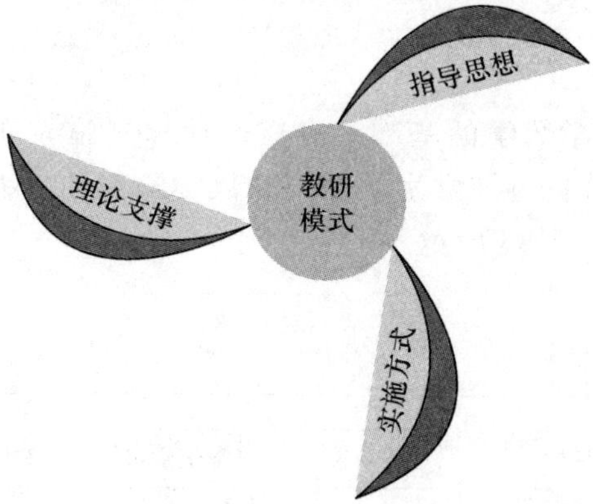

图 5-30

（一）教研模式的指导思想

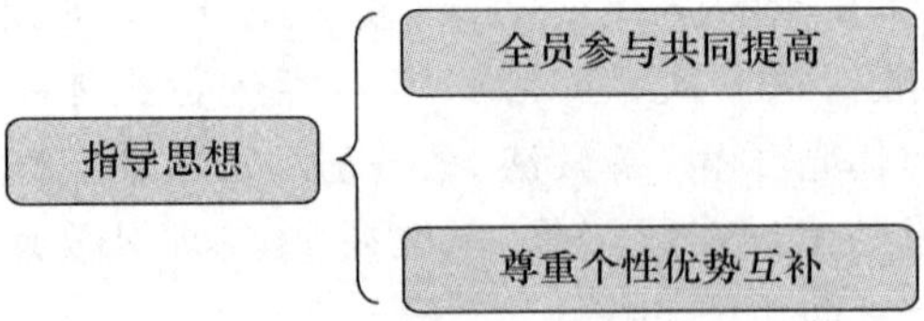

图 5-31

在这支 42 人组成的团队中，既有兢兢业业二十余载、教学经历丰富的经验型教师，也有理论功底扎实、勇于创新的研究型教师；既有北大数学系研究生毕业的专业型教师，也有精通教育心理学、擅长信息技术的综合型教师。

他们性格多样，热情奔放，谦恭内敛，幽默诙谐。他们兴趣广泛，热爱旅游、摄影，享受大自然赋予的美妙景观和心灵震撼；他们热衷居家料理，享受爱的味道和家的温暖；他们喜欢遨游书海，享受内心的宁静与精神的丰富……

这就是北大附小的数学团队，一群热爱生活、情感丰富、思维活跃、积极乐观的人，一群普普通通的人。因为选择了数学教师这一职业，在他们的生命中，注定与天真无邪的孩子为伴，与严谨丰富的数学结缘，共同行走在认识世界、感悟生命的路上，在这条路上他们因尊重而把不同的个性凝聚在一起，和而不同，优势互补，互相学习，共同提高。

（二）教研模式的理论支撑

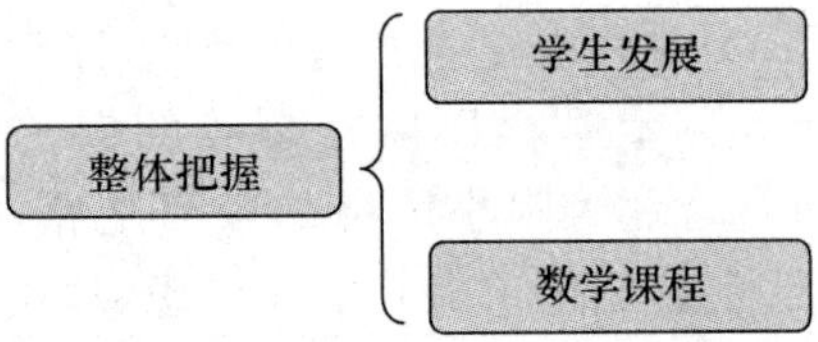

图 5-32

在整体把握小学数学的基础上进行设计和实施教学，具体地说也就是从“课程目标”“课程内容”“学生学习”和“数学素养和能力”这四个维度来整体把握一节课，如图 5-33 所示。

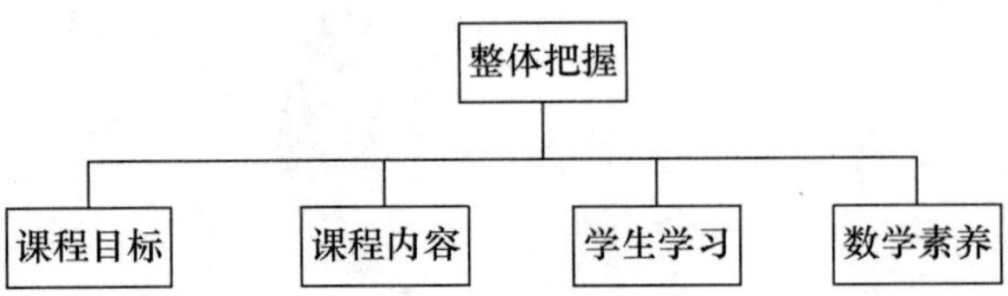

图 5-33

1. 整体把握课程的目标

课程设计和教学活动组织中，应同时兼顾知识技能、数学思考、问题解决、情感态度这四个方面的目标。这些目标的整体实现，是学生受到良好数学教育的标志，它对学生的全面、持续、和谐发展，有着重要的意义。总体目标的这几方面，不是互相独立和割裂的，而是一个密切联系、相互交融的有机整体。数学思考、问题解决、情感态度的发展离不开知识技能的学习，知识技能的学习必须有利于其他三个目标的实现。教师应该完整地理解这四个课程目标。在具体教学中，通常表述为三维目标：知识技能、过程方法、情感态度价值观。这三个目标是一个整体，它渗透在数学课程标准里的四个课程目标里。

2. 整体理解数学课程内容

建议教师从两个维度去理解。

(1) 整体了解贯穿在小学课程中的基本脉络。

(2) 应该整体了解小学课程的知识结构。

3. 教师的教学要以学生为主体

在以学生为主体的基本观念下，教师应该帮助学生养成好的数学学习习惯。整体理解，如何帮助学生养成好的学习数学的习惯，是学生成为主体的必不可少的组成部分。终身发展能力就是一种学习的能力，而学习能力是需要靠学习习惯来支撑的。

4. 整体把握数学素养和能力

例如，函数思想就是一个几乎贯穿在数学课程始终的一个思想方法，它是可操作的，是有内涵的。因此，想要帮助学生形成数学素养和基本能力，教师们应当关注基本的教学思想方法。

把从整体上把握小学数学教学作为指导思想的思考方式，无论对教师的课程定位，还是对学生的学习和发展均大有裨益。教师们可以从不同的维度，思考如何整体把握小学数学新课程。

第一，有利于教师了解新的课程改革在基础教育阶段所关注的重要内容和核心的思想方法。许多教师在以往的小学数学教学实践中，往往是一堂课一堂课地备课，好一点的教师会关注一堂课在一小节中的定位，再好一些的会关注一章的设计。希望教师在整体把握的理念下，贯穿小学数学乃至初中学习内容、思想方法和技能的认识，贯穿数学大课程的视野，站在促进小学生终身学习能力提高的角度，提高自己单元教学设计的意识和能力。

第二，有利于了解小学阶段各个主要内容在本阶段的发展，把握基础教育课程发展的方向，从而促进教师专业发展。整体把握小学数学教学内容，了解小学数学新课程的若干条主线，有利于小学数学教师形成对小学数学教学内容的全局性认识，有利于教师适当设计自己在单元教学的起始课，有利于教师用发展的眼光看待普遍采用的“一步到位”做法的弊端。

第三，有利于教师合理安排课时，确定教学目标，提高课堂教学的实效性。在整体把握核心概念、重要的数学思想、方法的前提下，在整体把握小学数学新课程目标的前提下，教师可以创造性地整合课程内容，融合合适的教学方式和教学手段，创造性地使用教材，提高课堂教学效率。

第四，有利于实现教材知识结构很好的向学生头脑中的认知结构转化的教学活动。学生的主体地位的落实，不是口号，需要教师从自身做起，研究学生学习的好的习惯，研究学生的学习方法，研究学生的知识与技能、过程与方法、情感态度的发生、发展与变化。

第五，有利于在数学活动中系统地培养学生的数学意识，构建学生的数学思想、方法。在数学活动中，教师还要注重培养学生的数学意识，培养学生在学习数学知识的过程中掌握数学思想和方法，进一步提高学生的数学素质。

（三）教研模式的实施方式

北大附小数学团队的教研实施方式主要有三种：学术沙龙式、专家引领式、交叉联合式，如图 5-34 所示。

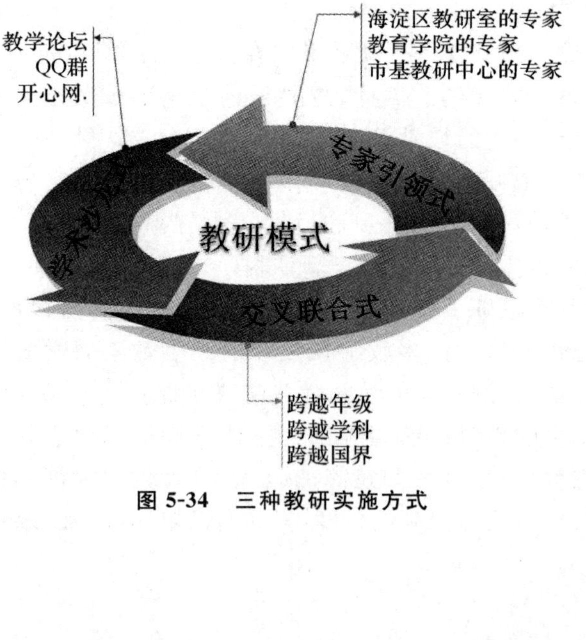

图 5-34　三种教研实施方式

学术沙龙式，是一种轻松、自由、随意的交流方式。课前互通备课思路，课后共同回味反思；互联网更是大家在一起畅所欲言、交流思想、吐露心声的有效平台。教学论坛、QQ群、开心网常常是满“坛”欢笑、“群”英荟萃、让人流连“网”返。

专家引领式，是一种收益最大、提升最快的学习方式。在研究过程中，总会遇到一些靠自身无法解决的困惑，各级专家给予无私的帮助和指导。这其中不仅有海淀区教研室的专家，还有教育学院、市基教研中心的专家。在他们的引领下，我们对教学研究的认识更加清晰，方向更加明确。

交叉联合式，是一种跨越年级、跨越学科、跨越学校、甚至跨越国界的交流方式。不同的领域、不同的视角、不同的文化融汇在一起，不仅能让我们更好地整体把握教材，还能有效地立足课堂。

这是一套平常、平实的教研模式，也是大家自觉、自愿参与的教研模式。虽不是尽善、尽美，却是我们用心耕耘、乐在其中的。通过数学认识教育，通过教育认识孩子，通过孩子认识生命。我们愿意在平凡的岁月中，用朴实的生命守候在三尺讲台上，点亮一批又一批鲜活的生命！

三、团队的发展历程

著名的荷兰医生赫尔曼·布尔曾经说过：“登山是无情的追求，一个人越攀越远，但永远不能到达目的地，也许这就是登山的特别魅力——一个人一直追求着永远不可能达到的目标。”

任何一个痴情于自己所爱事业的人都会有同感，也能都理解赫尔曼所说的“魅力”——痛并快乐着。然而，登山终究是越走越高，每个阶段都能领略不同的风景，收获不同的心境，发现新的目标，成就新的自己。登山如此，教学研究亦如此。对教学的研究、学生的关注和对课程的改革，是教师工作永恒的主题，但是对这一主题的认识，从口号到深入骨髓的自我意识，从理念转变成切实有效的执行力，却是像破茧成蝶一样，经历了一段蜕变的历程。在这个过程中，一群有热情、有思考、有梦想的教师成功地实现了自我的提升和价值的实现，形成了独具特色的数学团队，更是这个团队，除了对教学、对课堂的关注外，还站在育人和生命的角度上，做尊重学生个性发展的数学教育，尝试开发适合北大附小学生的、具有北大附小特征的数学课程，在小学数学课程的建设和发展上走出了实验性的步伐。

（一）教研团队的初步形成

北大附小的数学团队，是一群热爱生活的人，他们具有丰富的情感、活跃的思维、乐观的心态，他们各具特色。很多熟悉北大附小数学团队的领导和教师们，都很欣赏我们这支团结并富有战斗力的团队。他们经常会问我们同样一个问题："你们的团队是怎样形成的？你们怎会有这么多教师无怨无悔地聚集在一起进行研究和探索？"其实我们团队中的每一个成员，也都不断反思这样的问题。追溯过往，探寻推动我们前进和发展的根源，和同仁们共同回顾我们曾经的曲折，共同体验我们的痛苦与快乐，共同分享我们的成功和收获。

1. 我们面临的困境

现实教研中存在的问题和困惑。在原本平实的从教之路上，北大附小数学团队经历了一段特殊的历程。无论是组内教研、组间教研还是轰轰烈烈的评优课，留给我们的除了收获的欣喜和发现的满足，更多的是探索的艰辛、难解的困惑。

第一，令人遗憾的组内教研。组内教研是教师们最常使用，参与度最高的一种教研方式。它不受时间、地点的限制，可以针对教学中出现的问题或困惑，展开及时的、充分的讨论。组内的教师们面对自己朝夕相处的同事，能毫无保留地表达自己的观点和想法，进行思想的碰撞。然而在现实的教学工作中，就是这些令教师们动心和争执的问题，却成为不可言说的痛。

一位教师在上"估算"一课时，通过让学生帮助教师安排三、四、五年级在北京大学百年纪念讲堂座位的情节，引出估算的意义和估算的方法。课后，在与组内教师进行交流的时候，教师们都不禁赞叹学生估算方法之多，想法之独特。但同时也因为关注教学侧重点的不一致，组里的几个教师间发生了争执。有的教师认为不应该强调估算中的四舍五入；有的教师认为应该强调估算的方法，即对一个数要四舍五入近似成整十整百的数；有的教师认为要把估算的意义突出，方法淡化；有的教师认为估算要参考实际的需求，没有固定方法，让学生体会某种估算结果的意义……

教师之间的交流意义重大，每位教师各居其理，但又无从下手，"估算"应当如何教学？教师们对"估算"教学抱有继续研究的想法，可是，下一步如何研究？如何取舍各个目标，本节课的教学目标应该是什么？教学进度迫使我们又投入到新的教学课程中，随着时间的延续，刚刚萌发的冲动逐渐淡去了。像"估算"这样的组内教研还有很多，这样的过程和这样的结果留给我们更多的是遗憾和无奈。

第二，作用虚化的组间教研。2010 年以前，学校要求年轻教师每人每学期做一节校内研究课，组织各个教研组的教师在一起以听课评课的方式进行教研交流。作为数学团队的负责人，想通过这种方式融合组与组间的教研，让教师们在教学理念、教学设计、教学方法等方面进行交流，了解各年级教学内容之间的关联，教学研究的新进展。

对于上课的年轻教师而言，这是一个历练的机会。同一个教研组的教师齐心协力，同备一节课。但过程艰难，如何挖掘教材，设计新颖有效的活动，又能体现原创思维，简言之，如何备好一节课，如何做教学研究，对整个教研组来说是一次考验。

课后各个教研组聚集在一起进行评课时，先由各个年级的教研组简单介绍设计思路，说一说怎么想的，为什么这么设计，组内教师如何互相协作。其他年级教研组的教师在备课期间很少参与别的教研组的研讨，更多的是从直观感受中谈一谈对这节课的印象，想象中的研究探讨沟通交流变成了报告会的形式，对某个主题的研究感到意犹未尽。

组间教研的初衷是好的，但针对具体问题，大家也不是完全没有新颖的想法或深刻的思考，如何扩宽组建教研的空间，真正地让组间的教师因研究主题而融合在一起，提升组间教研的研究味道。

第三，欲罢不能的评优课。参加各类的教学评优，是促进教师专业成长的有效途径之一。从组织者到参与者，初衷都是希望通过教学评优活动，实现教师教育教学水平的提高，更好地服务于全体学生。然而这个初衷真的很好地实现了吗？在现实中，参与者往往过多地看重了名次，忽略了对研究过程的关注；强调了形式，忽视对学生的尊重；突出了个人的发展，淡化了更多教师的发展。评优课犹如一颗石子落入水中，激起了教学研究的涟漪，何时能变成改革的巨浪，让所有的课程、所有的教师和学生都能在这个浪潮中获得进步和发展呢？

基础教育课程改革是一场面向全体学生，全面推进素质教育的改革，是学习方式和教学方式的变革。随着改革的进一步推进，各种新的教育教学理论层出不穷。

在种种新鲜的教育理论和实践面前，广大教师的热情是空前的。主体教育，探究式学习，小组合作学习……诸多新的教育理念、教学思想多少次使我们的教师怦然心动，又有多少次使我们的教师眼花缭乱，困惑迷茫。这些新的理念，新的教学尝试，给我们的教育教学注入了许多新的活力。但遗憾的是这种热情和活力有许多，并没有得到很好的回报。因为面对新的教育理念，虽然有许多教师充满热情，但许多理念和方法在推行过程中，往往注重的是形式，像是标签口号似的运动，开始时轰轰烈烈，慢慢地就偃旗息鼓了。在这些形形色色的理论面前，在一次次失败与成功交替的实践过程中，从事教学的教师们就像是冲浪者，一种新思想的到来，将教师们冲到了一个浪尖儿上，另一个理念的到来又将大家冲到了另一个浪尖。而浪潮过后，教师们又重新回到了谷底，依然感受着平时教学的状态，茫然、困惑、疲惫，有时甚至是手足无措。

新的思想，新的观念，并没有像预期那样带来全新的改变。日常教研中存在的主要问题和困惑，经历了一次次理论和实践的冲撞，依然如故。面对纷繁复杂的理论，如何走出一条能契合北大附小现状的教研之路，能解决我们现有教研存在的问题和困惑，能让我们的团队把研究的热情凝聚成一股改变教学和课堂的力量，服务于北大附小学生。要想自己尽快强壮起来，我们需要调整好方向，找到适合自己发展的道路。

2. 转化组带来的生机

2005 年 10 月北大附小接到海淀区小学数学“新课程理念转化为优质教学实践”课题（以下简称“转化组”）的通知书，这个课题由北京教育学院的张丹教授和海淀区教研室孙京红教师负责。

抱着对以往课题组的印象，大家并没有觉得转化组有什么特别之处，派了当时比较年轻的四位教师参加。但是参加完几次活动后发现，这个课题组是一个扎扎实实研究教学的团队。四位教师收获颇丰，完成任务后，他们就积极地把新的理念、新的教学观和本组的教师进行交流，大家反响热烈。随着课题研究的不断深入，四位教师积极参与了课题研究的全过程，而课题的影响力却辐射到北大附小整个数学团队，从教学领导到其他一线的数学教师，他们被这个课题吸引着、感染着，也自发地开始关注这个课题，并且自觉自愿地参与到这个课题研究中。

转化组的活动安排非常充实，有听课、评课、教学研讨等，每周活动一次，管理异常严格，不仅要严格遵守活动时间，更是要求每一位参与的教师认真思考，高质量地完成作业。而作业所提出的问题，是一个不小的挑战，它像击中了一节课的要脉似得，不仅让我们对这个问题的分析和思考欲罢不能，提问题的方式和问题本身也值得我们学习借鉴。

在活动中，教师们经历了很多从未经历过的第一次。第一次自己总结听完一节课的心动之处，当场交流；第一次对一节课的数学核心思想进行思考；第一次经历对学生进行调研；第一次对 8 节同样的课进行比较和分析。

研究伊始，四位教师对课题组的课程和作业并不能做到得心应手，虽认真学习，但对很多理念理解得不够透彻，完成的作业也不具深度。所以经常利用下班时间交流、探讨、查找资料，还学习了很多有关数学史的知识。渐渐地他们的努力有了成效，思考问题的角度也有了改变，本着和大家交流、探讨的原则，敢于接纳，敢于批判，积极反思，快速成长。而那些极具有挑战性的任务和具有思考价值的问题，不但吸引着四位教师一步步深入地学习，还迅速地吸引着团队的其他教师。一支满腹热情、各自为战的教研之队，借助着转化组的作业，慢慢地形成了一支具有共同研究主题的团队，转化组的研究方式也在无形中熏陶和影响着我们。

（二）整体把握的教学研究

转化组带来了新的理念、新的思考、新的研究方法，将团队中每位教师的研究热情凝聚在一起，教研开始逐渐从经验型向研究型转变；北大附小数学团队也逐渐从任务驱动走向自主协作研究。但这个转变并不是一蹴而就的，从我们慢慢走上教研之路，尝试整体把握教材的研究，再到整体把握学生发展的研究，是一条不断学习、不断突破的成长之路。

1. 整体把握教材的研究

2006 年 12 月 15 日，在张丹教师、孙京红教师共同主持下，北大附小“整体把握小学数学教材——空间与图形的研究与实践”校本课题研究正式启动。附小数学团队制定了“罗列——筛选——框架化——思想化”的研究思路，从空间与图形领域入手开始了整体把握小学数学教材的研究。

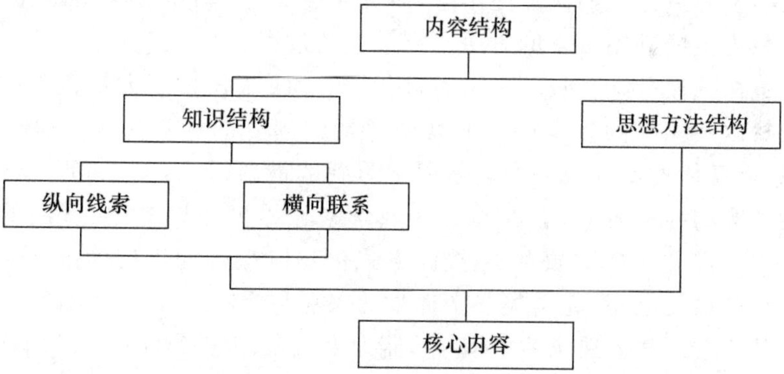

图 5-35　教材研究思路框架图

通过框架图不难看出，整体把握某一知识领域的内容，应兼顾知识结构和思想方法结构。而知识结构既要关注知识发展的纵向线索，又要关注知识间的横向联系。只有明确知识结构和思想方法结构之间的联系，才能有效地解读教材的核心内容，有针对性地确定教学的核心活动。

为了厘清“圆”的知识发展脉络与纵向联系，我们聘请师大附中、清华附中的初中、高中数学教师和我们一起进行了交流。同时，我们还梳理了横向知识之间的联系，对圆这一单元的教学内容进行整体把握，再次解读了圆的数学核心思想。

通过研究，能够清楚地认识到，无论是“圆的认识”还是“圆的周长”和“圆的面积”都是基于对“圆”的认识，圆单元的教学内容应当紧紧围绕“圆”的数学核心思想展开。在整体把握思想的指导下，在对圆单元的教学进行整体设计后，完成“圆的周长”一课。

依据单元整体目标，附小数学团队设计了一系列核心教学活动，如猜圆，画圆，认识π，摆正多边形，一刀剪圆，探究圆面积等活动，在圆单元中整体安排，让学生在后续的学习中进一步理解圆的核心思想。

通过对空间与图形知识板块的研究，到整个圆的单元，再到“圆的周长”，教师们体验到整体把握的价值。除此之外，附小数学团队还尝试对分数、比等知识领域进行整体把握的研究，并开发了一系列非常有价值的教学设计。整体把握的思想改变了教师们的观念，使教师们慢慢地学会了从宏观的角度来思考问题，科学的研究方法使我们的教研迈上了一个新的平台。

（二）整体把握学生发展的研究

在整体把握教材的基础上，教学研究还要关注学生，研究学生，才能达到发展学生的目标。如何关注学生，研究学生，北大附小数学团队经历了由教师经验为主导到用科学的方法研究学生的过程。

在最初试教“圆的周长”一课时，附小数学团队积累了大量关于圆、圆周率的素材以及相关的教学课例。其中包括圆周率的计算历史、数学家的背景材料、近现代的研究成果等。还用学习到的最新研究理论和研究方法，重新解读了圆的核心思想，旨在将这些教学素材尽可能地应用在“圆的周长”这一课中。但结果却不如人意，授课方式仍然以教师的讲授为主，学生处于一种被动的接受状态，完全失去了探索的兴趣与实践。

为什么会这样？带着种种疑惑，附小数学团队进行了一系列的研究与探讨。首先是学生调研工作。采用问卷、访谈、小组观察等学生调研方式获得学生的原发想法，全面详细地了解了学生的学习基础、学习困难和学习路径，并对调研结果进行了科学的分析。结果显示，教师确实对学生缺乏了解，学情分析没有引起教师足够的重视；最初拟定的学习难点和教学重点并不准确。根据学生调研获得的信息，教师必须针对原来的教学设计进行调整。教学设计的重心由以教师为主体的关注知识内容，调整到了以学生为主体的学习。

学情分析多数是教师凭借经验拟定而成的，因此，未必能够反映出学生真实的学习状况。关注学生的数学学习，就要关注学生的学习起点、生活经验、思维过程、甚至学生的情感，研究分析学生就是与学生思维对话的过程，教育教学研究只有通过关注学生，分析学生才能发展学生！

（三）从数学教育到关注学生的发展

北大附小数学团队的教研逐渐使用科学的方法，形成研究思路，在一些课上取得了突破。

1. 基本功比赛给我们带来的思考

数学教师基本功比赛带给了我们新的契机，使我们的团队在这样的活动中有机会更加深刻地思考下面这两个问题。

（1）教师基本功到底包括哪些？

（2）除了教给学生知识技能外，我们还能带给学生什么？

经历了基本功活动，我们逐渐清晰了思路，来看看比赛时我们确定的说课题目吧。

（1）“计算教学还能带给我们什么？”

（2）“流动在指尖上的智慧”

（3）“让数学好玩起来”

（4）“一是一！ 二是二！ 一是一？ 二是二？”

（5）“启航之地”

从说课的主题上，我们可以看出，教师想传递给学生的不仅仅是计算；想让学生经历的不仅仅是实践操作；想让学生理解的不仅仅是数学知识本身，教师还想传递给学生更加丰富的、有价值的东西。

比如：“启航之地”的说课中，研究的是“生活中的比”一课的教学，本节课是一节重要的单元起始课，所以我们把它看成是学生学习的“启航之地”。学生在扬帆起航之前，教师到底应该引导学生做哪些储备？我们想首先就是要激发学生探究的欲望和勇于航行的自信与期待，给学生以“开阔的视野”和“广阔的胸怀”。所以在教学中我们设计了大量丰富的感知活动：从生活中的比，到文化中的比，到美学中的比，再到感受比的价值。

教师基本功不仅仅包括对教材、学生的认识，更是教育意识的改变、观念的改变；不仅仅是选手的转变，也促进了所有教师的转变。对学生的关注点发生的本质变化，让我们认识到：如果把每个学生比成振翅欲飞的雏燕，那么我们关注的知识与技能，甚至是学生的成绩，就是学生的一只翅膀，而我们还关注更重要的东西，比如学生的好奇心，想象力，信念，坚持，梦想，快乐……这些是他们另外一只隐形的翅膀！我们希望我们的学生像乳燕那样，厚积薄发，越飞越高。

关注学生的发展成为了我们数学团队新的诉求。我们团队中的每一位成员都在这个历程中逐渐意识到：教师应该是影响学生一生的人，应该是为学生的发展提供支撑的人，应该是陪伴学生共同成长的人。

2. 北京市数学教研活动给我们带来的机遇

2012 年 4 月 17 日，北京教科院基础教育研究中心小学数学室的全体教研员在吴正宪主任的带领下走进北师附小，开展“做尊重学生个性发展的数学教育”研讨活动。

被誉为“北大附小真正走进孩子心灵”的李正辰教师的一节“分数除法”的现场课和课后对学生的采访给在座的领导、专家和听课教师留下了深刻的印象。孩子们敢思、敢言触动了所有的教师。在数学课上教师充分地信任学生，让他们自主探究计算方法，教师和学生们一起对话、交流，直到快下课了，学生仍然兴致盎然、意犹未尽。整节课，教师始终欣赏、鼓励、正视学生。

课后，听课教师问道：“孩子们，如果给你们一次评课的机会，你们怎么评价刚才李教师的这节数学课?”评课这样的教研形式通常是在教师与教师、教师与专家之间进行的，让学生参与评课并不多见。学生对于这样的机会全然没有大人的扭捏和委婉，他们争相举手、娓娓道来。有的直言不讳地指出不足：“这节课最大的问题是重点不够突出。”有的直抒赞赏心意：“我喜欢这样的课堂，朴实、深刻，没有那么多形式化的东西。”

学生的发言真实、自然、精彩，让在场的教师们感到欣慰，也有些汗颜，更受到一股鞭策的力量。当我们真正地做到“尊重学生”，他们会给我们意想不到的惊喜。

我们力争在每节课上都能实现团队的教育理念：用我们的尊重，给孩子生长的机会；用我们的宽容，给孩子生长的空间；用我们的等待，给孩子生长的时间；用我们的欣赏，给孩子生长的营养。

3. 校本课程的开发给我们带来新的挑战

数学教师面临的是逻辑严谨的数学知识和鲜活灵动的生命个体。数学知识自成体系，生命个体则丰富多彩。仅靠一本教材，一堂数学课，远远不能更好地满足学生个性的发展和多样化的需求，不同类型的数学课和数学活动在我们心中萌动，初步的尝试更让我们欣喜。

2012 年，北大附小进行了基于“生命发展课程”的校本课程开发，同时这次活动也为附小数学团队带来了新的挑战。

四、数学课程的开发与研究

数学校本课程的开发既要满足学生已有的兴趣和爱好，又要激发和培养学生探究创造的欲望和能力，要求和鼓励学生投入生活，亲身实践体验。课程的开发和设计要尊重学生的实际，给予每个学生发挥主体性的广阔空间，从而更好地培养学生提出问题、分析问题、解决问题的素质和能力。

基于学生生命发展课程的需要，做尊重学生个性发展的数学教育，我们除了对已有基础类课程进行整合外，还要进行校本课程的研发，将思训类课程和综合实践活动课程作为补充，形成了三大类课程。

1. 思训课程的两轮实验

从2004年开始，北大附小数学团队就开始尝试开设思维训练课程。首先是在1—6年级开设思维训练课程。它区别于基础类课程，旨在重点培养学生逻辑推理能力、多元思维能力，和学生创造性地解决问题的能力。最初我们采用浙江版的小学数学思维训练教科书。面对附小学生的实际学习情况，教师对教科书内容进行针对性的删减和改编，即便如此，也难以满足教学需求。于是，我们从中高年级开始尝试开发适合北大附小风格的思训课程，编制思训教材。各年级数学教研组长和有思训方面特长的教师，组成了核心组成员，对不同版本的思训教材进行梳理、比对，形成了架构思训课程的初步思路。

第一轮教材以知识内容为指向选择专题，在试用一年后，发现诸多问题。比如各年级的编排缺乏系统的安排，不能完全契合基础类课程的学习……因此我们开始了第二轮的修正编排，对课标进行深入解读后，开始以数学思想方法为指向选择内容，对各年级所涉及的数学思想方法和内容进行系统整体的架构，形成了较为成熟的思训试用教材。

2. 从综合实践活动到综合实践课程，需要课程目标的引领

在思训课程试验的同时，附小数学团队开始了综合实践活动的尝试。首先是在6年级增设综合实践活动课，学生自主尝试选择研究主题、调研方法、形成研究报告。这是他们综合运用所学知识解决实践问题的能力一次展现，也是一次自主研究能力的提升，深受孩子们的喜爱。于是我们开始在各个年级开展综合实践活动。但由于各年级的综合实践活动缺乏统一安排，没有形成培养学生自主研究能力的整体框架。经过研究，附小数学团队萌生了研发适合北大附小风格的综合实践活动课程的想法。

附小数学团队首先对课标中有关综合实践活动的内容进行了深入解读，对北师大版综合实践单元的每一个活动进行了认真的学习和分析。根据学生的年龄特征和已有知识基础，我们尝试从知识、活动经验和问题解决三个维度建构综合实践活动课程体系。

无论是思训课程的实验，还是综合实践活动课程的研发，附小数学团队都分别成立了核心组，然后分别辐射到每个年级的教研组。针对具体问题，每一位教师都参与研讨，直抒己见，在思维的碰撞中，逐渐形成了充分体现北大附小特色的校本课程。

生长的数学课程为这个有梦想的数学团队搭建了实现数学教育理想的平台；生长的数学课程的创生过程是一条崎岖的路，为这个有实干精神的团队指明了前进的方向。我们的数学课程，还需接受进一步的实践检验，课程的开发、创生推动着我们在这条研究的道路上继续前行，我们的团队会不断地接受挑战，提升自我。

我们依然在路上……

第六章 “生长的数学”课程的反思与展望

《标准(2011年版)》颁布以来,标志着数学教育进入一个崭新的时期。《标准(2011年版)》从课程目标、内容等方面提出了改革的着眼点和新目标——要面向全体学生,适应学生个性发展的需要,使得:人人都能获得良好的数学教育,不同的人在数学上得到不同的发展。它标志着数学教育课程体系的价值转变。

北大附小“生长的数学”课程的建设,就是在附小“生命教育”大课程的背景下,做“尊重学生个性发展”的数学教育的初步成果。“生长的数学”课程顺应时代发展的需求,以培养具有理性思维、应用意识和创新能力的人才为己任,明示了课程改革的基本理念,是构建符合素质教育要求的新的数学课程体系的开创性尝试。回顾“生长的数学”课程建构的历程,展望未来发展的道路,既是对自我发展成长的审视,对未来的激励,也期望与教育工作者共同分享、共同勉励。

第一节 关于“生长的数学”课程建构的反思

一、课程体系的建构有待科学理论的进一步论证

课程体系的建构受教育观、课程观的影响和指导,以围绕的不同核心来区分,课程建构主要有以目标为核心和以过程为核心两种模式。过去的课程多以“目标”为核心,以“过程”为核心的课程建构通过活动发展学生的主

体性和创造性，是一种符合新时代精神的课程模式。

20 世纪 80 年代以来，各种课程观念和思潮极为活跃，但也形成了一些学术研究上的共识：(1) 从“以学科为中心”到“尊重学习者”。(2)从强调目标计划到强调过程本身的价值。(3) 从教师“单向、独白式”到师生之间“多元、交互式”。即一个相互之间能合作交流，且个性也能充分发挥的系统。(4) 从“形态单一”到“多种形态”。如活动课程、领域课程、探索课程、研究性课程以及基于各学科发展起来的多种形态课程。(5) 从“边界明晰”到“边界模糊、渗透”。边界渗透的课程设计注重课程与课程之间的交叉与融合，而所谓边沿性地带及结合部往往更具有课程价值的“生长性”。(6) 从“外显型”到“外显型、潜在型并存”。在现代课程设计理念下，那些非预期的、非计划的潜在课程或隐性课程对人的发展仍然具有重要的教育意义，我们应该通过相应的课程设计手段使隐性课程与显性课程相互协调，共同成为学校课程的有机组成部分。(7) 从“简单关联”到“生态发展”。即从强调课程的单因素（如教材或教师）以及它们之间的简单联系，到强调教师、学生、教学内容、环境四因素的有机整合，以形成动态的具有自生长力的课程生态环境。(8) 从“自我封闭”到“对外开放”。随着信息社会的到来和教育信息技术的广泛采用，学校内部课程与课程之间，学校内部与学校外部课程，(校外课程包括家庭、社区、社会所蕴含的课程）之间将无“壁垒”可言，课程设计要顺应时代发展与变革，赋予课程更多的开放性，以实现学校课程与校外课程的一体化。以上方面体现了课程建构的观念、价值取向及与之相关的设计方式都发生了较大的变化，而且这些变化都在以更丰富的形式展现出来。

北大附小“生长的数学”课程更像是一场自下而上的课程建构，它是对学校“生命教育”的数学诠释，是数学团队在多年的教育实践中，在对传统数学教育传承的基础上，在课程改革的浪潮中，吸取了新课标的理念后，对数学课程变革的一次尝试，是一场在对传统教育实践进行总结，对未来教育进行展望的基础上，自我建构的课程蓝图，并期望在教育实践中得到检验和进一步发展。虽然是从实践中来，但我们的尝试符合现代课程理论的教育观、课程观，在主要价值取向上是一致的，都关注学生作为“整体的人”的发展，都重视学生的生活世界，都尊重学生对知识的个人理解体验，都尝试创建富有个性的文化环境。在课程建构的过程中，并不是完全按照某个课题建构理论或模式进行严格的、逐条逐步的对照和审查，在某些方面的研究与现代课程理论的契合程度更高，如从“学科为中心”到“尊重学习者”，强调目标到强调过程等，在某些方面还需进一步的学习和指导，如课程与课程之间的交叉与融合，与其他学校的课程，校外课程等之间的关联方面缺乏经验和理论的支撑,这也是未来发展要关注的问题。

二、课程体系的建构有待课程实施的进一步验证

课程实施是将方案付诸实践的过程,是实现课程理想的必要途径。要想成功地推进课程改革,必须深入研究课程的实施过程,以对方案进行及时调整、修订和完善。

1. 及时发现课程实施中的问题,有效指导课程实践

课程建构的根本目的在于改变学生的学习状况,促进学生的最佳发展。因此,了解课程实施的真实过程,发现课程实施中的实在问题,才能更好地指导课程实践。

北大附小数学团队依据理想中的课程理念和教育发展需要构建课程改革方案,在实施过程中不断修正、完善。没有对课程实施的深入细致的研究,不可能及时发现课程实施过程中的问题,自然也难以对课程实践进行适时、恰当和有效的指导。换言之,不研究课程实施,“摸着石头过河”,即使能够“过河”,很可能为此付出更大的代价。因此,重视对课程实施的研究,也是附小数学团队下一步研究的主题。

2. 利于设计新的课程建构方案

课程是一个持续开发的过程,新一轮的课程建构总是在前一轮的基础上进行的,北大附小的课程建构也需要不断地更新、完善。课程方案与课程实施之间存在着课程理想与课程现实、预期的结果与现实结果之间的一系列的关系,这些关系极其复杂、多元,甚至难以预料和控制。未来要不断地更新或建构新的课程,就必须客观地解释这些复杂性,尽可能地清楚这些复杂性产生的过程和原因,为后续的课程研究提供资源和依据。

三、跨学科的课程开发还需进一步的研究

跨学科的课程整合是当代教育与课程改革深化和落脚到课程组织结构优化的现实必然,也是从近代以来学校课程有规律地不断变迁的历史必然。北大附小数学团队对此方面的研究还有待进一步发展,在实践方面的探索更是具有巨大空间。在建构“生长的数学”课程时,我们也尝试融合多学科知识、资源、人力开发出具有“整体性”的跨学科课程,而不仅仅是多个课程的合并,而且小学阶段的六个年级形成体系。就目前的研究能力和资源而言,确实是一个大的挑战,也是未来课程着力要学习和提高的更新方面。

四、课程的评价体系还需进一步的完善

关于课程的评价体系，也是北大附小数学团队在课程建构过程中遇到的一大挑战。从基础教育课程改革开始初，如何结合数学学科的特点提出有效的评价策略和具体的评价手段，引导课程评价活动更多地指向学生的学习过程，从而促进学生的和谐发展，就已经为课程评价指出了方向。课程标准也建议采取多种方法评价。如：成长记录与分析、测验与考试、口试、活动报告、课后访谈、课堂观察、作业（长周期作业、短周期作业）、集体评议……但是这些方法如何合理地搭配、适应不同类型的课程，在实际应用中如何更大作用地发挥发展功能，除了理论学习外，还有待我们在实践中继续摸索。

第二节　关于“生长的数学”课程实施的反思

课程实施是复杂的、系统的和整体的，整个实施过程有着许多不可预期性和不确定性，这与影响课程实施因素的复杂程度是明显相关的。譬如，课程实施价值取向、教师的支持程度及综合素质基础、教学资源的保障、新课程方案与原有教学之间的冲突，等等，都会使课程实施产生许多复杂性。

一、“生长的数学”课程在实施中存在的困难

课程资源与课程存在着十分密切的关系，没有课程资源也就没有课程，课程必须有课程资源作为前提。课程实施的范围和水平，一方面取决于课程资源的丰富程度，另一方面也取决于课程资源的开发和运用水平。课程资源包括了硬件资源和软件资源。

北大附小具备良好的文化氛围，重视教师和教学。北大附小的教师们容易接受新事物，业务能力也较强，学校教学的物质条件相对较好，学生水平也比较整体，基础较好，这些都是“生长的数学”课程实施提供了良好的条件。但是学校目前缺少丰富的课程资源，尤其是综合实践课程，它的整合性、决定了在实施过程中需要更丰富的课程资源的支持，这些都需要教师进行原创性的开发和设计，或者师生共同的创造性加工，对相关内容进行选择、组合和改造，而这些内容都来自广泛的课程资源。

除课程资源外，为课程实施安排足够时间，也是保证课程实施的重要因素。附小数学团队设计了基础类课程、思维类课程和综合实践类课程，在如何分配它们的比重，科学合理地安排各模块的时间问题上，还需要进一步加以思考与完善。

二、“生长的数学”课程对教师发展提出的新要求

课程改革的历史昭示，课程改革中最难实现的变革是教学实践的变革和教学精神的变革。衡量一个变革的成败，最根本的是要看课堂中、教室里发生的变化，看教师的教学观念、教学方法，学生的学习活动所发生的变化。一项新的课程计划成功与否，最核心的人物就是教师，教师的态度、能力、适应和提高是关键因素。“生长的数学”课程对课程实施提出了新的期望，它期望教师能够像专家一样整体地思考标准、教材、教学与评价的一致性问题。

“生长的数学”课程要重视教师的培训，使教师更多地了解课程方案的思想和方法，尽量让教师明确具体的操作方式，了解在实施过程中可能出现的问题。要让更多的教师参与到课程设计和实施的过程中来，教师作为课程的执行者，对于课程的改革会有更深切的感受和想法，因此不能只听命于课程制定者，他们有创造性地进行课程改革的权力。因此，学校充分地为教师课程改革提供良好的条件，提高教师参与课程开发的意识，让教师在课堂教学中主动地积极地对课程进行修正和调适。

第三节　关于“生长的数学”课程发展的展望

21 世纪，社会、数学、教育、学生的发展需求都处于变化之中，受这些因素的影响，数学课程也必然需要发展变化。新时代要求数学课程不仅仅传授给学生知识、技能，还应该培养人内在的更深刻的东西，比如学会学习和培养数学素养是促进人未来发展的更重要因素，立足于人的全面发展和终身学习的数学课程，其自身当然应该是可持续发展的。期望“生长的数学”课程体系能够成为具有可持续发展的、充满活力的活动体系。

一、促进教师的专业发展

“生长的数学”课程的建构，既是附小数学教育特色的展示，也是进一步形成特色的过程，还是一个促进教师专业成长，实现学生个性发展的过程。教师作为课程的建构者、实施者、评价者，是影响和实现学生、学校发展的最重要因素。通过课程的建构促进教师的专业发展，教师的专业发展又反哺于课程建构，两者存在着互相促进、动态生成的互动关系。

教师参与课程的建构必然会促进教师的专业发展。课程建构帮助教师重建知识观及他们与学生之间的教育关系，使教师具有一个更开放的思维体系，具有更强的批判性反思能力，更多地去发现和探寻他人的信念和思维方式，并能增加教师的探究性活动。具体表现在：牢固树立以学生的发展为本的理念。从一个教书匠开始，对教育实践不断地反思、研究，逐步拥有教学研究的态度和能力，积极、主动地走向“专家型”教师。从一个人的讲台，到与同事之间、课程专家之间、学生之间的交流、理解与合作，引发“师生观”的改变，允许学生提出不同意见，甚至超越自己。参与课程建构还能促进教师更新自己的知识结构，除以往与教材有关的专业性知识外，开始有意识地加强教育专业知识和教学推理能力的学习，在教育实践中提高课程能力、研究能力和教学能力。

以上诸方面，在附小数学团队参与课程建构的过程中都深有体会，每个人的发展汇聚成独具特色的数学团队，继续推动着数学课程的更新、完善。课程和教师之间动态的、不断生成的互动关系，形成了源源不断的动力，最终致力于学生的发展和成长。

二、实现可持续发展的数学课程

首先，可持续发展的课程应具有自我生长性。生长性是在数学课程实施的动态过程中随机产生的。课程实施本质上是在具体教育情境中，教师与学生共同“创生”新的教育经验的过程，也成为师生共同创造和开发自己课程的过程。这样的过程，赋予了数学课程可持续的自我生长性，它要求教师和学生共同积累经验，形成研究成果。

其次，可持续发展的课程是民主的、开放的、具有国际视野的。民主性即课程的公平性，为每一个学生的发展创造条件，为每一个学生提供所需的数学教育，它是对人作为主体和人的发展性的重视，民主还应为学生的个性发展创造条件。数学课程也是一个系统，它只有开放才能形成可持续的发展。数学课程的开放性应该通过有效的课程设计及实施在多个层面上展开。比如，在课程目标上应予以拓展，不仅有知识技能目标，还要有过程性目标、发展性目标；在课程内容上，不仅注重数学各板块内容之间的沟通、关联和整合，更要注重数学与现实生活及其他学科的联系；在数学思维上，要为学生与学生之间，教师与学生之间创造更多开放、交流的途径和渠道；在数学活动上，要提供多样化的有利于学习共同体形成的环境和方式；在课程资源上，应该超越教材的局限，充分利用一切可利用的资源（如通过网络、社区等）去开发。此外，数学课程还应根据需要打破课内与课外、校内与校外的界限，为学生学习数学创造更为广阔的空间。作为可持续发展的课程，其开放性还表现为具有适度的不确定性（或边界模糊性），这种不确定来自于课程目标及价值取向的多维性，来自学习主体的个性差异和发展的不同一性，来自课程活动的交互性和思维的发散性，也来自评价方式的动态性和数学教材的多样化。正是这些不确定性赋予了数学课程的某种扩张力，形成了其可持续发展的“余地”。

构建可持续发展的数学课程体系，还要有国际视野，顺应国际数学课程改革的主潮流和趋势，它本身也是国际数学课程改革中的有机组成部分。加强数学课程的国际适应性并不意味着要放弃自我的课程特色。我们在构建可持续发展的数学课程中，需要认真研究和总结自我的长处和不足，在坚持自我优良传统和学习别国经验、在顺应国际潮流和坚持特色发展方面，处理好关系，寻求适当的平衡，在国际多样化的课程构建中寻求更好的互补性。我们期望未来“生长的数学”课程是一个具有自我生长性的、民主的、开放的、具有国际视野的课程体系。

教师访谈录

A　作为北大附小的一名数学教师，您认为北大附小的数学课程建设在原来的基础上主要有哪些改变和创新？体现了怎样的特色或亮点？

李宁：我们以“整体把握学生发展”为主题，探索构建适合学校自身特点的数学课程结构。当时我们对课程定位定了三条：一是理性思维，这是数学学科一定要教会孩子的思维的精神、方式；另外两条是应用意识和创新精神。

基于这样的定位思考，我们数学团队做了两类工作：课程整体的架构、数学活动的设计。

课程整体的架构，我们做了三大板块：基础类课程、思训类课程、实践类课程。

基础类课程指向国家课程，在这一部分，我们对国家课程进行了整合。我们的整合是领域性整合，因为数学有四个领域，数与代数、空间图形、统计概率、综合与实践，这是国家课程的四个板块。国家课程的架构领域板块很清楚，但是有些知识的脉络，包括核心的概念的衔接，我们是有自己的理解的，所以我们做了领域的研究，力图更好地把握每一个板块核心的概念、核心的课程，以及孩子要核心发展的知识或技能。另外，我们还做了单元的设计。一种是自然单元的整合，能够更好地帮助教师理解和把控教材，另一种是大单元的整合，例如分数关系系列的整合，它可能是跨越年级、跨越学段的，重点做知识衔接和发展的脉络。我们在对国家课程整体梳理的基础上，对所有的数学课程提炼了重要的核心课，在不同领域中这些核心课我们做了界定，明确它为什么是核心课、它的教学价值和孩子发展的价值何在，这样，教师的教学更有针对性和侧重性。

第二类课程叫思训类课程。我们认为国家课程中有些地方是有缺失的，比如对孩子方法策略的培养不明显。另外，根据北大附小孩子的知识和文化背景，我们的培养目标可以略高于国家课程。最早使用浙江版的《思维训练》，后来我们不太满意，就自己编校本教材，这部分更多的是作为知识的延展，主要训练孩子数学思考、活动经验和方法策略，有指向、有专向。

第三类课程叫综合与实践。刚才我提到了，国家的课程板块里有这个，但是01版的教材当中形同虚设，大家不知道怎么搞，所以我们完全是根据自己情况做的尝试。现在的教材已经有了，我们做了教材的比对，发现它的线索脉络不是很清楚，所以基于我校的学生群编了1—5年级的校本教材。每个年级有两个活动板块。一个活动板块指向知识，比如孩子学完了“铅笔的认识”，到底认识不认识铅笔，要通过实际的操作帮助孩子建立感性的认识。还有一个是综合型的实践活动，有点像小课题的研究，比如我们的储物柜为什么设计这么大，我们教学楼的台阶设计是否合理，等等。这些研究有的是命题性的，教师选择一些素材，比如我们学校的树有多少种，可以用统计的方式把它分清楚。类似这样的研究跟知识衔接比较紧的，还有自主性的研究，培养孩子的问题意识和活动经验。孩子方案设计、研究实施、结题交流，这些随着年龄的不同各有阶段性的侧重。在六年级，我们的孩子要做毕业设计，自己选题、自己研究，基本要历时一年。孩子很有意思，把生活中的问题转化为课题，要3—4个月的开题，要提交开题报告，班里同学和教师要共同评议，他们做完选题以后要去做调研，在毕业前要做毕业报告的交流，这个开放度就很大了。但这种研究是基于前5年的系统训练，也是在国家课程的基础上结合我们的实际独立尝试的课程。

现在我们有了这么一个整体架构的课程体系，教学就有了一个指向。配合课程体系，我们做了数学实践活动的整体设计。这个不同于课堂上的活动，例如我们低年级上完课以后用数学画、数学游戏的形式去做交流，中年级有数学日记、思维导图，高年级有小课题研究，各年级都有数学阅读，等等。这些活动有的是年级性的，有的是班级性的，是给孩子另外一个交流学习的平台，它不需要教师打分，不是学习结果的展现，而是学习过程的展现。

王杰：课程研究发展过程当中，评价的变革也是很重要的。我们尝试了几年单元试卷的研究，从过去过多的考察结果转向考察过程。比如孩子们分数乘整数很简单，但是他理不理解这个意思呢？现在我们把这个作为课题。李宁教师他们也都是深入到每个单元的教学评价测试命题当中，更多地加入了过程性考察。比如给你一个分数，下面给你一些图，哪幅图能够准确表达它的意思。这可能就考察了孩子课堂上有没有很好地参与，光记住结果没用。

韩鹏： 我们的评价方式也走向了多元化，不是以知识为唯一标准。在这一节数学课上，我可能作图非常好，我可以展示这个能力，得到同学和教师的认可；你可能表达很清晰，也可以得到展示和认可；他能够解读别人的思维或者想得比较深刻，也能够得到展示和认可；甚至我可能制造了一个错误，但让我和同学都得到了一点点成长，大家都感谢我。每一个孩子在课堂上得到不同的发展，这是孩子最幸福的一件事。

李宁： 所以，如果要说我们的数学课程建设有什么特色或亮点的话，那就是"生长"。我们的数学课程建构经历了从基础课程的整合、到思维课程的建构、再到综合实践课程的尝试这样一个"生长"的过程，旨在促进每一个孩子从知识到思维能力、实践能力和个性精神的"生长"。

B 您认为数学课程建设对教师带来了哪些挑战？课程建设过程中，您在理论认识和实际教学上有哪些变化和收获？

杨重生： 新的综合实践课程对教师提出的要求还是很高的。首先要把握我们的目标，因为我们不仅是在开展一个活动，它还承载着一定的教学任务，无论是方法上的还是经验积累上的，我们在教学组织以及和学生交流过程当中怎么能够把这个教学任务清晰地呈现给学生，让学生能够理解，或者是积累这些方面的经验，这比较难把握。另外，我们的评价也是要转变思路，原来我们可能是对结果进行评价，现在我们对孩子参与这个事情的过程进行评价。这两方面对教师来讲都是一个挑战。

郭雪莹： 我们做综合实践活动，孩子们的选题五花八门，我们要去指导，教师自己也要学很多东西，包括发现问题、提出问题和做引导。这对教师提出的要求很高。现在孩子的差异性很大，教师怎么去引导孩子，怎么均衡这种差异，要求不光是实践方面的，理论方面也要上一个台阶。孩子接触信息有各种渠道，所以对课堂和学生的掌控会超出教师的预想，我们做什么的时候要先听孩子的意见，研究孩子，教师之间也要有更多的交流，这样才能更好地促进孩子的学习。

我们的课程发展经历了一个"生长"的过程，作为教师，我们也体验了对数学学科教学的认识的"生长"。最开始我们关注的是基础类课程，是知识，是考试成绩。后来我们一点点在做调整，渐渐地开始关注孩子学习的过程，放慢孩子的学习节奏，关注他的思维发展，比如他的方法、思想、解题策略，希望能够丰富他的数学学习。这个过程中，我们也越来越关注实践类课程，它能够使数学跟生活靠得更近，培养孩子应用知识的能力和创新能力、各个方面的合作能力。我觉得这不光是对数学教学发展的一个提升，也是对孩子学习方式、对教育的认识的提升。

我刚参加工作时教高年级，觉得压力特别大，目标放在孩子知识掌握这块。几年来，我有了几点比较深的体悟。一是要放慢，包括上课的节奏要放慢，放慢的过程中会倾听到孩子的很多想法，发现孩子的问题及其原因，看到孩子身上更多的东西。我印象特别深的是学习圆锥体积时，孩子看书的话，都会知道用试验法去测这个圆锥的体积，但是我们上课的时候并没有直接说这个，而是让孩子去推导，跟研究其他立体图形一样去推导。孩子发现费了 20 分钟也推导不出来，最后才想到用试验的方法去验证。但是，一个孩子下课以后说："其实教师我特别想知道有没有能够推导出圆锥体积的方法，我知道现在我们的知识是推导不出来的，但一定是有一种知识能够推导出来的。"你看他就有一种再学习的欲望。所以有的时候放慢是让学生经历探索的过程，这样孩子会得到更多，包括他的发现。我感触深刻的第二点是要欣赏，以前我不太会欣赏孩子，现在我觉得欣赏真的很重要，你去欣赏他，对他是一种肯定和鼓励，他就会非常有兴趣去学习、去探索而得到一些收获。

李宁：课程变化以后，我们作为一线教师，能把握到的是国家的课程标准，课程标准给我们带来的变化是很大的，11 版课标是在 01 版课改基础上进一步完善的，它给了我们的课程建设方向性的引领。过去，小学教师很难想象自己去做课程，我们更多做的是教研，是如何去教。课程建设给我们数学团队和我个人带来最大的改变是认识上的凝聚、理念上的凝聚。教师在研究课程的过程当中，差异也很大，每个人有每个人的解读，但是有一点是共性的，课程建设一定要融合本学校的课程理念，融合我们对现代教育的共同认识，这样可以把我们多年来一线研究的经验相对整合起来，把比较零散的目标变成相对统一和一致性的目标。这样，无论是课程建构还是课程实施，大家的目标指向相对统一了。

过去教师们比较注重的是教、传递知识、传递技能，现在基于课程建设，大家的理念在做相应的调整。因为知识的更新是非常快的，孩子们持续性的发展更多的是要学会学习，所以课程改革给学生和教师之间带来最大的显性的改变是教学方式的转变，从传统的单纯的教知识，转变为引导学生如何学会学习、学会研究，等等。我们的课程架构素材也给孩子提供了可施展的空间。比如除法运算，以往会算了就可以了，而现在这个除法运算基于的思考，更多的是数和运算的发展。数和运算的发展支撑孩子已有认识的经验，支撑他新的学习。孩子面对这类问题再解决的时候，积累的是经验以及研究方法、知识联系网络，为他后续学习做了方法上的支撑。

杨重生： 在课程实施的过程中，我发现孩子很多精彩的东西。原来我们只是做知识或者纯数学的东西，可能抽象能力强的孩子表现会比较好。但现在做这样的开放的课程实践，能够发现孩子很多不同的长处，有的孩子可能数学能力不是很强，但是他语言沟通能力，或者是组织、领导能力很强。其实这些对于我们重新审视数学教育是有很大的启发的。

C 学生在数学方面的能力可能会有差异，北大附小在数学课程建设上是如何考虑学生的差异性并实施分层教学的？

韩鹏： 孩子能力有差异，发展有先后，我们需要等待。在我们等待过程中可以给他施加一些影响，力求他慢慢成长。等待过程中我们给他搭建不同的平台，不同的孩子获得不同的发展，寻找到不同的自信。整体来说，我们三类课程就是给孩子搭建了不同的平台：首先，基础类的是保证每个孩子的课内知识，能够学习到最饱满的东西；第二，活动类的课程，实践类的课程，他在参与过程中收获的不仅是知识，还有合作学习、交往、展示自己能力的机会、团队怎么跟别人协作和沟通。通过数学的活动或者数学课，孩子能够获得各方面的成长，这是数学带给他的最大改变，我们教师也应该努力朝着这个方向去做。

孩子们之间一定有差异，我们尊重差异，绝不让一个孩子掉队，也不让数学能力强的孩子停滞待步。比如五年级、六年级开展“宝贝计划”，就是针对学困生和学有余力的学生开设数学小组，教师利用课余时间有针对性地帮助学困生脱困，跟上团队发展的进程，同时为学有余力的学生架设更高的发展平台。在我的课堂还给孩子制造上小讲坛的机会。比如学习“可能性”的时候，孩子很感兴趣，于是做了一个小讲坛，孩子带着自己的作品讲“可能性”，每个孩子都讲得很好，不比教师差。

我跟我们班数学学习比较困难的孩子交流，夸得最多的是“非常努力”，不管他做到什么程度，我都说他做得非常努力，从人生的态度上去推动他，这是最重要的。分数不重要，在孩子漫长的生活中这一点不算事儿。我跟家长沟通的过程中也说：“你别着急，孩子总会有成长发光的一天。”孩子的发言没有条理，不会发言，我们会指导他。他的声音非常小，我们会建立他的自信，积累他的自信心。他上数学课不愿意举手，我们想办法让他举手展示自己。我们班有一个小男孩写数学作业的书写非常糟糕，我一直鼓励他肯定能写好字，可他怎么也写不好，我也生气、批评，但是偶然间我想到另外一个方式，说先放放，不用这么纠结这个事，只要他用心去写，一定能写好的。后来我就跟他说：“你只要这个作业全对我就给你一颗星，但是如果你字写得工整就给你两颗星。”他说：“成交。”结果一周之后作业就完全变了一个样，我之前花了一个学期都没改变的事，就在那一天完全改变了。

每个孩子的可塑空间非常大，所以教师的教育要慎之又慎，千万小心，说不定一句话你就把这个门关上了，或者一句话就把这个门打开了。所以我们的课程建设不光是学校的课程建设本身的事，它还是对人的尊重、对人的追求、对人的改变，是一种让生命能够五彩斑斓起来的推动。

D 根据您的观察，学生在课程建设前后学习上有哪些变化？

韩鹏：第一，学生接触的知识面更宽、更广；第二，孩子看问题的角度越来越深刻。举个例子，教师讲了度量的一节课，讲完这节课让孩子讲讲有什么感受，可能以前的孩子说我会了什么知识，但那节课孩子谈到了“教师，我看到了我们的成长。我们一起经历了这些环节，我们在进步。”

王杰：我们有一个笔记本，不是用来记东西的，而是跟孩子明确说这个本就是你用来写写画画展现思维的，上课有什么想法你可以表达出来，好的东西可以共同欣赏和交流。这个本很重要，孩子们更加注重自己的思维变化。到了高年级，他的思维能力就慢慢提升了。上分数时，孩子习惯性地拿出本，用图表表示，用算式表示，有多种方式表达和支撑自己的观点。这是在数学学科上，孩子思维发生的变化。

另外，现在孩子的整个兴趣情感方面，跟教师的交流比以前要强多了。以前更多的孩子们对教师还是有一些畏惧的，但是现在的孩子，到了高年级，课上能够跟你在共同的环境下去交流数学问题，这是非常不得了的。

李宁：现在的孩子们会从生活经验当中去寻找数学问题，通过小组合作去独立研究、创设对问题的解决方案。举一个典型的例子，比如咱们的楼梯天天走，但是孩子们就会考虑到楼梯为什么建这么高、合理不合理。他们对楼梯进行了测量，也查了国家的规定，就提出来我们的楼梯设计是不合理的，因为孩子的身高步长踏步是不一样的，低年级区、高年级区不能一概而论。其中，他们用自己的视角发现生活中的数学问题、提出问题、运用数学知识和方法研究问题、解决问题，最后做出来一个虽然相对比较幼稚的结论，但是这种经历给孩子学习带来很大的变化。有了兴趣，在过程中体会到数学的应用价值，孩子才有可能萌发有创意的想法。

E 展望未来，您认为目前的数学课程需要做哪些完善和优化？

杨重生：从我个人来讲，我理想的课程还是应该要把基础类的知识技能中偏难偏繁的东西降低，增加实践类课程的比重。从数学学科来讲，它的知识将来在数学的继续学习上有用，但真正对孩子的生活用处很小，能体现的价值很低。总的来讲，还是希望能够减负，国家整个课标制定也好，课程实施也好，也是这样的趋势，但是它要有一个过程。

李宁：着眼未来，压力还是非常大的。一是现在知识更新太快，我们的课程出来的时候可能就意味着新变化的开始，能不能跟上这种节奏是一个很大的挑战。另一个挑战是，现在更新快了之后最大的问题是我们的实验周期会很短，包括推这个课程，所以这也是很困难的一件事。

从数学学科来说，尤其是国家课程这一块，感觉到困难是最大的，因为现在几乎所有的课程改革都在做加法，没有人在做减法。现在唯一能够做减法的应该是国家课程，但是国家课程它是有标准的，这个标准作为一线教师我们不敢轻易撼动。比如说它缺乏引领性，我举个最简单的例子，我们现在数学的运算过多且繁杂，而且在一个学期内占了很大的比重。从现在时代发展来说，我们是不是要求算得很快、要求算得很准？很多运算更多的是给孩子带来一种数感的发展、数的认识的发展以及他对问题解决方式的研究，可能不像传统意义上要求又快又准的概念。

另外，国家对下面的课程建设没有评价标准。如何衡量课程的好与不好没有标准尺子，而我们很需要这个尺子来衡量我们做的课程的合理度。所以我们现在只能是摸着石头过河。反过来，没有尺子也是好事，大家共同去制定制度，积累一定的量再做定性的研究。我们现在还到不了定性的层面。

王杰：我们的课程体系中，思维类课程的建设到目前来说还是有很大遗憾的。虽然从最初的基础教材配套思训到后来我们编写思训教材，经历了很多调整，但我们的出发点还是太知识化了。现在我们有一些新的想法，更加注重孩子思想方法类的变化。我们前一段做综合实践课程的时候回过头来看思训，发现它其实还是一个一个小问题的解决，对孩子整体的思维方法理解帮助并不大，这个教材后期我们还需要有更大的调整。

杨重生：无论是国家的课程还是校本的思维训练课程，现在开展的综合实践课程，相对来说是有一些体系的。其他的作为课外补充，比如奥数思维训练、数学画比赛、思维导图研究、数学阅读，很难把它们称作为课程，只能称为教学资源或者整体课程资源的补充。这些都需要我们去优化、完善，使之体系化。